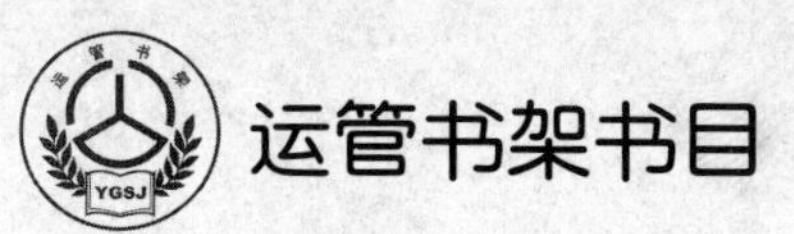

TAXI

TAXI

出租车市场体系研究

——理论与实践

韩彪 聂伟 何玲 著

内 容 提 要

本书基于两个支点构建出租车市场体系:一是对出租车服务的定位,二是分层次的供求关系。并依据下列逻辑关系对出租车市场体系从理论与实践等方面展开全方位论述:由定位决定出租车与其他客运方式(包括私家车),尤其是公共客运的比价关系,以及出租车营运牌照的数量控制;由数量控制决定出租车营运牌照的资源价值与经营权制度,以及对非法营运的治理;由经营权制度决定营运牌照的供求关系,进而影响出租车的经营模式;由劳动就业环境决定出租车驾驶员的供求关系,再进一步决定出租车企业与驾驶员之间的利益分配格局。

本书可供出租车经营与管理人员阅读参考。

图书在版编目(CIP)数据

出租车市场体系研究:理论与实践/韩彪,聂伟,何玲著.
—北京:人民交通出版社,2010.6
ISBN 978-7-114-08467-6

Ⅰ.①出… Ⅱ.①韩… ②聂… ③何… Ⅲ.①出租汽车-城市运输:公共运输-市场管理-研究-中国 Ⅳ.①F572.71

中国版本图书馆 CIP 数据核字(2010)第 102188 号

Chuzuche Shichang Tixi Yanjiu——Lilun Yu Shijian

书　　名: 出租车市场体系研究——理论与实践
著 作 者: 韩 彪 聂 伟 何 玲
责任编辑: 王振军 黄景宇 何 亮
出版发行: 人民交通出版社
地　　址: (100011)北京市朝阳区安定门外外馆斜街3号
网　　址: http://www.ccpress.com.cn
销售电话: (010) 59757969、59757973
总 经 销: 人民交通出版社发行部
经　　销: 各地新华书店
印　　刷: 北京市密东印刷有限公司
开　　本: 787×960 1/16
印　　张: 12.5
字　　数: 220千
版　　次: 2010年7月 第1版
印　　次: 2010年7月 第1次印刷
书　　号: ISBN 978-7-114-08467-6
印　　数: 0001—3000册
定　　价: 28.00元

前　言

我国现阶段的出租车市场时不时被公众、媒体、从业人员高度关注，掀起一浪又一浪热议，犹如出租车的轮子永不停息。然而，出租车市场只是一个多事的小事物，难以引起人们长期研究的兴趣，以至于对面临的诸多棘手问题缺乏系统的理论分析与求证，不足以揭示其本质，进而影响政策的制定及功效。

笔者对出租车市场的用心考察已逾十年，对其有比较全面、深入的理解。面对市场角逐各方的利益代言、社会各界“仁者见仁、智者见智”的各样诠释，尤其是一些混淆视听的言论，笔者觉得有必要对出租车市场作一系统梳理，正本清源；同时对困扰这一市场的诸多现实问题进行理性解释，以广视听。

本书对出租车市场体系的构建基于两个支点：一是对出租车服务的定位，二是分层次的供求关系。由定位决定出租车与其他客运方式（包括私家车），尤其是公共客运的比价关系，以及对出租车营运牌照的数量控制；由数量控制决定出租车营运牌照的资源价值及经营权制度，引致非法营运冲动及对非法营运的治理；由经营权制度决定营运牌照的供求关系，进而影响出租车的经营模式；由劳动就业环境决定出租车驾驶员的供求关系，再决定出租车企业与驾驶员之间的分配格局……把脉出租车行业的主要问题，有些属于发展阶段的问题，需要整个社会的努力，要有足够的耐心与心理准备；有些则是行业内部的问题，通过同仁的努力可望收到显著成效。笔者力求对此作一些力所能及的剖析。

本书由11章和附件组成。其中第11章和附件（应用部分）既是本书的重要组成部分，又是前10章（理论及分析部分）内容的应用，相辅相成。由于前者是为解决现实问题，需要综合运用各种“武艺”，因此往往会超越一部论著所涉猎的知识、理论与方法体系。同时，因研究领域相同，而且需要顾及每个部分的相对完整性，难免重复。尽管笔者已经意识到了这一现象，并努力将相似的内容按详略布局，前后注解，遥相呼应，但仍有可能出现“似曾相识”的内容，还望谅解。此外，受学识、经历、洞察力与概括能力的影响，书中前10章内容并不足以构成一个完整的体系，而且各章的着力有失均衡，陈述、论断也难免偏颇，但主观上笔者又不想将书稿继续搁置，只能寄希望于未来努力弥补，并敬请大家斧正。

韩彪

于深圳大学文科楼

目 录

1 出租车的定位及特征 …… 1
1.1 出租车的基本属性 …… 1
1.2 出租车的定位 …… 2
1.3 出租车的特点 …… 3
1.4 出租车与其他客运形式之间的关系 …… 4
2 出租车经营权制度 …… 6
2.1 出租车营运牌照的投放对象 …… 6
2.2 出租车营运牌照投放方式 …… 7
2.3 出租车营运牌照期限 …… 15
2.4 出租车的准行限制 …… 15
2.5 出租车营运牌照转让 …… 16
2.6 出租车营运牌照交易市场 …… 17
3 出租车经营模式选择 …… 20
3.1 出租车经营的典型模式 …… 20
3.2 国外出租车主要经营模式 …… 22
3.3 出租车经营模式评说 …… 23
4 出租车市场管制 …… 26
4.1 我国的出租车市场管制 …… 26
4.2 出租车市场管制的一般依据 …… 28
4.3 出租车市场管制的基本做法 …… 28
4.4 国外出租车市场的管制与放松 …… 33
4.5 出租车市场放松管制的阶段性总结 …… 38
5 出租车需求量预测 …… 42
5.1 出租车成长轨迹 …… 42
5.2 出租车保有水平 …… 43

5.3 出租车需求量预测方法 …… 46
5.4 出租车需求量预测实例：深圳市“红的” …… 59

6 出租车运力的调控机制 …… 62
6.1 出租车运力新增技术依据 …… 62
6.2 出租车运力退出 …… 67
6.3 出租车营运牌照回购案例：深圳“红的” …… 68

7 出租车运价 …… 71
7.1 出租车运价形成 …… 71
7.2 出租车运价结构与水平 …… 74
7.3 出租车运价听证 …… 77

8 出租车服务质量测评 …… 79
8.1 出租车服务质量及反映 …… 79
8.2 出租车服务质量测评 …… 82
8.3 出租车拒载 …… 86
8.4 国内外出租车服务一瞥 …… 88

9 我国出租车行业发展状况 …… 91
9.1 出租车行业发展的基本轨迹 …… 91
9.2 出租车经营权 …… 94
9.3 出租车营运牌照费 …… 95
9.4 出租车的经营主体 …… 95
9.5 出租车的服务价格 …… 97
9.6 出租车的生产特征 …… 98
9.7 出租车服务的成本与收益 …… 100
9.8 出租车行业管理体制概况 …… 101

10 出租车行业的问题与建议 …… 102
10.1 法治意识淡薄 …… 102
10.2 非法营运及其治理 …… 103
10.3 企业与驾驶员关系不清晰 …… 109
10.4 利益分配失衡 …… 111
10.5 健全营运牌照交易市场 …… 112
10.6 建立营运牌照回购制度 …… 113
10.7 放松对个体经营出租车的管制 …… 113

10.8　适当增加出租车供给 ······ 114
11　实证分析：对深圳出租车市场的经济学解释 ······ 116
11.1　深圳出租车市场的基本状况 ······ 116
11.2　深圳出租车市场的关键性事件 ······ 117
11.3　深圳出租车市场中引发议论的主要命题 ······ 120
11.4　深圳出租车市场的部分经济学解释 ······ 126
附件　深圳市出租小汽车运价结构优化方案 ······ 145
后记 ······ 188
参考文献 ······ 189

1 出租车的定位及特征

定位是一个行业的出发点，也是制定相关政策的依据。然而，在快速发展的今天，我国城镇居民的出行方式与习惯处于极不稳定状态，城市交通的结构与形式也在不断完善，各国的经验与教训一刻不停地冲击着人们的认识，要想在这样的背景下给出租车一个科学的定位绝非易事。

1.1 出租车的基本属性

出租车（本章主要指出租车服务）是具有方便、舒适、灵活、全天候，以及“路到门”[1] 等特点的运输服务方式，在一定程度上可与私家车相媲美，目前已成为重点满足个性化与支付能力较强的出行需求的公共交通（简称“公交”）方式。

与大中容量公交一样，出租车也是一种按一定乘坐规则供公众享用的客运方式，其服务对象具有非特定性。不同之处在于大中容量公交供互不相识的多人乘用，出租车则主要供少数几个相识的人乘用，但这丝毫不影响出租车的共享性与公用性，犹如大堂、卡座、包房都是向公众提供用餐服务的形式一样，只是出租车属于一种小容量的公交形式。

从产品的公共属性看，大中容量公交在达到拥挤状态之前，增加一个消费者并不会影响原有消费者对运输服务的消费水平，这意味着一定量的运输服务按零边际成本供给。同时，此类运输服务能够区别对待消费者，只为支付运费者提供服务，而将不付费者排除在外。因此，大中容量公交具有消费的非竞争性和受益的排他性，属于准公共物品性质。出租车则不同，虽然其服务对象也是非特定的，但对于每一次服务都具有消费的竞争性和受益的排他性，因此更接近于私人物品性质。

从产品的公益性看，大中容量公交主要针对一般或较低收入水平的消费群体，

[1] 深圳大学中国交通经济研究所，《深圳市出租车运价结构优化研究方案》，2009 年 8 月。

提供最基本的大众化出行服务，用于保障居民（尤其是低收入人群）最基本的日常出行，属于日常生活的必需服务，具有较强的社会公益性。相对而言，出租车主要是为收入水平较高的消费群体提供个性化出行服务，其服务对象虽属公众但并非大众，虽属日常生活需要但并非基本生活必需，是一种较高层次的运输服务，不属于城市公共事业应当向公众提供的普遍服务项目，公益性相对较弱。

综上所述，由于出租车的共享程度不及大中容量公交广泛，而且具有更接近于私人物品的性质。因此，现阶段绝大多数城市将其定义为非公益性的公交方式。实践中，出租车的市场性与公用性并行不悖。由于公益性“弱”，出租车的运营完全由市场机制主导，又因其囿于公交范畴，行政干预充斥于行业发展的各个领域，市场主体（出租车经营者）的非市场性特征浓重[1]，由此引发的摩擦与冲突铸成了出租车行业的诸多“顽疾”。

1.2　出租车的定位

出租车的属性，决定了其具有不经济与不可或缺两个特性。所谓不经济，是指相对于大中容量公交，出租车是一种效率低，对环境和道路交通压力大，便捷但不经济的公交方式，不宜作为城市公交的主体形式。所谓不可或缺，是指随着消费水平的提高，人们必然会对出行提出更高要求，如舒适、方便、快捷等，而这些要求是大中容量公交所不能及的，除了私家车能提供这种服务外，便是出租车。相对而言，出租车比私家车可持续，因此出租车需要保持良好发展。

依据出行目的，出行需求可以区分为两大类：工作性出行和非工作性出行，其中，工作性出行又可细分为“公务、业务”出行和“通勤、通学”出行两种，非工作性出行也可以细分为“生、老、病、事”出行和“购物、旅游、娱乐”出行两种。

对于“公务、业务”出行（合称公务出行），是因各类公务活动和经营活动所发生的出行，直接构成各单位的行政、商务、文化等活动的内容，动用的是生产基金。这类出行需求借助何种交通方式满足不易确定，主要取决于各“单位”的财务制度。

其他各类出行需求采用何种交通方式满足，主要取决于出行者的消费能力以及出行需求的价格弹性。

收入较高的群体，对出行的费用不敏感，价格弹性比较小，但对出行的舒适性、便捷性要求较高，有时还注重私密性，在购买私家车之前，日常出行会比较多

地选择出租车；购买了私家车之后，在不方便驾车的时候，也会选择出租车出行。

收入较低的群体，对出行的费用比较敏感，价格弹性比较大，对出行的舒适性、便捷性要求不高，也不注重私密性，日常出行依赖大中容量公交。但是，遇到“生、老、病、事”情形有所不同。生活中因特殊事件而引发的出行需求，最大特点是“急”，时间压倒一切，对价格不再敏感，往往不惜用金钱换时间，价格弹性很小，也会选择出租车。

综上分析，现阶段出租车的定位基本可以确定为满足具有一定消费能力群体的个性化出行、部分公务出行和社会大众特殊出行需求的交通方式，是大中容量公交的补充。此外，出租车还具有以下两项基本功能：

（1）抑制低效率车辆的增长。在满足出行需求方面，出租车具有接近私家车的特性，但其长期成本较私家车低得多，而且使用效率高。有关资料表明，出租车的使用效率相当于私家车的8~10倍。通常，出租车越发达，服务越完善，便越能抑制私家车的购买与使用，缓解停车难、道路拥堵等问题，进而减轻环境污染。此外，我国目前正在进行公务车制度改革，出租车可以在很大程度上有效替代公务车，满足公务员的出行需求。

（2）展示城市形象。虽然出租车在城市公交出行中的分担率不高，一般不会超过20%，但其行驶的里程及活动的覆盖面绝不亚于大中容量公交的总和，而且服务对象中外来人员和国际友人占相当大比重。以深圳为例，出租车客流中本地乘客占60.8%，港、澳、台乘客占22.8%，内地乘客（不含港澳台）占11.6%，外籍乘客占4.8%[❶]。可见，出租车的服务水平与驾驶员的职业道德水准直接体现一个城市的精神文明状况。

1.3 出租车的特点

出租车的特点主要是在与大中容量公交或私家车的比较中展现出来的。从组织形式看，出租车与大中容量公交的最大区别在于前者是“随机供给”，后者是“计划供给”。所谓“计划供给”是指在固定线路、固定时段、固定站点运行的客运形式，其特点是乘客需要两端步行（或用自行车接驳）、排队候车、多站停车、换乘等。所谓“随机供给”是指供给的线路、站点、时间都不固定，其特点是可以实现

❶ 深圳市交通运输委员会，深圳市综合交通设计研究院，《深圳市出租车行业发展体系研究与综合配套政策方案》，2009年8月。

"路到门"，甚至"门到门"服务，没有"计划供给"的诸多不便。实践中，还有介于两者之间的，如只固定线路和时段，但不固定站点的公交形式，一般也被列入计划供给范畴。

为保证最基本的效率，大中容量公交普遍采用"计划供给"。从社会角度看，这种供给效率比较高，但质量比较差；从乘客角度看，这种供给不但效率低，而且质量差。出租车是"随机供给"的代表，从社会角度看，这种供给效率比较低，但质量比较好；从乘客角度看，这种供给不但效率高，而且质量好。从发达国家的经验看，随着生活水平的提高，廉价的大中容量公交对人们的吸引力将越来越小，相对"昂贵"的出租车会受到更广泛的欢迎，而且成为唯一可与私家车竞争的交通方式[2]。

与大中容量公交相比，出租车具有以下几方面的特征：

(1) 舒适。在所有的代步工具中，除了私家车，最舒适的客运方式当属出租车，出行过程不会受其他乘客的限制与影响。

(2) 快捷。出租车具有直达特点，没有中途停靠、没有上下客，而且可以选择行驶线路，避开拥堵路段，由熟悉线路的专业驾驶员服务，其运送速度高于任何其他道路交通工具，也普遍高于城市轨道交通。

(3) 方便。出租车的服务点是大中容量公交站点的几何级数，几乎可以用"随时随地"来概括，而且不受路径限制，其方便性也是大中容量公交的几何级数。如果考虑到出租车的电召服务（电话预约召唤出租车服务），其方便性还将进一步提高。

(4) 可达。出租车普遍采用乘用车，对道路条件要求不高，只要有人活动的地方，它几乎都能到达。因此，就可达性而言，出租车不仅是大中容量公交的几何级数，而且由专业驾驶员提供服务，因此普遍好于私家车。

(5) 不经济、污染大。由于其共享程度相对较低，因此无论是空间资源占用，还是经济成本，与大中容量公交相比，均显得不经济，而且污染大。

(6) 管理难。出租车营运的灵活性与随机性，大大减少了对其实施过程管理的节点，增大了管理难度。特别是在一些普遍实施"承包经营"或"租赁经营"的城市，对出租车的管理渠道更加稀缺，难度更大。

1.4 出租车与其他客运形式之间的关系[3]

出租车与其他城市客运形式之间既有替代关系，又有互补关系。现实中，显现

比较充分的是替代关系，也即竞争关系。出租车与私家车、高档公交的竞争关系，主要取决于方便、舒适、及时等服务质量要素与价格。在出租车与私家车之间进行选择的乘客，对价格不十分敏感，两者之间竞争的焦点是服务。如果出租车服务令人满意，私家车的发展会相应缓慢一些；相反，出租车服务不能令人满意，私家车的发展会快一些。如20世纪末，一家日本企业欲在深圳高新技术区投资，交通评估专家建议这家企业购买私家车（企业公务用车），原因是出租车不能满足要求，佐证了出租车与私家车之间的替代关系。在出租车与其他高档公交之间进行选择的乘客，对价格比较敏感，两者之间服务的差异是明显的，竞争的焦点是价格。如果出租车与其他高档公交的比价差较小，出租车对它们的替代性较强；相反，出租车对它们的替代性较弱。

因此，在私家车进入家庭之前，出租车的竞争对象是更可持续的大中容量公交，应该尽量拉大二者的比价，以保障大中容量公交的发展不受强烈竞争影响[1]；但是，在私家车进入家庭之际，出租车的竞争对象是更不可持续的私家车，应该在不伤及大中容量公交的前提下尽量压低出租车运价水平，以保持与私家车竞争的价格优势，延缓私家车的增长并限制其使用。

---

[1] 武汉市实施的出租车低运价政策已经伤及整个城市的客运体系，2009年2月1日武汉市已经调高了出租车运价（主要是2.67千米以内的短途运价）。

2　出租车经营权制度

出租车经营权是指在出租车经营申请者和出租车辆配置符合法律规定标准的前提下，管制机构授予经营者进入市场，允许其在一定期限内经营出租车业务的权利许可证明，代表着经营者具备经营出租车业务的资格[4]。它的实物载体是出租车营运牌照，实践中常常将两者等同视之。

从世界各国对出租车市场管制及放松管制运动的理论争论与实践效果看，人们对完全解除管制的信心与心理准备都还不足。所以，目前在尚未解除进入管制，尤其是对出租车营运牌照实行数量控制的城市，应该选择何种经营权制度才是最需要重点关注的。

2.1　出租车营运牌照的投放对象

出租车营运牌照的投放对象是指法规允许的在一定条件与标准下获得出租车营运牌照的申请人。纵观国内外城市出租车营运牌照的投放对象，主要有三类，一是法人（即一般意义的企业），二是自然人（即一般意义的个人），三是合作社。由此形成四种典型做法：

（1）只将出租车营运牌照投放给自然人。比较有代表性的城市国外有伦敦、曼彻斯特等，国内有澳门特别行政区和浙江的温州等，其中温州市于1998年将98.8%的出租车私有化，基本上可以归为这一类型。

（2）只将出租车营运牌照投放给法人。比较有代表性的城市国外有新加坡（1970年前同时发放“个人”牌照），国内除了温州等个别城市之外，普遍如此。

（3）出租车营运牌照既向法人投放，也向自然人投放。比较有代表性的城市国外有东京、纽约等，国内有香港特别行政区、天津和广东的珠海等。上海、北京等城市也曾经同时向自然人投放过出租车营运牌照，但多年以前已经停止。

（4）出租车营运牌照既向法人投放，也向自然人投放，还向合作社这一特殊团

体投放。这种做法只出现在我国的台湾地区，可以看成是一种特例。

在我国，绝大多数城市采取第二种做法，被指通过企业垄断出租车营运牌照培育了一批“食利阶层”，备受质疑。只有温州市于 1998 年尝试了第一种做法，并一度受到舆论追捧，但由于采取的是“瞬间”转换，来不及培养足够数量将出租车当作营生工具的投资人，更多的是将出租车营运牌照当作高度市场化的投资品种，而非营生的工具。于是，资本的本色很快显现，出租车营运牌照快速流转，一段时间过后，很大比例的出租车营运牌照拥有者开始雇人营运，自己则靠资本获利，重新回归到原先的公司老板与承包人之间的经济关系，暴露出一些新的问题。还有一些城市则相当谨慎，依然在积极评估、论证，期望能够找到改革风险最小的做法。不过，比较一致的倾向是，固守第二种做法不明智，贸然推行第一种做法跨度太大，风险不小，蹑足试探第三种做法可能是唯一的选择。

2.2 出租车营运牌照投放方式

出租车营运牌照的投放方式，实质上就是出租车市场的准入模式。理论上，出租车市场的准入模式可以分为有偿使用制和无偿使用（行政审批）制两大类。无偿使用制包括经济性管制下的行政审批制和社会性管制下的行政审批制，有偿使用制主要包括自由申领、招标、拍卖与定额收取营运牌照使用费等。实践中，出租车营运牌照的投放方式，主要有自由申领、行政审批、招标和拍卖四种。

2.2.1 自由申领

自由申领即想从事出租车经营活动的申请者，只要没有受到法律的限制，均可通过支付少量费用获取出租车营运牌照，从事出租车经营活动。

明标不限量申领是自由申领的一种具体形式，它只限定一定时期出租车营运牌照的使用费，不限定营运牌照的数量。申领者只要支付当期的营运牌照使用费，便可获得这一期的出租车经营资质。只要以后每期按时缴纳营运牌照的使用费，便可自动续期。该方式的主要优缺点是：

①通过营运牌照使用费的变动（如每年国庆节后第一天公告下一年度的营运牌照使用费，一般情况下变动不太大），通过调节出租车的经营成本，进而调整出租车市场的供求关系。

②出租车营运牌照申领属于租赁性质，为合作关系，如果想收回牌照，难度较小，不像拍卖等方式属于产权转让性质，为买卖关系，收回牌照的法律约束较多。

③在这种投放制度下，会出现相当数量的个体出租车经营者，管理对象相对分散。如果政府需要时常“过问”经营者的经营情况，那么管理幅度会增加，管理难度也会加大。

④容易供过于求，造成资源浪费。

自由申领者面对的是一个只有法律规定的若干行业准入条件，如驾驶员必须身心健康、无传染病和精神病史、有一定年限的驾驶经历、未受过法律惩处等，经济上几乎没有准入门槛的开放市场。一般在出租车市场处于萌芽阶段，或人们的市场意识、风险意识非常成熟的发达国家的中小城市较多采用自由申领方式。

2.2.2 行政审批

行政审批即出租车营运牌照通过政府审批投放，一般不收费，也有的象征性收取一些手续费。在出租车市场处于起步阶段的中小城市较多采用这种方式。长期实践表明，行政审批容易滋生腐败，而且也确实导致了许多腐败，其实施范围已经受到了越来越多的限制，应该尽量避免使用。如果将深圳与上海对比，有人会因为上海的出租车行业问题比深圳少而提倡行政审批。但需要注意的是，北京的出租车营运牌照也实行行政审批，可问题一点不少。上海出租车行业比较和谐、健康的局面不是行政审批的结果，而是出租车供求基本平衡的产物。20 世纪 90 年代初，上海出租车行业同样不是很稳定，而且很难说实行行政审批制的上海将来不会出现制度安排上的问题。行政审批方式的主要优缺点是：

①出租车的经营成本相对较低。

②政府主导行业发展的力量较强，容易实现规模化经营。

③市场力量削弱，行政干预增加，容易掩饰问题、积累问题，一旦问题爆发，一定是大问题，解决的难度更大。

④容易滋生“寻租”行为，产生腐败。

⑤投放规模控制难度较大，容易供过于求。

在现代经济学中，很难找到行政审批方式存在的依据，而且其与《中华人民共和国行政许可法》的立法精神以及国家总体改革方向不符，属于改革的对象。

2.2.3 招标

招标有广义和狭义之分。广义招标是指由招标人发出招标公告或通知，邀请潜在的投标人投标，最后由招标人通过对各投标人所提出的价格、服务质量、服务内容及该投标人的技术水平、财务状况等进行综合比较，确定其中最佳投标人为中标

人，并与之签订合同的过程。当人们笼统地讲招标时，通常指广义招标。狭义招标是指招标人根据自己的需要，提出一定的标准或条件，向潜在投标人发出投标邀请的行为。

此外，根据是否把价格作为竞标条件，招标可以区分为非固定标价招标和固定标价招标。非固定标价招标是按一定标准综合比较（通常为打分）投标人所提出的价格、服务质量、服务内容及该投标人的技术水平、财务状况等确定中标人（通常为综合得分最高者）；固定标价招标是不将价格作为评价依据，只按一定标准综合比较投标人所提出的服务质量、服务内容及该投标人的技术水平、财务状况等，确定中标人。

根据买卖关系，招标可以分为标卖和标买。所谓标卖，即招标出卖，是指招标人发出出卖标的物的招标书，供有意欲购买者竞标。出租车营运牌照招标属于“标卖”。所谓标买，即招标购买，是指招标人发出购买标的物的招标书，供有意欲出卖者竞标。政府购买服务招标属于“标买”。

招标方式的主要优缺点为：

①具有竞争力的标书提供者将获得出租车营运牌照，在一定程度上起到了优胜劣汰的作用。

②表现令人满意的经营者有可能获得出租车营运牌照延期，有助于鼓励经营者从长计议。

③表现不好的经营者会被处罚，或收回出租车营运牌照，有助于规范经营者的行为。

④标的数量一般不会太小，有助于实现规模化经营。

⑤如果严格按《中华人民共和国招标投标法》实施，招标工作可以做到公开、公平、公正，基本上能够保证资源的优化配置。

⑥出租车营运牌照不允许转让，但会引发“黑市”。

⑦如果出租车营运牌照实行有偿使用，有偿使用费的确定难度很大。

2.2.4 拍卖

拍卖是指通过公开竞价，由出价高者获得资源的占有权、使用权的一种市场机制及交易方式，通常有限价与不限价两种形式。它有助于将资源配置给机会成本最高的经营者，从而保证资源的最有效利用。同时，对于维护公平竞争、抑制腐败具有明显效果。目前，国内少数大中城市出租车营运牌照的投放尝试采取这种方式。

（1）限价拍卖。是指先由政府确定每个出租车营运牌照最低限价与最高限价，供竞投者竞买。通常，拍卖从最低限价开始，如果在起拍价（最低限价）处，竞买的数量没有超过拍卖的数量，说明需求不足，不再向上竞价，最低限价就是拍卖价，或者取消此次拍卖；如果竞买数量在起拍价时大于预计的竞卖量，但在到达最高限价之前，已经不再超过预计的竞卖数量，那么第一次出现竞买的数量等于竞卖的数量时结束竞价，均衡时的竞价即为拍卖价；如果竞买的数量在到达最高限价时仍超过预计的竞卖数量，不再竞价，由所有在最高限价愿意竞买者以抽签方式确定竞得者，售价为最高限价。2007 年之前，深圳市出租车营运牌照拍卖采用的就是这种方式。

实践中，由于操作方法不同会产生一些变形形式，如“背靠背”的限价拍卖，是指由政府确定并公布每个出租车营运牌照的最高限价及最低限价，由每个竞投者密封提交报价标书。若报价达到最高限价时的竞买数量超过拍卖数量，通过抽签决定竞得者；若报价达到最高限价时的竞买数量小于拍卖数量，则再按照报价从高到低出售营运牌照，直至原定的拍卖数量售毕（如果有最低限价，则不向报价低于最低限价的竞投者出售营运牌照，能出售多少就多少）。当然，政府也可以先不公布每个出租车营运牌照的最高限价及最低限价，由每个竞投者密封提交报价标书。若报价达到最高限价的竞买数量超过拍卖数量，通过抽签决定竞得者，售价仍为最高限价；若报价达到最高限价的竞买数量小于拍卖数量，则先按最高限价向这些竞投者出售营运牌照，再按照报价从高到低出售营运牌照，直至原定的拍卖数量售毕（如果有最低限价，规则同上）；若没有报价达到最高限价的竞投者，则按照报价从高到低出售营运牌照，直至原定的拍卖数量售毕（如果有最低限价，规则同上）。

限价拍卖对于控制投资风险有一定功效，在市场发育初期采用这一交易形式十分必要。由于委托代理问题及人们对出租车经营的盲目预期等因素，如果不限价，容易出现不顾风险、“志在必得”的情形，甚至将拍卖演变成相互之间的“斗气”。如果无法对此进行有效控制，拍卖就有可能演变成灾难。正是出于这些考虑，深圳市前四次出租车营运牌照拍卖均采用限价拍卖。

但是，从本质上讲，限价拍卖仍带有计划经济味道，不利于市场的最终调节。限价的出发点应该说是好的，主要是对初次参与竞买或者风险意识不强的投资者的一种理性保护。在运输市场还不成熟时，不限价拍卖极有可能被那些不负责任的志在必得者搞得骑虎难下。但是，从长远看，限价拍卖很难使价格与营运牌照的实际价值相吻合。即使第一次的限价与实际价值十分接近，第二次（第三次……）限价则会受第一次（前一次）限价的束缚而与实际价值发生偏离，而且偏离值会越来越大。如果第二次限价较第一次高很多，那么第一次的竞得者就会从中获利，相当于转移了一部分财富给他们；如果第二次限价较第一次低很多，那么第一次的竞得者就会从中受损，必定会集体叫苦，阻止营运牌照的再投放，使出租车供给趋于偏紧。深圳市自1993年第四次投放出租车营运牌照以后，出租车经营者一直在制造“钱难挣”的舆论，使政府迟迟下不了再投放出租车营运牌照的决心，直到2007年才重新投放。与此同时，出租车营运牌照最后一次的拍卖价为21.8万元，市场价格实际已经增值到80万元以上，供给明显偏紧。

此外，限价拍卖本身还制约了出租车营运牌照二级市场的设立与发展。由于一级市场是限价拍卖，二级市场买卖即便存在也只能是限价买卖，否则从一级市场到二级市场一转手就可能造就一批富豪，完成社会财富的再分配与转移，政府在限价决策上的失误会很快曝光天下，而且会使出租车营运牌照的拍卖笼罩着更加浓厚的投机气氛。但是如果二级市场也采取限价买卖，就会失去意义，要么起不到资源有效配置的作用，要么演变成准黑市。深圳市在出租车营运牌照上曾经出现的严重融资问题与之有很大关系。该方式的主要优缺点为：

①在市场发育还不成熟，竞投者中国有、集体所有背景的企业比例较大时，有助于抑制过度投机，防范风险。

②出租车营运牌照应该可以转让，有可能借助市场再次优化资源配置。

③出租车营运牌照的价值与拍卖价之间的差距呈逐渐扩大趋势。

④带有计划经济味道，不利于资源的有效配置。

⑤制约了出租车营运牌照二级市场的形成与发展。

（2）不限价拍卖。是指不限定最高价，竞买数量等于拍卖数量的竞价便是拍卖价。香港特别行政区、广东的珠海市和深圳市2007年的出租车营运牌照拍卖采用的是这一方式。实践中，同样存在各种变形形式，如“背靠背”的不限价拍卖等。

不限价拍卖意味着出租车营运牌照价格将随行就市，完全由供求关系决定。在投资者比较成熟的市场，竞买者不仅将出租车营运牌照视为经营资格，同时也可将它当作投资工具。竞买者在举牌时对风险的考虑比较充分，政府不必为价格高低操心，也不必替竞买者的得失负责，基本可以摆脱限价拍卖在营运牌照价格高低问题上可能遇到的两难境地。实践中，也会出现部分投资者因营运牌照实际价值波动遭受损失，从而给政府施加压力的现象。自1964年起，香港采用不限价方式拍卖出租车营运牌照。随着经济周期波动，营运牌照的价值时有起伏，有时幅度还比较大，回落幅度比较大的时候，会有一些投资者向政府施压，阻止政府继续投放营运牌照。1984年以前，香港政府对出租车运价和营运牌照的投放数量政策不清，左右摇摆，致使营运牌照的市场价格暴涨暴跌，最终导致出租车驾驶员罢运，引致混乱，但这并不是不限价拍卖的属性。

市场不景气，营运牌照的价值自然会下降，但只要政府及时掌握信息，不再投放新的营运牌照，就不会导致矛盾激化。只要城市的经济正常运行，压力只是暂时的，一旦经济有所复苏，矛盾就会缓解。从1984年至今，尽管经历了“亚洲金融风暴”、“全球金融危机”等剧烈经济波动，营运牌照的价格曾在250万元/个至380万元/个之间波动，甚至出现被誉为香港“的士大王”的香港十大杰出青年李超凡险些破产的情形，但也没有出现出租车行业的群体性事件。

2005年8月，澳门特别行政区采用“背靠背”的不限价拍卖方式投放了30个10年期的出租车营运牌照，共收到897份标书，其中403份标书因缺少相关文件而遭淘汰。经审查、核实合格的所有标书，由出价最高排起，前29位标书没有出现相同标价，但到30位标书时，出现了9份相同标价，最后由出席的竞投者（只有2人）喊价，但并没有展开非理性的竞价，胜者以高出5000元的价格成交。最终，中标价最高为140万元，最低为115.18万元，两者相差不足25万元。

2007年10月30日，深圳市2000个有效期为12年的“红的”营运牌照以“淘汰式集约竞价方式拍卖”（不限价拍卖的一种操作模式），每个营运牌照的竞拍价定格为54.25万元。在当时，可以说将营运牌照的资源价值挖掘殆尽，以至于“放弃者无遗憾，竞得者无喜色”[5]。遗憾的是，很快到来的几乎不可能预见的全球性原油价格持续飙升，致使这批营运牌照的资源价值被透支，一些竞得者叫苦连天，但也只能为自己的决策失误“吞咽苦果”，没有因此出现不稳定事件，而且还在一定程度上教育了其他投资者。

当然，如果投资者不够成熟，或者“代理投资人”太多，就有可能出现不顾风险，或不能客观评价风险盲目炒卖营运牌照的现象，使部分投资者面临比较大的风险，进而演变成小规模的社会问题。此外，还必须严防营运牌照垄断。如果营运牌照被少数人控制，即使市场上营运牌照供不应求，也会出现因追求垄断利润而阻挠营运牌照继续投放的情形。因此，政府必须在准确把握出租车市场供求状况的前提下，决定是否投放和投放多少营运牌照。该方式的主要优缺点为：

①充分利用市场机制调节出租车营运牌照的配置。

②政府不必为拍卖价（或者有偿使用费）的高低费心，也不必为竞投者的得失负责，有助于政府摆脱替企业命运操心的角色。

③不必考虑各时期出租车营运牌照拍卖价格高低之间的关系。

④出租车营运牌照可以自由转让，借助市场再次优化资源配置。

⑤在风险意识不强、投资理念不成熟的市场中，可能会因出租车营运牌照的价

格波动，出现部分投资者向政府施压的现象。

从理论上讲，无论是招标还是拍卖，都属于公开竞争、择优选取的筛选机制，在操作上有一套相对成熟的程序，比较规范，而且监督机制容易到位，必将成为未来出租车营运牌照投放的主要方式。但是，由于出租车行业的产品差异较小，除了经营者规模等与服务质量并没有必然联系的一些指标外，以服务质量为特征的招标实际上很难真正区分竞标者的优劣，客观上给主观意志的体现提供了方便。实际操作中，评标标准一旦带有主观倾向（很难避免），招标必然出现有失公正、公平的现象。

总之，在廉政有保障的环境中，招标是一种有效的出租车营运牌照投放方式。如果缺失这一前提，那么，在投资者比较成熟的市场，采用不限价拍卖方式比较适合；在投资者不太成熟的市场，采用限价拍卖方式比较稳妥。

此外，还有一些带有权宜之计的出租车营运牌照投放方式，可在特定的时期、特定的环境下使用。各种出租车营运牌照主要投放方式的比较如表 2-1 所示。

出租车营运牌照主要投放方式的比较 表 2-1

类型 项目	自由申领	行政审批	招标	拍卖	
				限价拍卖	不限价拍卖
资源配置	市场	政府	政府 + 市场	政府 + 市场	市场
行政管理力度	较小	大	较大	较小	小
公正性	好	一般	较好	好	好
牌照获取	无障碍	政府认同	实力 + 承诺	价格 + 运气	竞价高
牌照成本	固定，较小	小	一般	一般	高
新旧牌照费协调	不存在	不存在	较难	难	容易
运力控制	无	有，但比较难	有	有	有
供求状况	供过于求	供过于求	不确定	供不应求	不确定
二级市场作用	无	无	小	一般	大
市场结构	分散	相对集中	集中	相对集中	相对分散
经营风险	小	小	一般	比较大	大
适用范围	市场初期 或成熟市场	市场初期	廉政环境	市场初期	成熟市场
	小城市	大中小城市	大中城市	大中城市	大中城市

2.2.5 比例配投

比例配投即为新增的出租车营运牌照按现有经营者既有营运牌照的规模等比例分配（四舍五入）。这种方法维持了现有经营者的市场份额，有助于疏解现有经营者与市场扩容的对立情绪。其最大功效是稀释市场，调整出租车市场的供求关系，一方面有助于减轻出租车运价下调的压力，改善出租车企业与驾驶员之间的供求关系，降低驾驶员的承包金（或租赁金）；另一方面有助于消减现有营运牌照的含金量，挤压经营者的获利空间，使一些管理不善的经营者失去获利能力，进而理性放弃这个行业。一旦社会对出租车行业的盈利预期下调，市场结构调整就可以平缓展开，有望沿着良性方向发展。虽然，这种方式不能直接优化资源配置，本身并不符合市场原则，但可以间接发挥作用，不失为权宜之计，比较适合用于打破现行出租车市场供求关系的僵局。

2.2.6 系数置换

系数置换是将政府认定需要提前终止经营许可或者行政审批期限的某种公交形式，按一定系数置换成出租车营运牌照。21 世纪初，中小巴被深圳市政府认定为不适于继续在深圳经济特区内大规模营运的公共交通形式，必须减量淘汰。为顺利推进这一工作，曾提出由出租车营运牌照置换中小巴经营权的设想，但受多种因素影响未被采纳。2008 年，深圳市为解决公共汽车经营企业数量多、规模小、服务质量差异大、公益性不足等问题，推行公共汽车区域专营，将全市的公共汽车经营权许可给三家专营公司（以特区为专营区域的深圳市巴士集团有限公司，以宝安区、光明新区为专营区域的深圳市西部公共汽车有限公司，以龙岗区、坪山新区为专营区域的深圳市东部公共交通有限公司），为使原先的经营者提前放弃公共汽车经营权，实施了用“绿的”❶ 营运牌照置换公共汽车经营权的方案。置换系数可根据实际情况而定，主要取决两个因素，一是置换对象的资源价值，二是置换的供求关系。2008 年，深圳市推行公共汽车区域专营方案初期，没有多少企业愿意置换，一辆大巴的经营权允许置换两辆“绿的”营运牌照；到了中期，一辆大巴的经营权只能置换一辆“绿的”营运牌照；到了后期，并不是所有想置换的大巴经营权均可以置换成“绿的”营运牌照（因为“绿的”也存在规模控制问题）。这种公共交通经营权

❶ “绿的”是深圳市按出租车的准行限制区域划分的一类出租车，只能在深圳经济特区外营运。

之间的置换，既有助于缓解快速优化公共交通结构的压力，又能较好地保障经营者的权益，可谓一举两得。与前一种方法类似，它也只是一种适合在特定环境下使用的方式，适用于打破眼前的市场关系僵局，其最明显的缺陷也是不能直接优化资源配置。

2.3 出租车营运牌照期限

出租车营运牌照的期限按照长短分为不设期限和设期限两种，其中不设期限包括永久和期限不明确（实践中往往被认为是永久）两种，设期限也包括可续期和不可续期两种。

不设期限的城市或地区代表有：纽约、东京（“公司”牌）、香港特别行政区、我国台湾地区（“公司”牌）、北京、上海等。

设期限且可续期的城市或地区代表有：东京（“个人”牌5年）、多伦多、伦敦、曼彻斯特、纽约、悉尼（“普通”牌）、新加坡（“公司”牌）、深圳（“绿的”）。

设期限不可续期的城市或地区代表有：悉尼（“短期”牌1年）、新加坡（“个人”牌至持牌人70岁）、我国台湾地区（“合作社”和“个人”牌至持牌人65岁）、深圳（“红的”牌50年和12年）、杭州（15年）、珠海（50年）。

2.4 出租车的准行限制

出租车的准行区域通常为整个城市的市区，但也有根据城市的地形地貌、发展状况等将出租车准行区域细分成若干个的做法。因此，总体上可以将出租车的准行区域分为：有限制和无限制两类，其中有限制的代表性城市或地区有：伦敦，出租车牌照分绿牌和黄牌两种，持绿牌的出租车可在城市的任何区域营运，持黄牌的出租车只能在郊区指定区域营运；香港，营运牌照分红牌、绿牌、蓝牌三种，持红牌的出租车（15250辆）可在任何区域营运，持绿牌的出租车（2838辆）只能在新界营运，持蓝牌的出租车（50辆）只能在大屿山营运；还有深圳，营运牌照分红、黄、绿三种，红色出租车（简称“红的”）可在城市的任何区域营运，黄色出租车（简称“黄的”）只能在深圳经济特区内营运，绿色出租车（简称“绿的”）只能在深圳经济特区外营运。

此外，有一些城市为控制在某些特定区域服务的出租车数量，也会投放少量特定的营运牌照，如允许进入天津港港区的出租车等。

需要指出的是，出租车的准行区域不同，实施的运价也往往不同。因此，划分出租车不同准行区域的主要意图在于适应区域之间比较明显的由二元结构引起的出租车需求差异。在深圳，曾经对人与物出入经济特区有严格限制，特区内外社会经济文化发展差异较大，为适应特区内外不同的公共交通供给结构以及对出租车的需求，设立了三种牌照的出租车。但是，从目前的情况看，特区的口岸管制已经非常宽松，甚至有撤关的趋势，继续以红、黄、绿区分出租车营运区域的必要性逐步降低，特区内外一体化是大势所趋。

2.5 出租车营运牌照转让

出租车营运牌照的转让主要有三种制度，即无条件可转让、有条件可转让和不可转让。其中，可以无条件转让的城市或地区主要有：多伦多、曼彻斯特、纽约（“公司”牌）、悉尼（“普通”牌）、新加坡（“公司”牌）、我国台湾地区（“公司”牌）、温州、深圳“红的”、珠海（限于拍卖的牌照）；可以有条件转让的城市或地区主要有：东京（不可在“公司”与“个人”之间转让）、深圳“红的”（2005 年建立二级市场之前，需经主管部门核准，否则视为非法）等；不可转让的城市或地区主要有：伦敦、纽约（“个人”牌）、悉尼（“短期”牌）、新加坡（“个人”牌）、我国台湾地区（“个人”和“合作社”牌）、北京、上海等。

实践中，无论是行政审批、特许经营招标，还是拍卖，任何具有较长时期盈利潜力的“品种”，都会具有产权的某些属性，也一定会有人变着法子将它变成交易对象，出租车营运牌照自然也不例外。在重庆，1997 年到 2007 年，出租车数量只增加了几百辆，致使政府以 5 万元/个（有效期 25 年）出让的重庆市城区出租车营运牌照，转让价格持续攀升至 100 万元/个。在北京，自 1993 年 10 月 27 日政府停止发放新的出租车营运牌照后，“黑市”生意兴隆，原本“无价值”的营运牌照不久就卖到 14 万元/个[6]，最近更是升到了 40 万元/个。在天津，原值几乎为零的营运牌照到 2009 年市场价已达到了每个 40 多万元。在昆明，1993 年，出租车营运牌照以每个 4 万元（8 年）有偿使用费从政府主管部门获得，1999 年世界园艺博览会期间市场价最高达到 45 万元，之后很快回落，2002 年最高价为 30 万元，2004 年最高价为 33 万元，2005 年最高价为 35 万元，2006 年最高价为 39 万元，2008 年最高价达到了 40.6 万元[7]。在深圳，2005 年以前，出租车营运牌照只能有条件转让，即须经行业主管部门审批（包括转让价格审定）后方可办理相关手续。截至 2000 年 11 月，没有一个营运牌照是按此方式实施转让的，但实际已经以融资方式实施转让的营运牌照达1393个，占当时“红黄的”总数的16.4%[1]。在国外也一样，20世纪30年代以来，纽约市出租车营运牌照一直（至2003年）没有增加，一个营运牌照的拍卖价最高时达到了56万美元。

关于出租车营运牌照的转让，很多城市“犹抱琵琶半遮面”，宁可让其处于“私下”交易状态，也不愿冒险将其明确为产权，纳入合法的交易体系。如《昆明市客运出租汽车管理条例》规定：取得出租车经营权的人，在经营期内不得擅自转让经营权；确需转让经营权的，应当到客运出租汽车管理部门办理有关手续，并按照规定转让。但由于对“有关手续”没有具体规定（其实政府并不希望转让行为真正发生），导致转让没有在制度层面出现。结果，由于信息不对称，操作不规范，将出租车营运牌照蒙上“神秘”色彩，使其俨然成了“非卖品”，更进一步激起了投机者的欲望，使之成为民间资金竞相追逐的“香饽饽”。

2.6 出租车营运牌照交易市场

交易市场是实现出租车营运牌照转让重要而有效的渠道。当然，将由行政审批无偿使用的营运牌照推向市场交易在理论上很难获得支持，但是对于有偿使用的营运牌照，无论是通过招标，还是通过拍卖，都应该考虑建立二级交易市场。只有这样，才能通过市场实现营运牌照资源的动态优化配置，同时为营运牌照价值变现提供公开、透明、便捷的渠道，不再回避其固有的投资属性。

深圳与全国大多数城市一样，由于长期没有建立出租车营运牌照的二级交易市场，引发了一系列极为严重的非法交易（以融资方式出现）行为，给行业发展带来极不稳定的因素。为彻底改变这一局面，深圳市于2004年5月12日在深圳产权交易中心设立了出租小汽车营运牌照交易部，使之成为全国第一家开展营运牌照转让业务的产权交易所，出台了一系列管理条例规范交易行为，制订了明确的二级市场交易流程。

交易制度规定，参与转让的营运牌照必须权属清晰[2]，转让方式可以是拍卖，也可以是协议；营运牌照的受让人，可以是法人、其他组织或自然人（但必须挂靠拥有合法资质的出租车企业经营）。如果转让、受让交易成功，双方签订转让合同

---

[1] 深圳市出租小汽车营运牌照调研清理工作领导小组办公室，《关于深圳市出租小汽车营运牌照调研清理工作的调查报告》，深圳市交通局，2001年4月。

[2] 依据《深圳市出租小汽车营运牌照转让质押登记办法》进行。

后，登记机关将依据程序提供营运牌照过户等证件配套管理与服务，包括办理营运牌照转让登记手续，换发新的营运牌照证书等。

但是，受交易税金、流程复杂❶、手续烦琐❷、法律法规配套不完善等影响，加上强制进场交易规定对非国有性质的企业不适用，在出租车经营总体状况尚好，转让需求并不旺盛的背景下，交易市场门庭冷清，7 个月后迎来了首单营运牌照交易，而且属于解决历史遗留问题，只是从法律上明确早已发生的企业与个人（香港特别行政区居民）之间的权属关系。自此之后，几乎没有听到有新的交易报道。

此外，珠海市也于2007 年出台政策，规定出租车营运牌照转让须到市产权交易中心办理产权交易鉴证手续，但交易同样冷清。可见，出租车营运牌照交易市场的建设任重道远。

另外也有一些城市，象征性地设立了出租车营运牌照的二级交易市场，如广州市，主要由市交通主管部门的相关机构办理相关事宜，其专业性、规范性受到更多限制。

出租车经营权制度分类如表 2-2 所示。总体上看，深圳出租车经营权制度可以说是我国，甚至是世界上最复杂的城市之一，营运牌照投放采用招标、拍卖两种形式（曾经也采用过直接签发），营运牌照的有效期有 50 年、12 年和“5 +5”年等，根据准运区域又将出租车分成红色、黄色、绿色三种。个中既有需要统一或简化的因素，也有“因地制宜”的成分，但都反映出深圳市出租车管理的难度。

出租车经营权制度分类表❸ 表 2-2

牌照属性	牌照类型	代表城市或地区
发放对象	个人	伦敦、曼彻斯特、东京、纽约、我国香港特别行政区、澳门特别行政区、温州、天津、台湾地区
	公司	新加坡、东京、纽约、我国北京、上海、深圳、杭州、宁波、广州等
	合作社	我国台湾地区

---

❶ 一般需经过：经营权持有人做产权明晰公示⟶登记机关对经营权做权属确认⟶产权交易所挂牌⟶交易鉴证⟶登记机关登记申请⟶申请人公示⟶办理经营权过户。

❷ 私人持有的经营权转让可以采用协议转让的方式；国有、集体资产所属的经营权转让，在挂牌前还要提交同意转让的批文、评估报告以及备案等复印件，以防止国有资产流失。

❸ 参考黄敏所著《香港公共交通研究》第 20 页，深圳市运输局印，1999 年 7 月。

续上表

牌照属性	牌照类型	代表城市或地区
发放方式	直接签发	我国台湾地区、北京、上海，以及我国绝大多数城市曾经的发放方式
	招标	我国绝大多数城市的现行做法，如深圳“绿的”
	限价拍卖	我国曾经的深圳“红的”
	不限价拍卖	我国香港特别行政区、澳门特别行政区、珠海、最近的深圳“红的”
准行区域	有限制	伦敦、我国香港特别行政区、深圳，特许进入天津港港区的出租车也可以划归这一类
	无限制	我国绝大多数城市与地区，如北京、上海、广州、南京、澳门特别行政区等
牌照转让	无条件转让	多伦多、曼彻斯特、纽约（“集团”牌照）、悉尼（“普通”牌照）、新加坡（“公司”牌照）、我国台湾地区（“公司”牌照）、温州、珠海、现行的深圳“红的”等
	有条件转让	东京、我国曾经的深圳“红的”
	不可转让	伦敦、悉尼（“短期”牌照）、新加坡（“个人”牌照）、我国台湾地区（“个人”和“合作社”牌照）、北京、上海
牌照规模	预设限额	纽约（几十年没有新增）、我国香港特别行政区（近期每年200个）等
	不预设限额	曼彻斯特、东京、多伦多、伦敦、悉尼、新加坡、我国北京、上海、深圳、珠海、杭州、台湾地区等
牌照有效期	不设有效期	东京（“公司”牌照）、我国香港特别行政区、台湾地区（“公司”牌照）、北京、上海
	设有效期，可续期	东京（“个人”牌照：5年）、多伦多、伦敦、曼彻斯特、纽约、悉尼（“普通”牌照）、新加坡（“公司”牌照）、我国深圳“绿的”（“5+5”年）等
	设有效期，不可续期	悉尼（“短期”牌照：1年）、新加坡（“个人”牌照：至持牌人70岁）、我国台湾地区（“合作社”和“个人”牌照：至持牌人65岁）、深圳“红的”（50年或12年）、珠海（“直接签发”牌照：5年；“公开拍卖”牌照：50年）、杭州（15年）等

3 出租车经营模式选择

除了经营权制度，出租车的经营模式也备受社会各界关注，社会各界对出租车企业与驾驶员的利益分配结果不满意，其中又以取消出租车企业这一中间层的呼声最高。其实质是出租车企业、驾驶员、乘客和政府四方博弈的结果。

3.1 出租车经营的典型模式

目前，国内出租车的经营模式主要有三种：一是“所有者、经营者、驾驶员三者一体”的香港模式（部分）、温州模式（部分），也称个体经营模式（或驾驶员经营模式）。二是“所有者与经营者合二为一，驾驶员承包经营（或租赁经营）”的深圳“红的”模式、广州模式、北京模式等，也称承包经营模式（或租赁经营模式），是目前国内采用最为广泛的经营模式。三是“公司直接经营”的上海模式和深圳“绿的”模式，也称公司直营模式。

（1）个体经营模式。在香港特别行政区和浙江省温州市等城市，政府对私人竞投出租车营运牌照不加限制，只要通过法律规定的若干行业准入条件，有一定的经济实力，并对出租车营运牌照的价值予以认同，个人就能得到出租车营运牌照，经营出租车。出租车驾驶员既是出租车经营者，又是营运牌照的拥有者或经营者。温州是国内第一个迈出这一步的城市，《温州市区出租汽车客运经营权有偿使用暂行办法》规定：“凡是有温州市区户口，年满18岁并具有完全民事行为能力的公民，市区注册登记的法人和其他组织，均可参加拍卖竞买。”1998年10月8日，该市300个出租车经营权（永久性）公开拍卖，以平均每个经营权68.08万元成交，首次实现经营权、产权、营运权的统一。同时，对原有的出租车，政府以每辆3万元的价格将经营权出售给驾驶员个人。至此，大约有98.9%的出租车由个体经营。温州出租车驾驶员曾经被称全国最幸福的“的哥”[8]，“温州模式”也曾一度赢得了广泛的赞誉。

需要指出的是，实践中还存在一种有经营权之实无经营权之名的畸形“个体经营模式”，即“融资经营模式”。在一些不允许个体经营出租车的城市，如深圳，部分出租车驾驶员希望直接投资出租车经营权，但政策不允许，只能以“非法融资”方式从出租车企业那里买下一段时间或全部时间的出租车经营权，然后再将其挂靠在出租车企业名下，每月缴纳一定数量的管理费。除了产权关系没有获得法律保障，容易引发纠纷外，融资经营模式与个体经营模式非常相似。

（2）承包经营模式。即出租车的经营权只属于企业，驾驶员通过交纳一次性的承包金或风险抵押金或保证金及每月的管理费（合称“份钱”）取得出租车营运权。通常，驾驶员一次性交纳的款项大致与车辆购置费相当，主要是为防范驾驶员“卷车潜逃”的恶性风险，每月的管理费构成出租车企业的营业收入及利润。据统计，目前国内有80%以上大中城市的出租车采取这种经营模式[9]。

此外，曾经风行一时的租赁经营模式与承包经营模式有较多雷同。两者的区别主要在于：承包经营模式下车辆由企业购买，驾驶员需一次性交纳相当于购车款的风险抵押金及每个月的承包金，终止承包合同的法律约束比较宽松；租赁经营模式下，车辆由出租车驾驶员购买，驾驶员需交纳数额较大的一次性租金（主要用于防范月租交纳不及时形成坏账的风险）及每个月的租金，终止租赁合同的法律约束比较严格。在租赁经营模式下，出租车企业所起的作用更为薄弱，受到了社会舆论更加强烈的抨击，各城市已经较少采用，纷纷作出调整，将其粉饰成“承包经营模式”，如将承包金改名为风险抵押金，甚至安全生产保证金等。

（3）公司直营模式。在上海等个别城市，出租车经营采取产权和经营权统一由企业直接经营的模式，由企业直接出资购买车辆，招聘驾驶员，企业与驾驶员的关系是纯粹的雇佣关系，驾驶员只是企业的生产工人，实施收入承包责任制，驾驶员的收入由底薪加超额营业收入组成。从现实看，“上海模式”（公司直营模式的一种实现形式）矛盾最小，并因此被社会所推崇。

深圳的实践在全国具有较高的代表性，出租车的经营模式大体走过了1983年之前的公司直营模式，1983年至2002年的租赁经营模式与承包经营模式，2002年之后的“形似公司直营，实为承包经营”的交织模式，未来的努力方向拟定为公司直营模式。从理论上讲，选择何种经营模式是出租车企业的自由，之所以如此反复，是出租车企业为适应不断变化的经营环境（主要包括乘客对车票的索取、驾驶员资信及职业道德、营运收支监控等），在与管理当局价值取向的碰撞过程中，谋求最有利于接近企业目标而进行的调整及变革。从这个角度讲，出租车经营模式不存在抽象的好与不好之说，关键是看它能不能很好地适应当时的经营环境，能否兼顾企业、驾驶员、乘客、政府四方的利益，尽量实现多赢。或者说，如果一个经营模式没有让其中任何一方的利益受损到令其难以接受的话，就是一个不错的经营模式。

3.2 国外出租车主要经营模式

在纽约[10]，个人与企业均可拥有出租车经营权，新增运力采取拍卖方式，拍卖的营运牌照分为个人和公司两种，相应的经营者也被分成独立车主和公司两类。所谓独立车主指只拥有一个出租车营运牌照的人。独立车主的营运牌照如果要转让，只能卖给另一位独立车主。公司是指拥有两个以上出租车营运牌照的经营者，其中拥有25个出租车营运牌照的公司被称为“车队”。出租车企业与驾驶员之间有的是雇佣关系，驾驶员按照工作时间领取工资，也有的是租赁关系，出租车企业每月向驾驶员收取租赁金。

在伦敦[11]，出租车驾驶员都是清一色的个体经营者，其中2/3的人使用自己的汽车，其余的人使用租来的汽车。考试合格的驾驶员，除得到出租车驾驶证外还有一枚徽章。徽章分绿、黄两种颜色，由考试结果决定。

在巴黎[12]，99%的出租车驾驶员为个体经营者，政府不直接控制出租车的数量，但对出租车驾驶员的执业资格采取总量控制、有偿转让制度。由于政府对执照实行总量控制，新批的数量很少，一般需待老驾驶员退出后再向其购买执照，这使得从业执照变成了一项可以买卖的产品，但价格不菲（11万法郎左右）。

在罗马[13]，出租车经营以个体为主。开出租车需要向市政当局申请营业执照，每个执照的费用为十几万欧元，有效期为5年，5年后要重新验证。驾驶员是出租车经营权和产权的所有者，但几乎全部由合作社（罗马市大约有5~6家较大的出租车合作社）管理。驾驶员与合作社的关系实质上是无线电服务关系，驾驶员每月向合作社缴纳120欧元的服务费，合作社的调度服务台通过电波滚动播发需求信息，驾驶员则根据自己的方位确认服务目标，服务台得到驾驶员确认后，立即将信息传给用户，完成一次出租车预约服务。也有为数不多的个体出租车驾驶员不参加合作社管理，但是，虽然自己管理自己，也要按许可证上排好的班次上下班。因为罗马市政府在发放许可证时，已经将许可证分类编号，并按编号排好了班次，以避免夜间或天气不好时客人找不到出租车。

目前，国内一些城市有类似做法。如宁波市下辖的慈溪市，其出租车可以将乘客送到宁波市区，但不允许从宁波市区兜客回慈溪，否则属于非法营运。如果通过电话预约从宁波接客回慈溪则另当别论。于是，出租车驾驶员在送客到宁波的时候，都会通过出租车电召服务承揽返程客业务，驾驶员与出租车电召中心之间的合作关系由此建立。

在东京❶，大约有5.2万辆出租车，其中4万多辆由出租车企业经营，1万多辆由个体经营。企业和驾驶员之间的关系是劳资关系。由于严格的法制和完备的信用体系，加上发达的卫星定位和信息管理系统，企业对驾驶员实行以月为单位的营业收入定额管理，但不采取每月按定额交“份钱”的方式，达不到定额扣工资，超过定额有提成。

3.3 出租车经营模式评说

现实中，总会遇到要求摒弃某一种经营模式的舆论，也总能听到希望推行另一种经营模式的呼声。究其原因，主要是面对企业、驾驶员、乘客、政府四方博弈中出现的“委屈”时（焦点是出租车企业这一中间层的存在严重损害了驾驶员的利益），“伸张正义”的心理使然。向“样板”学习是最平常的一种思维方式，“放弃旧的，期望新的”也是惯用的思维方式，但都必须注意实施的环境条件是否具备。否则，极易出现南橘北枳的现象。

（1）个体经营模式。近年来，伴随着温州的实践，关于出租车个体经营的呼声越来越高。特别是学术界认为，出租车是一个从业门槛几乎可以降到零，一个可以完全竞争的行业；驾驶出租车属于个体劳动，适合个体经营，并列举了世界上不少城市直接将经营权特许或者卖给出租车驾驶员的例子。个体经营模式的最大优点是可以将经营的管理成本降到极点，其最大的缺点是经营主体繁多，行业管理幅度增大。

取消出租车企业这一中间层可以直接降低出租车的经营成本，但实际运作并不像想象的那样简单。从温州的例子看，由于大量民间资本看好出租车投资，出租车经营权被爆炒到140万元/个，俨然成了高度市场化的投资品，很快“温州模式”改变了原来的面目。目前，已经有2/3的出租车经营权拥有者将出租车承包给他人营运，承包人被称为“包头”。“包头”再将出租车包给第三人营运，甚至出现“四包”，基本回归到了原先的出租车企业的角色[14]。不然，也许就不会出现2009年7月28日的温州出租车罢运事件。

---

❶ 何德功，《日本：出租车注意环保污染少》，人民网，2004年11月21日.

此外，行业主管部门担心允许个体经营，会彻底摧垮出租车企业的存在基础（也许短期内会出现这种倾向，但从长期看应该不会，出租车企业有其存在的理由，详见“11.4 深圳出租车市场的部分经济学解释”之“20”），使行业管理的幅度陡增，管不住，不好管。在发达国家，这似乎不是问题。健全的法治体系、明确的管理分工及职责，可以有效约束、规范经营者的各种行为。但在我国，这种顾虑是有一定道理的。政府各职能部门之间的协同明显不足，对经营者各种行为的规范与管理往往需要行业主管部门“全面”负责，可行业主管部门又缺乏比较完善的权力体系，遇事心有余而力不足，无奈只能寄希望于“委托代理”——让出租车企业分担部分约束直接营运者（驾驶员）的职能。尽管多年的实践表明，出租车企业的“委托代理”作用有限，但给出租车经营带来的成本倒很高。不过，纯粹从行业管理的角度，尽管绩效不高，但有这一层总比没有好。因此，在面临重大制度变革时，难免产生畏难情绪，从而抵制个体经营模式。

（2）公司直营模式。这一模式的最大好处是企业的责、权、利统一，容易形成规模效应并进行品牌建设，尤其是出租车驾驶员的风险与压力较小，不必交纳可观的押金，也不必为偶发事件导致的停驶倒贴管理费等。在出租车驾驶员被普遍怜悯为“现代版骆驼祥子”的年代，这一经营模式在人性化管理方面的突出表现获得了坊间的高度赞誉。但是，此经营模式的实施及所展示的优越之处需要严格的环境，而且经营的管理成本很高。前已有所述，如果上海市没有对出租车驾驶员的户籍进行严格要求，这一经营模式恐怕很难维持，更不要说在我国其他城市普遍复制了。这就是为什么全国众多城市羡慕并试图学习“上海模式”的经验，但收效甚微的根源所在。2001 年，深圳“绿的”首次投放，明确要求出租车企业采用公司直营模式，而且把这一条写入了中标合同，列入了《深圳市绿色出租小汽车管理规定》，结果则是大体上保留了公司直营的形式，如发放基本工资，购买社保，发放维修基金等，实质上则更接近承包经营，主要体现在管理费约定为一年一签，甚至四年一签，按月交纳，出租车驾驶员不得已同时签订“劳动用工合同”和“车辆承包合同”。

（3）承包经营模式。最明显的优点是大大降低了出租车经营中的监管成本，缺点是削弱了对营运过程的管理。在一定程度上，可以看成是对个体经营模式和公司直营模式的折中。现实中，针对这种经营模式的各种谴责有不少是由出租车驾驶员就业的供求关系失衡引发的，而非其本身。

出租车是一个不需要太多信息，不需要太多管理，不需要太多高新技术，也不需要太多资本的行业。因此，出租车企业的作用并非必不可少。根据温州的实践，如果撇开出租车经营权限制，必须由出租车企业承担的工作不多，但由于现实中经营权被出租车企业所控制，其所收取的“份钱”数额可观，如福州市，对于产权和经营权均属企业的出租车，驾驶员每月要向企业交纳 5500 元的承包费及国家规定的各项规费，对产权归个人、经营权属企业的出租车，驾驶员每月要向企业交纳 2000～2200元不等的经营权使用费；北京市，出租车驾驶员的承包费标准为每月单班 5200 元、双班 7100 元[6]；深圳市，除了一次性交纳 9 万元的安全生产保证金（到期退还）外，“红的”驾驶员每月实际要向企业交纳 11100 元（含车辆折旧及不足 400 元的税与规费）的管理费、“绿的”驾驶员每月实际要向企业交纳 7650 元（同“红的”）。显然，如此高的“份钱”远远超越了出租车企业所承担的责任与义务，引起不少民众的反感，纷纷呼吁取消这一中间层。

若能在制度上作些安排，譬如对出租车驾驶员的从业资质进行严格限制，限制出租车驾驶员的供给规模，有效调整出租车驾驶员的供求关系，使“份钱”与出租车企业所承担的责任与义务基本相称，就有理由相信人们不会再如此痛恶承包经营模式，也不会对出租车企业的存在咬牙切齿了。

总之，出租车的经营模式应该是复合的、多样化的，而且应该给经营者更多的选择权利，在规则下借助市场的力量将其推演至合理状态。任何单一模式都明显带有政府行政强制的烙印，无法保证行业的长治久安。因此，政府不应该过多考虑出租车的具体经营模式，而应该将重点放在清理各种经营模式的实施障碍上，营造一个可以让市场更多发挥作用的环境，强化由市场优化结构、优化经营模式的功能。

4 出租车市场管制

管制是指在市场环境中，政府为矫正和改善市场失灵而采取的干预经济主体活动的行为。其目的是维护正常的市场经济秩序，提高资源配置效率，增进社会福利。

关于出租车市场到底该不该管制、管制什么、如何管制等问题的争论在理论界和实践中一直没有休止。有人认为[15]，出租车行业属于完全竞争行业，不需要任何管制。取消准入管制，特许经营利润将不复存在；取消运价管制，经营者之间就会展开包括运价、服务和车型在内的竞争，呈现优胜劣汰之势，消费者将从中得到实惠。取消管制，会节约大量管制成本，也将从根本上消灭管制官员的腐败等。也有人认为，出租车市场存在信息不对称、需求无弹性和负外部性等市场失灵现象，对出租车市场实施管制（包括经济管制和社会管制）是必须的，管制可以纠正市场失灵、限制价格上涨、保证行车安全和服务质量等。那么，出租车市场究竟应该放开还是需要管制呢？

4.1 我国的出租车市场管制

我国出租车市场的管制从新中国成立之初直至20世纪70年代一直实施计划经济的普遍管制政策，管制包括数量、价格、经营者、经营模式等。20世纪80年代后，随着改革开放的需要，我国逐渐放松了对出租车数量的控制，但其他方面的管制依然严格。进入20世纪90年代，城市交通的供求矛盾进一步尖锐，受政府财力窘迫和突破大中容量公交经营体制顾虑的双重挤压，部分城市进一步放松了对出租车数量的控制，准入大门洞开。以北京为例，1992年年初确定了出租车行业“符合条件就批，将企业推向市场，优胜劣汰”的发展方针，首次允许民间资本进入。出租车数量很快从1991年的1.62万辆发展到1995年年底的6.5万辆，形成了以企业为绝对主体，并与少量个体驾驶员并存的市场结构[16]。出租车数量的快速增长，加剧了市场竞争，引发了一系列新的矛盾。大约在1994年前后，一些出租车发展较快的大城市纷纷开始整顿出租车市场，进入政府高调管制时期。一些原本没有出租车或者出租车发展缓慢的中小城市仍在粗放地发展出租车。因此，1994年可以认为是我国改革开放以来放松出租车市场管制的一个逆转点。

首先亮出的管制举措是出租车总量控制，最为典型的是上海，无限期停止审批新的出租车经营权，更多的城市则明显放慢了出租车营运牌照的投放步伐。1998年，中华人民共和国建设部、公安部第63号令《城市出租汽车管理办法》的颁布实施，明确了出租车行业管制的基本内容与方式，标志着管制进入了国家意志时代。之后的十几年间，很多城市的出租车总量增长很少，数量管制演绎成绝对量控制，导致不少城市的出租车供给偏紧。

随后，各城市政府开始对出租车经营模式和经营主体进行规范，鼓励公司直营，限制个体进入。尽管温州、天津等少数城市对此有所突破，但绝大多数城市更愿意“随大流”，不越雷池半步。随之而来的是学界对单一经营模式一浪高过一浪的讨伐。

在完成了上述主要领域的经济管制后，各城市的管制开始蔓延到出租车经营的更多具体环节，如责令出租车企业支付驾驶员统一着装费用、统一维修补贴、统一燃油补贴、统一购买社保、统一座位套换洗标准、统一对驾驶员进行教育培训等。尤其是2005年以来，面对出租车行业劳资矛盾激化而出现的“罢运”现象，一些城市纷纷制订了出租车承包费（份钱）管制标准。经济管制到了无孔不入的地步，以至于一些经营者调侃“政府是总公司、企业是车队”，也有一些经营者埋怨政府“在出租车经营权投放上采取市场方式，在出租车经营上则采取计划方式”的管理思路，质疑政府过多的经济管制。

当然，在强化经济管制的同时，各城市也加强了对出租车的社会管制，出台了一些被社会广泛认可的管制措施，如统一要求安装防劫网、安装双燃料装置、安装GPS车载系统等。

回顾我国出租车的发展历程，可以大体勾勒出政府管制的基本轨迹。经济管制从新中国成立后至20世纪80年代初，这一时期是以“不发展”为基调的普遍管制时期；到20世纪80年代中后期逐渐放松数量管制，20世纪90年代初几乎放开数量管制，同时放松除价格以外的其他经济管制，形成以“发展”为特征的放松管制时期；再到20世纪90年代中期以来逐渐收紧管制时期。实际结果是出租车驾驶员一步一步走向被动，驾驶员与企业、政府的矛盾和对立情绪逐日累积，异常敏感，一有风吹草动便会引起“出租车事件”，在很大程度上成了社会不稳定因素之一。于是，社会各界开始反思，引发了一系列针锋相对的论战，焦点是经济管制的必要性及范畴。目前，我国出租车行业正处于行动上不放松管制，舆论上猛烈抨击管制的僵持状态。

4.2 出租车市场管制的一般依据

一般地，只有存在“市场失灵”的情形，政府管制才有正当理由。就出租车市场而言，除了“信息不对称”外，还存在负的外部性、行政垄断等问题引发的“市场失灵”。

出租车市场管制主要围绕出租车数量和出租车运价两大核心领域展开，这两大领域自然也成了关于出租车市场管制的争论焦点。

(1) 对于出租车运价的管制[17]，一般的理由是出租车市场存在信息不对称、不能形成有效价格、负外部性等市场失灵现象，即站在消费者角度，由于信息不对称而不能确定合理的价格；站在经营者角度，既希望运费在补偿了包括载客成本和空驶成本在内的运营成本后能够获得正常利润，又希望利用消费者的市场弱势地位索要高价；站在社会角度，由于出租车对环境和交通都具有负外部性，价格不仅应该弥补私人成本，而且必须弥补社会成本。所以，对出租车的运价管制有其必要性。

然而，在笔者看来，在我国更为直接的管制理由在于现阶段对出租车的定位，需要其与其他公共客运方式保持合理的比价关系，而这不可能凭借市场的力量实现，因此，必须进行运价管制。

(2) 对于出租车数量的管制，同样源自对出租车与其他公共客运方式保持合理的比价关系的需要，否则供求难以均衡。

反对管制的主要论据是出租车属于资本、技术、管理自然门槛较低，小资本、个体极易参与经营的行业。然而，大多数城市的出租车市场因为政府实行数量管制而使其具有垄断性质，垄断则不可避免带来低效率。

4.3 出租车市场管制的基本做法

从对象看，管制主要针对经营者和经营工具；从环节看，管制涉及准入、经营和退出。现实中，管制总是按需设立，综合实施，基本可以概括为以下五个方面。

4.3.1 进入管制

进入管制是出租车管制的主要环节，主要是对经营资质的限制，具体包括对出租车经营权拥有者的限制，对出租车经营者（一般为企业或自然人）的限制，对出租车营运者（一般为驾驶员）的限制，对营运车辆的限制。常见的做法是设置准入门槛、对经营主体及工具进行准入歧视❶。

对出租车经营权拥有者的限制一般体现为所有制歧视，即是否允许个体获得出租车经营权。实践中，如果是拍卖，通常允许个体准入，如果是审批或者招标，通常不允许个体准入。对于出租车经营者的限制主要体现在资金、场地、技术、管理等准入门槛，也有涉及所有制歧视、资历性歧视的。所有制歧视主要体现在是否只允许国有企业经营，或者只允许非私有企业经营，不允许个体经营等。由于出租车属于适合个体经营的行业，因此世界各国普遍不限制经营者的所有制性质，具体来讲是不限制个体经营。但在我国，不少城市限制个体经营。资历性歧视主要体现在某个时间之前注册的出租车企业可以营运，某个时间之后不再允许注册新的出租车企业等，北京市政府于 1993 年 3 月起不再批准新设出租车企业[18]。对于上述两者的限制往往是协同进行的，主要目的在于控制经营者的数量与类型，归根结底是控制市场结构。当然，在理论上和制度上，可以将两者分离，如深圳并不限制个体按规则获得出租车经营权，但不允许其直接经营出租车业务，因此迄今为止还没有个人从一级市场获得过出租车经营权，倒是有不少人通过二级市场获取经营权。实践表明，这种分离只是一种形式而已。

对于驾驶员的限制主要设置包括驾驶资质、年龄、健康状况、文化程度、历史记录、对城市地理及人文的了解程度等准入门槛，也有涉及身份性歧视的。身份性歧视主要体现在出租车驾驶员必须拥有当地户口，我国部分城市采取身份性歧视措施。

对于营运车辆的限制主要体现在车型、排量及档次的技术性歧视上，“4.3.5 车辆管制”部分将对此进行详细阐述。

4.3.2 价格管制

价格管制是指对那些经过特许而进入市场并提供垄断性服务运营商的服务收费水平及收费结构进行控制，也称租价管制[19]。我国对出租车运价的管制，主要源自对出租车的定位及其与其他客运方式保持合理比价关系的要求，在发达国家则更

---

❶ 准入歧视是指在发放出租车经营牌照时，对不同申请对象制定不同的准入政策。

多出于对“市场失灵”等因素的叠加考虑。运价管制已经是人们习以为常的一项管制政策，但也有例外，如泰国曼谷的出租车运价就不受管制，新西兰的出租车企业可以自行定价，只需要将定价方案报当地政府备案，并在车内外张贴相关信息，供乘客参考和监督。目前，世界各国价格管制的主要方式有：

(1) 价格上限。即管制者针对本地区的出租车价格设定一个上限，出租车经营者可以在这一上限以下自由定价。定价要上报管制者备案，并且要在车内外张贴，以便于消费者掌握定价信息。同时，管制者需要根据物价指数变动等因素及时调整价格上限。价格上限机制的计算公式为：

$$P_t = P_o(1 + RPI_t - X) \tag{4-1}$$

式中：P_o——基期加权平均价格；

P_t——当期价格调整的上限；

RPI_t——期间零售物价的上涨率；

X——出租车行业生产率的上升比率[19]。

目前，英国和新西兰等国主要采取这一方式定价。其优点在于限制经营者漫天要价，但由于出租车企业和驾驶员往往难以统一意见，各自的成本差异较大，因此很难确定合理的价格上限标准。同时，由于消费者在与驾驶员讨价还价的过程中处于弱势地位，通常经营者索要的价格都接近或者就是价格上限。

(2) 部分管制。只对出租车行业中实力最强的骨干企业或者具有垄断地位的企业实施价格管制，而其余较小的企业或个体经营者的运价由市场决定。部分管制的优点在于管制者能够通过管制观察行业内的竞争行为，获取价格信息，且有利于社会监督，保证管制者不会轻易地被居于支配地位的企业所“俘获”，在自由放任和全面管制之间留有“收放”的空间。但是，由于受管制者无法全面地掌握市场份额分配、实际营运状况等因素影响，定价往往很难做到完全合理。同时，为其余企业或个体经营者提供了索要高价的机会，特别是在上下班需求高峰时段或深夜供给低峰时段。

(3) 同一的二部定价制[17]。这是世界各国及我国各城市普遍采用的价格管制方法。每个城市根据各自的市场供需状况制订统一的基础运价，再根据车型差别，如高档车制订较高的运价，普通车制订较低的运价，车型相近适用同一类别的运价。每一类运价结构均由起步价、里程价、返空费等构成。其优点是有助于乘客在不同车型的出租车服务与运价之间比选，节省讨价还价的时间，减少管制者的监督成本。但是，如何制订合理的运价水平依然是个复杂的难题。

(4) 区域定价[17]。即按照出租车行驶的区域定价，只要出租车的行驶区域在某一规定范围内，无论里程长短，采用统一运价。在华盛顿，出租车的运价不是由里程决定，而是由设定的不同区域系统决定的。出租车载客所经过的区域不同，其运价便不同。目前，我国部分小城市采取这一方式定价。如在大中城市实施这一定价方式，要求城市的区域分布相对规则，在一定程度上限制了其适用的范围。

4.3.3 数量管制

数量管制是指对投放到市场的出租车营运牌照的规模控制。尽管出租车经营者必须经营有营运牌照的出租车，但两者之间在数量上没有必然联系，由于要保持与其他客运方式的合理比价关系，就必须对营运牌照的数量进行控制，否则极容易出现供给过剩，导致过度竞争，浪费资源。

由于出租车需求受太多因素影响，正确判定出租车的需求规模十分困难，目前关于出租车需求的各种预测，往往直接体现为对供给的预测，一般也只能获得大概数据，即对总量的把握，至于结构就更困难了。因此，现实中，多将有载率（或空驶率）的高低作为数量控制的关键性指标。从理论上讲，出租车供给存在长期过剩的可能，但对于发展中国家，由于出租车需求总在发展，过剩只是暂时的，只要一段时间不投放出租车营运牌照，供给过剩的局面将很快改变。如果到期的营运牌照暂时不再投放，供给过剩的改善会更加迅速。当然，也有可能由于工作失误，出现营运牌照严重过剩现象，如果营运牌照无偿使用，可以采取分单双号营运的方式，调控运力；但如果营运牌照是有偿使用的，那问题就复杂多了。

需要指出的是，有载率标准的确定也是一件困难的事情，而且各个城市社会经济文化特征不同、出租车需求特性不同、分布不同，以及其他公共交通、私人交通的发展水平不同，因而有载率标准也不同。鉴于前面阐述的理由，在出租车经营者的要求下，多数城市宁愿将出租车有载率标准控制得偏高一些，特别是在信息化管理缺失的城市，准确把握有载率的实际值有相当大的难度，管制当局很容易被经营者“误导”，进而迷失方向。

4.3.4 服务质量管制

服务质量管制主要是为了防止出租车服务因流动性强、不易被追溯而发生不顾服务质量的行为，通常采取限制性条款及相应的惩罚措施，也有一些城市在此基础上建立服务质量测评体系，据此奖优罚劣。对于前者，各城市关于出租车管理的法规均有体现，在此不再赘述；对于后者，本书第8章“出租车服务质量测评”将进行详细阐述。

4.3.5 车辆管制

车辆管制主要是为保障出租车服务质量，基于安全、外部性等因素考虑，通过标准体系和审核制度对用于出租车营运的车辆进行直接管制，主要涉及安全、环保、形象三个方面。安全与环保方面的管制属于社会管制范畴，世界各国的趋势是持续从紧，只要要求不明显偏离当地实际，不会引起太多异议即可。而且，这种管制广泛体现于汽车制造，人们普遍认为绝大多数车辆已经达到要求，一般不作专门强调，倒是对主要关乎形象的车型、排量及档次会有明确要求。

“出租车”被誉为城市的“名片”，颇受世界各国城市重视。在英国伦敦，经典的“老爷式”出租车构成了一道独特的风景，而且其标志、计费器、运行证照、驾驶员与乘客之间的安全隔断都是原配的，是专门为出租车营运设计、制造的。但是更多城市的出租车是由普通轿车配装出租车专用器件形成的，而且安装的位置不尽统一，能够体现差异的主要也只是车型、排量及档次等。车辆管制往往体现为诸如不允许两厢小汽车、不允许排量小于某一标准的汽车作为营运出租车等。当然，也有极少数城市有地方保护主义之嫌，明确规定不允许某些品牌的小汽车作为营运出租车。

在发达国家，出租车主要用于商务和少数公务活动，车型选择主要考虑最大限度地保证驾驶员和乘客的安全和舒适需求，以及能否适应在各种复杂路况下长时间连续行驶的需求，普遍选用高档名牌乘用车。在德国，出租车多是奔驰、宝马、奥迪等品牌乘用车；在瑞典，出租车多是沃尔沃品牌乘用车，在美国，出租车中有凯迪拉克、林肯、福特维多利亚皇冠（配备8缸发动机，排量达4.6升）等品牌乘用车；在香港特别行政区，出租车基本上是皇冠品牌乘用车。在我国，出租车除了用于商务和少量公务活动之外，具有一定支付能力的人还将其用于日常出行，成为向私家车出行过渡的一种方式，对便捷、经济的要求比较普遍，对舒适的要求不是很高。因此，出租车普遍采用中低档汽车，虽然有少量城市从提升城市形象及与国际接轨的角度出发，成功采用了中档车，如杭州的帕萨特，上海、深圳有少量该种车型；但更多的城市，希望采用高档车型的想法会遭到人们的强烈反对。以北京为例，随着申奥成功和向国际化大都市迈进的步伐加快，政府决心向环保型城市发展。2002年，北京市有关部门曾对出租车的外形、排量提出了新的标准建议，其中几个重要指标指向[10]：排量不低于1.8L，车长4.5m以上，需装备有GPS车载系统，尾气排放达到欧洲三号标准，燃料以液化石油气为佳。此举很快被反对声“淹没”，甚至被某些人看做是某些出租车垄断利益集团背后操控的阴谋。妥协的结果只是限制了“夏利”等我国车市中最低档的一些车型。深圳是我国经济发展水平、国际化程度最高的城市之一，出租车选型长期保持国内较高水平，但也只是维持在各个时期车市中中档偏下的车型而已，而且近来出现了降低车型档次的呼声。北京、深圳尚且如此，其他城市的普遍情形就更不用说了。出租车定位的差异，必然引起对车辆管制的内容与标准的不同。

4.4 国外出租车市场的管制与放松

英国、日本等少数国家自17世纪开始就从价格、准入等方面对出租车市场行业进行管制，但多数西方国家是从20世纪初陆续开始对出租车行业进行管制的。首先是对营运牌照的数量控制，后来逐步发展到对运价和服务水平的管制。这一态势大体持续到20世纪70年代初。从20世纪70年代末开始，以美国为首的西方国家逐渐放松了对出租车行业的管制，这一趋势到20世纪90年代出现了一些反复。部分原本已经解除了对出租车行业管制的城市又不同程度地恢复了管制，但也有一些国家毅然将解除经济管制进行到底，如瑞典、新西兰等，更多的国家则是程度不同地放松了对这一行业的管制[17]。

（1）英国❶。出租车的历史可以追溯到16世纪出现的出租马车，而且一开始就受到了政府的严格管制。直到1985年，除伦敦外，整个英国出租车的营运牌照数都是受控制的，若想进入出租车行业，可以向现有的牌照拥有者购买❷。在伦敦，出租车数量不受控制，市场准入借助对执业驾驶员的准入限制间接实现。只要通过执业考试便可驾驶合格车辆按规则提供出租车服务，但考试非常严格，通常要花2～3年，在一定程度上成了伦敦市出租车市场的另一类准入障碍。据估算，这项考试的资金成本相当于20世纪70年代初某些地方出租车营运牌照的平均价格。无论通过何种形式从业，出租车驾驶员都必须通过法定机关对其进行的性格测试，以及是否有犯罪记录等审查。

在英国，所有出租车的运价都是受管制的。伦敦政府限定出租车的最高运价，而且每年都要对运价进行检验，主要考虑出租车的收入与运营成本，以保证运营者一定的利润水平。除了伦敦，其他城市均直接制定运价。

---

❶ 英国、日本、韩国等国的情况主要参考《深圳市出租车行业发展体系研究与综合配套政策方案》(2009)。

❷ 在英国，1947年开始允许出租车营运牌照买卖。

英国对出租车的车型及质量普遍实施严格管制。以伦敦为例，用于出租车服务的车辆必须是四门豪华乘用车，而且都必须安装轮椅可达设施。超过三年的车辆每年都必须接受检查，有些机构甚至要求每年多次检查，同时还有抽查。

尽管英国于1985年通过的交通法案，允许对出租车的市场准入取消管制，但并不是规定完全取消管制，只是给予出租车行业更多的自由发展空间，因此并没有导致所有地方管理机构取消对出租车的准入限制。

1996年，有专家调查发现，英国28%的管理机构完全取消了对出租车市场的准入限制，但仍有一半以上管理机构实施了准入限制。从1980年以来的走势看，准入管制呈逐渐放松态势，运价管制却呈坚守态势。

（2）日本与韩国[20]。日本对出租车行业管制的历史也很悠久，但上升为全国性的行动则是在1930年机动车交通交易法案提出之后。根据该法案，如果供给不能满足需求，出租车营运牌照的申请可以由当地政府机构批准。以东京为例，允许个体和企业经营出租车，如果申请成立出租车企业至少要有60辆汽车及足够的合格驾驶员，具备一定的经济能力，并有办公设施、修理厂、驾驶员休息室等。如果申请个体营运牌照，必须拥有10年以上专职驾龄，且没有因为违反交通规则而受罚，并具有一定的经济能力，有适合的修理服务商等，同时还必须通过有关地形、法律等方面知识的考试。严格的申请条件成了限制准入的门槛。1971年实施的出租车行业紧急事件措施法案，对出租车驾驶员的执业资格提出了更高的要求。同时，日本的道路交通法案规定，汽车每天的行驶里程不能超过365千米，以防止驾驶员过度疲劳，影响安全。1992年6月，日本政府交通管理部门宣布：10年内逐步放松两项管制，一是出租车营运牌照发放不再严格依据供需关系，二是不再制订统一的运价结构，同一区域内的运价可以不同。1993年7月，大阪市区出现了两种运价结构；1994年，在京都出现了三种运价结构。2002年2月，日本取消了对出租车行业的准入管制，只要求其满足安全标准，但依然维持对运价的管制。

韩国对出租车行业的准入管制与日本相似，原则上对出租车营运牌照的数量没有限制，允许个体和企业申请经营出租车，但分别设立相应的准入门槛，只要申请人符合条件，一般都给予批准。但是，1980年以后，政府很少批准新的经营者，如果需求增长，一般只允许现有的企业增加营运牌照，个体经营者数量十分有限，原因主要在于申请者必须要求有15年以上专职出租车驾驶员的经历，而且没有交通事故的不良记录，再通过抽签获得。个体营运牌照不允许出租他人营运，但可以转让给满足条件的个体经营者。长期以来，韩国的出租车运价受中央政府交通管理部门的严格控制。虽然经营者可以根据实际情况申请调整，但结果是出租车运价的增长率比公交汽车、地铁等其他交通方式的运价增长率要小。

韩国对出租车驾驶员的准入限制与日本相仿，要求通过相关考核方能获得执业资格。对营运车辆的管制除了使用年限限制在5年之内外，还要求有固定的休息日，企业的出租车，一般要求每工作6～10天后休息一天，个体的出租车一般要求每工作3～6天休息一天。

1993年，韩国政府开始着手改革对出租车行业的管制。首先是市场准入条件放松，如不再要求企业申请者拥有足够的资金、一定规模的车辆。1995—1997年，两次放松了对出租车营运区域的管制。其次，对运价的管制也开始改变。1994年，运价管制者从中央政府的交通管理部门转移到了地方政府，使运价调整变得更加容易。再次，放松其他方面的管制。1993年，取消了对出租车必须有固定休息日的规定。1996年，对企业出租车的更新年限限制为4年，个体出租车的更新年限限制为5.5年，还可以根据实际情况稍作延长，但不能超过一年。

（3）法国[21]。在巴黎，出租车由内政部实施宏观管理，下设纪律检查委员会，对出租车运价、出租车行驶专用道的设置等进行调控与协调。警察局对购置5座以下的出租车进行审批，具体管理者不穿警察制服而是着便装上岗，对服务质量、行车安全等实施监督。巴黎出租车总量由政府调控，经工会与政府多次交涉，政府承诺今后15年内只能增加1500辆车，即每年增加100辆。

巴黎对出租车的车型似乎没有严格管制，可谓多种多样，有法国雷诺、德国奔驰、大众、意大利菲亚特以及日本尼桑等20多种，有三厢乘用车，也有两厢的旅行车，车辆颜色以银灰、黑色等为主。对运价实行严格管制，首先将城区划分成大中小三个区域，分别制订三类运价，时距并计。对服务质量的管制比较严格，如为防止驾驶员疲劳驾车，在出租车后风窗玻璃上有红色字样的电子显示屏显示驾驶员的上岗时间，时刻提醒驾驶员合理作息，也方便警察监督或制止超时工作。

（4）美国❶。美国对出租车行业管制的最大特点是依据法律进行。费城是最早（1920年）对出租车实施管制的城市，接着是威斯康星州的米尔沃基、洛杉矶、圣迭戈、菲尼克斯等。但是，从20世纪70年代末到80年代初，一些城市和地区部分或全部取消了对出租车行业的经济管制，如圣迭戈、西雅图、菲尼克斯、波特兰、堪萨斯城、米尔沃基等，以及一些较小的城市如亚利桑那州的图森、加利福尼亚州的奥克兰和弗雷斯诺、北卡罗来纳州北部的Raleigh等城市。但在许多大城市，

❶ 除纽约市的情况参考王波（2004年）的论文《纽约——立法确定出租车数量》外，其他城市的情况主要参考帅晓姗（2008年）的博士学位论文《契约视角的出租车产业组织研究》。

如洛杉矶、芝加哥、波士顿、纽约、迈阿密、水牛城、布法罗和旧金山等，出租车行业依然受到严格管制，尤其是市场准入管制，而且也有部分城市的出租车行业在经历了短暂的放松管制后，由于一系列副作用不得不重新管制，如亚特兰大和西雅图等。当然，也有放松管制获得成功的城市，如印第安纳波利斯、辛辛那提、休斯敦、菲尼克斯等。

在纽约，对出租车行业实施管制的部门是纽约出租车和乘用车委员会。该委员会于 1971 年依据纽约地方法律成立，其主要职能是制订出租车的行业规范，指定允许使用的车型，制订服务标准、租赁金（份钱）的最高限额及对保险、申请营运牌照的要求等，还负责制订巡游式出租车的收费标准，但是新标准的实施需要举行公众听证会。此外，对运营时间、车辆更新、营运牌照转让等均有管制规定。如固定一人驾驶的出租车主（相当于个体出租车经营者）本人每年运营时间不得少于 210 天，企业或车队的出租车必须每周运营 7 天，每天运营 24 小时；用来做出租车的汽车必须是全新的，并且要求固定一人驾驶的 5 年更新，不固定一人驾驶的 3 年更新；出租车营运牌照不允许跨类型（独立车主、企业和车队）转让等。

对出租车数量的控制更是严格依据法律进行。自 20 世纪 30 年代以来，纽约市巡游式出租车的数量一直维持在由当时的市议会以立法手段确定的 12187 辆，出租车和乘用车委员会依法负责对出租车（主要是电召式）数量的控制。美国其他一些城市如波士顿、芝加哥、费城等对出租车也有类似的数量限制。

在亚利桑那州的菲尼克斯，1933 年通过了一项旨在保护现有经营者以免竞争加剧的法案，一个被授权的委员会专门负责处理进入运输行业的新的申请。这个委员会可以否决他们认为没有必要的申请，而且现有的经营者有权否决任何新的申请（只要他承诺拟打算提供类似服务），给新进入市场设置了巨大障碍。此外，运价标准也是该委员会在现有经营者的建议下制订的，如果委员会没有广泛听取意见，运价标准将不允许改变。这些管制直到 1982 年才被取消，取消后进入出租车行业的唯一限制是资金要求。但是，放松管制后没多久，不少原来的管制又重新实施，比如只有 1/4 左右的出租车可以到机场载客等。

在圣迭戈，一直实施基于一定人口比率的出租车运营许可证管制。到 1979 年，这项政策才有所改变，由辅助客运系统办公室按每月 15% 的比率核发新的运营许可证。无论是企业还是个体运营者都可以申请获得新的许可证，但是，一次申请只能获得一张许可证。对企业来说，一次申请成功之后，就不得不排到申请队伍的最后等待下一次申请机会。另外，对出租车的运价管制也从原来的固定运价变为浮动运价，允许乘客与驾驶员讨价还价。但是，到 20 世纪 80 年代中又重新开始了对出租车行业的准入管制和最高运价管制。

西雅图的情形与圣迭戈相似，也曾根据一定的人口比率（1∶2000）控制出租车运营许可证的发放，也通过制订固定标准对出租车运价进行管制。此外，诸如计价器、车辆状况以及乘客投诉等也在管制范畴之内。1979 年，西雅图市政府通过法令取消了根据人口比率对出租车行业的准入管制，只要申请者满足申请费、保险、车辆、计价器等条件就可以获得运营许可证。同时，取消了对运价的管制，出租车运营者只需提供备案就可以按照自己的意愿收费。同样，放松管制以后，出租车数量迅速增加，各种负面影响不断：讨价还价、短途拒载、服务态度欠佳、机场排队时发生争执等现象频发。尽管政府出台了一些措施试图解决这些问题，但是效果甚微，到 1984 年年末，政府不得不承认放松管制失败，重新对出租车行业实行准入管制和最高运价管制。

印第安纳波利斯取消对出租车行业的管制比较晚。1994 年 5 月通过的一项全面取消出租车行业管制的法案，主要包括取消对营运牌照数量的控制，将固定运价改为最高运价限制，取消 24 小时服务限定。取消管制后的 6 个月内，新成立了 32 家出租车企业，而且通过市场竞争降低了平均运价，很快就成为美国其他城市效仿的典范。

（5）出租车市场完全开放的国家（地区）。1990 年以前，瑞典的出租车市场管制也很严格，包括准入管制、价格管制和服务管制。1990 年，瑞典取消了对出租车市场的管制，不再需要预测市场需求管制供给规模；不再对运价进行管制，出租车企业（大多数是只有 1 ~2 个营运牌照）可以自行定价；不再要求所有的出租车隶属于电话调度中心，允许一个区域建立若干调度中心，鼓励相互竞争；取消营运区域限制，实行全国开放市场；取消对一天营运时间的限制等。但是，对于驾驶员的准入限制更加严格，准入条件主要包括职业技能、个人品性、受教育水平、经济能力以及是否有犯罪记录等，还要求对所营运区域的道路网非常熟悉。

和瑞典一样，1989 年之前，新西兰也对出租车市场实行严格管制，主要涉及准入管制、运价管制和服务质量管制。1987 年 11 月，新西兰交通部门提出取消对出租车的数量控制和运价控制，1989 年正式实施。目前，在新西兰，经营出租车必须拥有乘客服务牌照，但对乘客服务牌照没有数量限制，而且只要拥有该牌照，运营的出租车数量不受限制，完全由自己决定；出租车运价也不受控制，只要求将运价标示在车上，保证乘客无论在车外还是在车内都能看清楚。但是，新西兰依然保留着对出租车服务质量的控制，甚至在某些方面还有所加强。

荷兰的情况也基本相似。对出租车市场的管制曾经也十分严格，包括对企业数量、车队规模、驾驶员的数量限制等。每个地区营运牌照的发放标准不尽相同，运价也一样，由各地方政府决定。1994年，荷兰动议放松对出租车市场的管制，并于1997年开始实施，主要包括：取消营运牌照的数量限制，建立自由市场；取消运价管制，完全由市场决定；降低驾驶员准入门槛（只要求身体健康、驾照合法、品性良好等）；简化对经营者与驾驶员的管理程序；取消营运牌照的区域限制，可以在全国范围内营运。

国外出租车市场管制与放松管制的实践，呈现出一些比较明确的迹象：一是普遍坚持运价管制，底线是限制最高运价；二是法治国家普遍允许个体经营出租车，而且正在成为主流形式；三是由对出租车数量的直接管制转变为通过对执业驾驶员的管制间接控制出租车规模，列举几例如下。

伦敦[11]已经放弃了对出租车数量的直接管制，出租车不需要专门的车辆牌照，但是要申请成为出租车驾驶员，则需要经过多次严格考试与审查。申请者要骑着摩托车在1500平方千米范围内到处转悠，熟记考核指南蓝皮书中的500条“行车规则”和所有对应路线，然后参加90多项难度一个比一个大的考核。申请者要能熟练地找到各个车站、广场、宾馆、医院、餐馆以及旅游购物场所的位置，懂得六种语言等，然后才能凭此加入出租车驾驶员行列，得到绿色徽章。由于提高了出租车驾驶员的准入门槛，相当于控制了出租车驾驶员的规模，间接控制了出租车数量。

在巴黎[21]，要想成为一名出租车驾驶员须有两年以上驾龄，经过三个月的培训，参加由警察局组织的考试，有了从业资格后再向政府申请从业执照，有了从业执照才可以营运出租车。由于对从业执照实施总量控制，相当于控制了出租车数量。

出租车营运属于个体生产性质，因此控制出租车驾驶员比控制出租车企业更加直接、有效。

4.5 出租车市场放松管制的阶段性总结❶

20世纪70年代以来，放松管制理论一度占据上风，引发全球性的放松管制（特指经济管制）运动。30多年过去了，一些国家或城市依然坚持对出租车市场实

❶ 主要参考陈明艺（2006年）的论文《国外出租车市场规制研究综述及其启示》和帅晓姗（2008年）的博士学位论文《契约视角的出租车产业组织研究》。

施管制，另一些国家或城市不同程度地放松了对出租车市场的管制，还有一些国家或城市解除了对出租车市场的管制，也有一些国家或城市解除管制后又重新恢复了管制，另有一些国家或城市仍在探索放松出租车市场管制。

4.5.1 放松管制的总体情况

1979—1984 年间，美国的一些城市陆续放松了对出租车市场的管制。其中，有 16 个城市实质性地放松了对出租车营运牌照的管制，17 个城市放松了对出租车运价的管制。Frankena 等（1984 年）的研究表明，管制为现有出租车经营者获得垄断租金提供了巢穴，并因此吸引了大量潜在竞争者，而且只要设定运价上限就能够保证服务质量与安全水平，因此不支持对出租车市场进行管制。该项研究为 20 世纪 80 年代后期美国不少城市（如圣地亚哥、西雅图、凤凰城、波特兰、萨克拉曼多、堪萨斯城和密尔沃基等）放松出租车市场管制提供了理论与实证依据。但是，Teal 和 Berglund（1987 年）在考察了上述城市放松管制的出租车市场后，指出解除管制并未收到预期效果，放松管制学者所预期的行业规模趋于扩大，运价水平趋于下降，服务质量与安全水平有所提高等景象并未显现，许多城市反而出现了相反的现象，说明倡导放松管制的基础理论无法解释出租车市场出现的问题，一般性的简化模型不能解决出租车市场存在的市场失灵、规模经济等问题，因此，他们主张保留运价管制或者准入管制。至 20 世纪 90 年代初期，部分放松出租车市场管制的城市又陆续重新实施管制，如西雅图、凤凰城和圣地亚哥等。

与美国的结果不同，新西兰放松出租车市场管制取得了比较好的效果。Morrison（1997 年）的调查表明，在放松管制后，出租车运价有所下降，出租车的营运状况得到了改善。但他同时指出，其他客运服务供给不充分是新西兰放松管制后出租车运价下降的关键原因，不具普遍性。

英国公平交易局（OFT，2003 年）对欧美主要国家的出租车市场管制制度进行了比较研究，研究显示，2000 年前后，英国、爱尔兰、荷兰、瑞典、挪威、美国、加拿大、新西兰等国家相继深化了出租车市场管制改革，主要涉及以下三个方面：首先，解除准入限制，尤其是出租车数量限制。除了挪威，上述其他国家均解除了对出租车数量的限制。其次，强化对出租车经营者、驾驶员的执业资格审查。再次，放松价格管制。新西兰实施完全的市场定价，其他各国主要以限制最高运价为核心，尤其是一些面积较小的国家（如爱尔兰、荷兰）实行全国统一定价。而英国有 95% 的地区实行了价格管制，45% 的地区实施出租车数量限制[22]。

4.5.2 放松管制的效果

各国放松管制运动主要是针对出租车数量和出租车运价两大核心领域展开的。然而，至今所收获的普遍性成效似乎不能令人满意。

(1) 出租车数量大幅增加。Teal et al（1987 年）的调查显示：放松管制后的几年间，出租车数量西雅图增加了 33%，菲尼克斯增加了 83%，圣迭戈增加了 127%。

(2) 行业进入成本大幅降低。放松管制前，在许多城市购买一个出租车运营许可证至少要花费 40000 美元。放松管制后，进入行业的成本只是购置车辆和一些必要设备的费用。但是，Teal（1992 年）认为，尽管进入成本大大降低了，但这并没有引起出租车运价的降低。

(3) 市场集中度降低。除了在菲尼克斯形成了两家大的出租车企业外，其他城市新的进入者基本上都是个体经营者或小的出租车企业，规模一般不超过 25 辆，而且运营一段时间后，这些小的出租车企业和个体出租车经营者经常出现退市现象，而大企业则不存在这种现象。在菲尼克斯，40% 的个体经营者在放松管制后的 15 个月内退出了出租车市场；在圣迭戈，没有加入那两家大的出租车企业的个体经营者中有 1/3 在放松管制后的 18 个月内退出了出租车市场。

(4) 预期的价格竞争并没有出现。根据一项对 13 年出租车平均运价的考察，Teal 注意到在放松管制的城市出租车运价上涨了 145%，而同期实施管制的城市出租车运价只上涨了 133%。而且，那些降低运价的经营者的市场份额也没有显著变化。

更令人费解的是，在机场待客的出租车数量很大，以至于乘客根本不需要等待，但是，出租车的价格却不降反升。造成这种情况重要的一个原因是乘客缺乏低价格的替代服务信息。

(5) 生产效率下降。放松管制引起市场集中度下降，越来越多的个体经营者倾向于到机场或一些固定场所待客，导致非生产性时间增加，多数城市出租车的日均行驶里程减少。加上运价上涨，在一定程度上抑制了出租车需求的增长，与供给大幅增长形成双重挤压，生产率进一步下降，出租车驾驶员的收入也受到影响，下降幅度达到 30% 左右。

(6) 服务质量没有明显提高。Teal 认为，没有证据表明竞争可以促使出租车经营者提高服务质量。尽管乘客扬手召车的等待时间减少了，但是电话召车的反应速度却没有提高。鉴于发达国家电召式出租车占出租车市场一半以上份额，高的达到

70% ~80% 的份额，出租车服务在这方面的改善有限。而在一些城市，如西雅图和圣迭戈，出租车辆的使用年限普遍延长，在某种程度上还降低了出租车的服务质量。

各国放松出租车市场管制的实践及效果表明，对出租行业实施全面管制已不现实，完全解除管制只在少数特定城市或国家取得了成功，更多的城市则无功而返。理论界关于出租车市场是否需要经济管制争论依然热烈，莫衷一是。解除对出租车市场的管制会造成社会福利损失，严格管制则会导致效率损失。现阶段可以明确的也许就是对出租车市场的管制可以放松但不宜解除，显然，这一运动还远未到终结的时候。目前的走向是，在放松准入限制、运价管制的同时，全面加强了对出租车经营者、驾驶员执业标准，以及车辆安全标准的管制。

5 出租车需求量预测

作为经济学范畴的论著，需求研究是不可或缺的主题。不过本书无意将其单列一章，主要原因是出租车的需求边界模糊，缺乏相对独立性，既可向高端与低端运输市场扩张，也容易受高端与低端运输产品挤压，个中政策的影响太大，把握的难度太大，因此只涉猎一些实践中经常遇到的问题。

5.1 出租车成长轨迹[3]

纵观世界发达城市，出租车的成长同样遵循着生命周期规律，众多城市的出租车已经经历了诞生、快速成长、稳定成熟，甚至逐渐衰落等阶段。

在私家车发展成熟之前，往往同时也是轨道交通网络形成之前，随着城市经济的发展，人们生活水平的提高，个性化出行呈增长趋势，对出租车的需求随之增长，两者之间呈正相关关系。随着私家车的发展进入成长期后期，私家车将明显替代原先的出租车需求。此外，轨道交通始终是个性化交通的竞争对手，随着轨道交通逐步成网，出租车的需求规模开始稳定。纵观发达国家，许多城市的出租车已经多年不增长，或者增长十分缓慢，出租车规模与经济增长失去了直接关联。出租车的发展表现为从增长到平稳的发展历程，如图 5-1 所示。

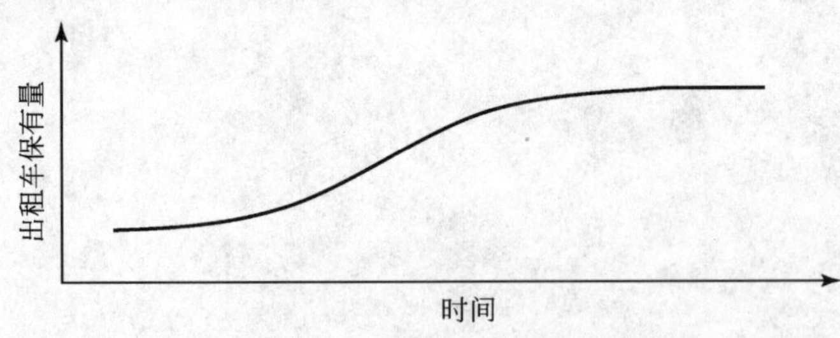

图 5-1　出租车从增长到平稳的发展历程

对于我国部分具有后发优势的城市，如北京、上海、深圳、广州、杭州等，出租车的成长轨迹比发达国家城市的出租车发展历程可能会多一个从顶峰衰落再走向平稳的过程。原因是出租车多为限制性经营项目，出租车规模受政府严格控制，供给与需求的“均衡”受人为设定的影响。在发达国家，私家车发展、轨道交通网形成与出租车的成长是在一个漫长的过程中亦步亦趋地进行的，因此不大可能出现比较明显的过剩与不足。具有后发优势的一些城市则不同，轨道交通网往往浓缩在很短的时间内形成，私家车普及所需的时间也很短，在出租车发展势头还没有缓下来时，明显的替代开始了，等到出租车的发展速度慢下来时，会发现规模已经过大，只能待日后慢慢消化。这些城市的出租车成长轨迹如图 5-2 所示。

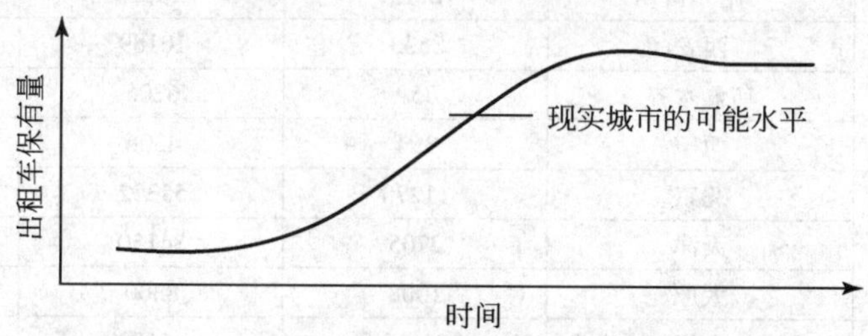

图 5-2　出租车在顶峰衰落再走向平稳的成长轨迹

随之而来必须考虑的是对出租车经营权期限的限制。在出租车发展初期，经营权的期限长一些没什么大碍，但发展到一定水平，譬如私家车逐渐普及，轨道交通的发展也上了快车道，此时经营权期限宜短不宜长，否则出租车的供给容易出现较大的弧顶，给出租车的稳定经营留下隐患，政府调控运力的空间将受到限制。

5.2　出租车保有水平

体现出租车保有水平的指标主要有出租车保有量、出租车弹性❶、出租车拥有率❷、出租车密度❸等，其中第一项为绝对量，与出租车需求量最为接近，后三项为相对量，需要通过变换才能透视出租车的需求量。

从理论上讲，出租车保有量既不能代表出租车需求的规模，也不能代表对出租车的需求量，它只是特定时期出租车的现实供给量。如果从一个城市看，它几乎没

❶ 出租车弹性是指特定区域出租车保有量与地区生产总值之比，单位一般为辆/百万元。

❷ 出租车拥有率是指特定区域出租车保有量与（常住）人口数之比，单位一般为辆/万人。

❸ 出租车密度是指特定区域出租车保有量与土地面积之比，单位一般为辆/平方千米。

有任何价值，但若从一系列城市的综合结果看，则是人们长期谋求出租车供求基本平衡的产物，应该是出租车需求量的近似值。这是统计学原理告诉人们的道理。

从 20 世纪 80 年代末期至 21 世纪初，我国绝大多数大中城市的出租车得到了快速发展，进入 21 世纪以来，出租车的增长明显放慢了脚步。详见表 5-1。

我国部分城市出租车保有量❶（单位：辆）　　表 5-1

区域	城市	1989 年	1998 年	2007 年
东北	沈阳	3452	16104	16735
	长春	1175	12048	15402
	哈尔滨	2715	7950	12706
西北	西安	3533	10189	10730
	乌鲁木齐	759	6206	7100
	西宁	394	4306	5100
华北	北京	11270	55332	66646
	天津	2705	34150	31939
	太原	1008	8300	8200
华东	上海	11119	41183	48022
	南京	1810	8378	9262
	苏州		2332	3203
	杭州	1479	5000	8306
华中	武汉	1638	12290	12137
	长沙	1080	4776	7192
西南	重庆	1928	9418	8416
	昆明	1992	6897	6901
华南	广州	7394	15142	17058
	深圳		8505	11205
	南宁	236	3732	4725
	海口	1250	3097	1929
合计		56937	（273003）275335❷	312914

❶ 数据来源：《中国城市统计年鉴——1990》、《中国城市统计年鉴——1999》、《中国城市统计年鉴——2008》，中国统计出版社。另有部分数据来自网上的研究资料，恕不一一罗列。

❷ 括号内的数值与前一栏数值为同一口径，括号外的数值与后一栏数值为同一口径。

由表5-1可知，样本城市的出租车数量由1989年的56937辆增加到1998年的273003辆，年均增长40.09%；进入21世纪之后，出租车的增长明显放慢，由1998年的275335辆增加到2007年的312914辆，年均增长1.52%，与前面所描述的出租车成长轨迹一致。

依据对出租车的定位，其服务对象主要是消费水平较高者、差旅人员，以及有应急需求的社会大众。如果城市的定位及其政治、经济、文化、旅游等特点不同，对出租车的需求会有所不同，甚至有较大的差异。首都、省会及区域中心城市、文化旅游城市的公务出行和流动人口规模较大，对出租车的需求量会高一些，但总体趋势是各城市的差异在缩小，轨迹更趋近。正因如此，建设部曾经推荐的大中城市出租车拥有率标准（21辆/万人）与最佳旅游城市的出租车拥有率标准（50辆/万人）才会有如此大的差别。比较样本中的出租车弹性和出租车密度情形如出一辙，如表5-2所示。

我国部分城市出租车保有水平[1]　　表5-2

区域	城市	出租车拥有率（辆/万人）	出租车弹性（辆/百万元）	出租车密度（辆/平方千米）
东北	沈阳	32.9	544.4	4.79
	长春	43.0	737.3	4.20
	哈尔滨	26.7	521.4	1.79
	大连	32.8	291.1	3.99
西北	西安	21.0	617.7	10.07
	乌鲁木齐	36.5	907.8	8.50
	西宁	47.6	1486.5	14.57
华北	北京	40.8	712.5	48.71
	天津	41.5	636.5	9.78
	太原	31.1	653.4	5.62

❶ 数据来源：《中国城市统计年鉴——2008》，中国统计出版社。另有部分数据来自网上的研究资料，恕不一一罗列。

续上表

区域	城市	出租车拥有率（辆/万人）	出租车弹性（辆/百万元）	出租车密度（辆/平方千米）
华东	上海	25.8	394.0	32.36
	南京	18.0	282.8	1.91
	苏州	13.4	56.2	2.24
	杭州	19.8	202.6	2.71
	宁波	17.1	109.3	1.42
	福州	13.7	189.7	3.69
	厦门	15.0	262.7	2.32
	济南	23.0	317.1	2.49
	青岛	29.5	215.1	7.03
华中	武汉	14.7	386.3	1.43
	长沙	30.5	328.4	7.42
西南	重庆	12.3	204.7	0.36
	成都	13.3	247.1	3.86
	昆明	29.8	495.2	1.84
华南	广州	26.8	239.9	4.81
	深圳	13.0	165.6	5.74
	南宁	20.3	444.5	0.73
	海口	10.7	490.0	0.84
香港特别行政区		26.0	112.3	16.52
平均		26.9	331.7	3.78

5.3 出租车需求量预测方法

目前，关于出租车需求量预测的方法主要有比例法、供需平衡法、指数平滑法、多元回归模型，比较复杂的有基于神经网络 BP 算法预测模型（夏钰和陈学武，2005 年）、基于反馈原理多目标规划模型、出租车服务供需平衡的网络模型（Hai Yang、S. C. Wong 和 K. I. Wong，1997 年、1999 年、2001 年）等，还有一些综合运用几种方法的做法。本书着重介绍一些简单实用的预测方法。

需要说明的是，无论采取何种方法预测，均需要一定的假设条件：

①预测对象基准年的出租车管理制度、主要交通方式、城市格局无重大变化；

②预测对象不会发生严重影响市民出行方式的社会事件；

③在一定时期内，市民人均可支配收入和车辆保有量年均发展速度相对稳定；

④在一定时期内，市民的出行率基本稳定；

⑤短期内，市民选择某一出行方式的比例相对稳定等。下列介绍的各模型均是在此类假设基础上构建的。

5.3.1 微观平衡法[23]

这是一种利用城市居民与流动人口出行调查和出租车运营状况调查结果，估算城市出租车需求量的方法。

（1）定义。有效行驶：出租车载客时的行驶状态称为有效行驶，相应的行驶里程为有载行程。无效行驶：出租车未载客时的行驶状态称为无效行驶，相应的行驶里程为空驶行程。营运里程：有载行程与空驶行程之和。平均营运速度：出租车全天行驶总里程与营运时间之比。平均空驶率：一定时期内空驶行程与营运里程之比。平均每次载客人数：每次有效行驶平均所载运的乘客数。

（2）出租车承担的城市居民出行周转量（一定时期，下同）。计算公式为：

$$W_1 = R_1 A_1 P_1 D_1 \tag{5-1}$$

式中：W_1——出租车承担的城市居民出行需求量，10^4 人·km；

R_1——城市居民人口总量，10^4 人；

A_1——城市居民人均日出行次数；

P_1——城市居民出行方式结构中出租车所占的比例；

D_1——城市居民以出租车方式出行的平均距离，km。

（3）出租车承担的流动人口出行周转量。计算公式为：

$$W_2 = R_2 A_2 P_2 D_2 \tag{5-2}$$

式中：W_2——出租车承担的流动人口出行需求量，10^4 人·km；

R_2——流动人口总量，10^4 人；

A_2——流动人口人均日出行次数；

P_2——流动人口出行方式结构中出租车所占的比例；

D_2——流动人口以出租车方式出行的平均距离，km。

（4）全市出租车总营运里程。考虑到出租车在运营过程中，每次有效行驶所载运的乘客数不同。为完成客运需求，出租车所必需的总营运里程可用下式计算：

$$L_{有} = \frac{W_1}{S_1} + \frac{W_2}{S_2} \tag{5-3}$$

式中：$L_{有}$——全市出租车总营运里程，10^4km；

S_1——城市居民乘坐出租车时的每次载客人数，人；

S_2——流动人口乘坐出租车时的每次载客人数，人。

（5）出租车需求量。其计算公式为：

$$n = \frac{L_{有}}{(1-K)TV} \tag{5-4}$$

式中：n——出租车需求量；

K——空驶率；

T——一天当中出租车平均运营时间，h；

V——出租车平均运营速度，km/h。

在调查城市出租车运营状况时发现，城市中的出租车并不都是处于运营状况，总有一些车在年检、修理、接受处罚或因驾驶员个人原因暂时没有投入运营，因此需要对式（5-4）进行修正。此外，式（5-4）是根据城市居民和流动人口一天的出行需求计算得出的出租车需求量。但是，人们一天的出行需求在时间上的分布是不均衡的，一般，白天与夜晚出租车的需求比较旺盛，深夜与凌晨的需求比较冷清。假设一天中出行需求大于平均水平的时段为$T_{段}$小时，而其所集中的出行需求占全天的比例为β。这样，由式（5-4）得出的出租车需求量将无法满足白天与夜晚的出行需求，需要进行修正。修正后的出租车需求量由下式计算得出：

$$N = \frac{\beta L_{有}}{(1-\alpha)(1-K)T_{段}V} \tag{5-5}$$

式中：N——修正后的城市出租车需求量；

α——未投入运营的出租车所占的比例。

微观平衡法是建立在出租车运营效率及大样本的城市居民与流动人口出行调查基础上，由出行需求倒推出租车需求量的一种方法。需要比较准确地掌握：城市居民与流动人口总量、人均出行次数、出租车出行比例、出租车出行距离、出租车平均车次载客人数、出租车运营速度等基础数据。可是，现实中要进行大样本的出行调查会受到很多因素限制，存在相当大的难度。当然，如果大样本的出行调查可以借助新的资讯手段实现的话，其应用前景将大为改善。

5.3.2 回归模型[❶]

回归模型属于宏观平衡法的一种，在实践中应用比较广泛。首先筛选影响出租车数量的因素，与同类城市的相关指标横向比较，对影响因素之间的相关性进行分析，采用逐次回归分析法，确定出租车的需求量。以下是对深圳市“绿的”（特区外出租车）需求量的预测。

（1）深圳市模型。利用深圳市不同时期的纵向数据，通过分析各时期的经济发展水平、人口数量、城区面积、产业结构、运输价格等影响因素之间的相关性，确定深圳市“绿的”的合理规模和远景规划量。

利用2000—2007年的深圳市经济发展水平、人口数量、城区面积、第三产业产值（用于反映产业结构）、出租车运价等变量的样本观测值（见表5-3），建立出租车需求量与其主要影响因素之间的回归方程，对特区外出租车合理规模和远景规划量进行预测，模型如下：

$$Y = F\ (x_1,\ x_2,\ \cdots,\ x_n,\ A) \tag{5-6}$$

式中：Y——出租车需求量；

x_i——各影响因子，$i=1,\ 2,\ \cdots,\ n$；

A——价格因素。

深圳市出租车及公共汽车与城市发展情况 表5-3

年份	出租车（辆）	实际地区生产总值（亿元）	城区常住人口（万人）	第三产业实际产值（亿元）	城区面积（平方千米）	公共汽车（辆）
2000	8505	1665.24	432.94	773.39	1949	6020
2001	8505	1885.05	468.76	875.47	1949	6552
2002	9705	2167.80	504.25	1006.79	1949	6554
2003	10255	2542.84	557.41	1180.97	1949	7089
2004	10305	2982.75	597.55	1385.28	1949	8686
2005	10305	3430.16	826.94	1593.07	1949	8403
2006	10305	3944.68	846.43	1832.03	1949	9188
2007	11205	4536.39	861.55	2106.84	1949	10734

注：表中资料来源于深圳统计年鉴（2001—2008年）。实际地区生产总值及第三产业实际产值采用2000年价格。

❶ 孙喜梅、李猛、韩彪，《深圳“绿的”需求量预测》，工作论文，2008年9月。后来纳入《深圳市出租车行业发展体系研究与综合配套政策方案》（2009年）。

式（5-6）对时间求导数，可得：

$$\dot{Y} = \sum_{i=1}^{n} \frac{\partial Y}{\partial X_i}\dot{X}_i + \frac{\partial Y}{\partial A}\dot{A} \tag{5-7}$$

式中：$\dot{X}_i$——变量 X 对时间的导数。

再变形可得：

$$\frac{\dot{Y}}{Y} = \sum_{i=1}^{n} \frac{\partial Y}{\partial X_i}\frac{X_i}{Y}\frac{\dot{X}_i}{X_i} + \frac{\partial Y}{\partial A}\frac{A}{Y}\frac{\dot{A}}{A} \tag{5-8}$$

式中：$\frac{\dot{Y}}{Y}$——出租车需求量的增长率，标记为 y；

$\frac{\partial Y}{\partial X_i}\frac{X_i}{Y}$——第 i 因子的变动弹性，标记为 a_i；

$\frac{\dot{X}_i}{X_i}$——第 i 因子的增长率，标记为 x_i；

$\frac{\partial Y}{\partial A}\frac{A}{Y}\frac{\dot{A}}{A}$——价格等因素对出租车需求量的影响，标记为 a_0。

这样，可以使用如下多元回归模型分析各因子对于出租车需求量的影响。

$$y = a_0 + \sum_{i=1}^{n} a_i x_i + \varepsilon \tag{5-9}$$

式中：y——出租车的需求量；

ε——随机扰动项。

对各样本观测序列应用公式：

$$x = x_t / x_{t-1} - 1 \tag{5-10}$$

得到因变量的同比增长率 x，使用所得到的同比增长率数据对式（5-9）进行普通最小二乘法（OLS）估计，得到最终结果如下：

$$y = 0.13x_1 + 8.91x_2 + 0.97x_3 \tag{5-11}$$

式中：y——出租车的需求量；

x_1——地区生产总值，亿元；

x_2——城区常住人口，万人；

x_3——第三产业产值，亿元。

样本标准差为（9.83）（13.88）（10.33）。

该回归方程的调整 R-squared 为 0.98，F-统计量为 465。从各个参数的 T-统计量看，各参数是显著的，Durbin-Watson 统计量的值为 1.81，不存在序列相关。因此，可以使用式（5-11）分析相关因子 x_1、x_2、x_3 与出租车需求量的关系，代入表 5-4 的数据，可得：

$$y = 0.13x_1 + 8.91x_2 + 0.97x_3 = 5698.32 \approx 5698 \quad (5\text{-}12)$$

式中：y——出租车的需求量；

x_1——地区生产总值，亿元；

x_2——城区常住人口，万人；

x_3——第三产业产值，亿元。

这样，目前深圳“绿的”规模应为 5698 辆。

2007 年深圳特区外经济发展水平、人口数量和产业结构　　表 5-4

区域 \ 指标	常住人口（万人）	其中户籍人口（万人）	实际地区生产总值（亿元）	第三产业实际产值（亿元）
宝安区（含光明新区）	344.65	42.81	1226.74	386.40
龙岗区	193.06	37.01	857.38	269.66

注：资料来源于深圳市统计局网站。实际地区生产总值是以 2000 年价格为基准扣除通胀指数后计算得出的值。

（2）广东省内城市模型。由于省内城市消费倾向相近，可以通过横向比较以及因素之间的相关性分析，确定“绿的”的合理规模。广东省内主要城市出租车及公共汽车与城市发展的基本情况，如表 5-5 所示。

广东省主要城市出租车及公共汽车与城市发展状况　　表 5-5

城市	出租车（辆）	地区生产总值（亿元）	城区常住人口（万人）	城区面积（平方千米）	公共汽车保有量（辆）
广州	17058	6073.83	757.30	3719	8250
珠海	1800	634.90	89.50	1633	825
东莞	4761	2624.63	674.88	2465	1100
中山	4000	1036.01	249.34	1800	565
佛山	2356	2928.00	335.85	3848	337
惠州	3000	933.20	375.99	419	428
汕头	3000	231.82	119.56	301	342
潮州	500	330.00	240.22	339	155
江门	3000	921.01	411.22	487	113
梅州	470	271.64	496.43	398	112
深圳	10305	5813.56	846.43	1949	9188

同理，建立“绿的”需求量与其影响因素之间的回归方程，再利用回归方程进行预测。设：

$$Q = a_0 + a_1x_1 + a_2x_2 + a_3x_3 + a_4x_4 \tag{5-13}$$

式中：Q——“绿的”需求量；

a_0、a_1、a_2、a_3、a_4——回归系数；

x_1、x_2、x_3、x_4——回归因子（地区生产总值、人口数量等）。

就出租车数量分别作对地区生产总值、人口、面积、公共汽车保有量的散点图，并对含有奇异样本的相关指标进行处理。处理方式有两种：一是剔除这类样本，二是用前、后预测指标的线性插值替代。这里，主要采用第一种处理方法，并用多元回归模型进行分析，发现地区生产总值和城区面积对出租车数量影响显著，而城区人口、公共汽车对出租车数量的影响不显著。最后，得出合适的模型是：

$$Q = -3062 + 2.42x_1 + 1.16x_2 \tag{5-14}$$

式中：x_1——地区生产总值；

x_2——相应的城区土地面积。

该模型的 $R^2=0.917$，说明模型拟合非常理想，其他统计指标均通过检验。

地区生产总值 $x_1=3108.2$，城区土地面积 $x_2=1557.03$[1]，由模型可得，深圳市“绿的”的合理规模应为：

$$Q = -3062 + 2.42 \times 3108.2 + 1.16 \times 1557.03 \approx 6265.999 \approx 6266\ (辆)$$

即深圳市“绿的”的需求量为 6266 辆。

（3）国内城市模型。单纯考察深圳市和广东省的数据，可能会存在局限性。为在更大范围进行横向比较，可通过分析出租车需求量与地区生产总值、人口密度、万人公共汽车保有量、出租车运价等因素之间的相关性，利用国内其他城市和地区的数据，确定深圳市“绿的”的合理规模。模型首先选取了包括直辖市、省会城市、其他副省级城市及一些代表性城市共 93 个，进入预测程序。

第一，对数据进行标准化处理。由于多元回归的各个变量的值具有不同的数量级和不同的测量单位，所以有必要对数据进行变换，或者说调整，以消除其中由于数量级和测量单位不同所引起的不合理现象。在本模型中，用到了所选城市的地区生产总值、人口密度、万人公共汽车保有量三个因素，而这些因素的数量级和测量单位差距均较大，需要对数据进行标准化处理，再对其进行回归分析，以尽量提高多元回归分析的准确性和实用性。

---

[1] 数据来源于 http：//www. lgtj. gov. cn 和 http：//www. batj. gov. cn。

在多元参数统计分析中，对于一组含 n 个值的 x 的数据标准化，就是先将每个 x_i（$i=1, 2, \cdots, n$）值减去其均值 $\bar{x}$，再除以这一组数据的标准差，即：

$$z_i = \frac{x_i - \bar{x}}{S_x} \tag{5-15}$$

其中，$S_x = \sqrt{\frac{1}{n-1}\sum_{i=1}^{n}(x_i - \bar{x})^2}$ 是 x 的样本标准差。类似地，可以对其他变量的数据进行标准化。然后，进行下列多元回归模型的分析及试算。

第二，模型试算。利用 93 个城市的地区生产总值、人口密度、万人公共汽车保有量三个变量指标建立多元回归模型：

$$y = b_0 + b_1x_1 + b_2x_2 + b_3x_3 \tag{5-16}$$

式中：x_1——地区生产总值；

x_2——人口密度；

x_3——万人公共汽车拥有量。

经计算，得到的部分相关分析结果如表 5-6 所示。

选用 93 个样本城市的回归统计和方差分析表 表 5-6

标准误差	t-Stat	P-value	回归统计	
0. 059872	−0. 90637	0. 367216	Multiple R	0. 652947
0. 068093	5. 349205	6.92×10^{-7}	R-square	0. 426339
0. 073662	1. 175185	0. 243091	Adjusted R Square	0. 406783
0. 070053	2. 570577	0. 011833	标准误差	0. 572575

由表 5-6 可见，在该回归结果中，R-squared 为 0. 426339，P-value 中人口密度变量 x_2 对应的值为 0. 243091 >0. 05，从 F-统计量及各个参数的 T-统计量看，各参数是不显著的，并且误差较大，所以需要作进一步分析处理。

第三，剔除奇异数据。一个城市的出租车保有量与很多因素有关，根据回归分析方法所要求的条件，本模型选择地区生产总值、城市人口密度和万人公共汽车保有量这三个因素，其中人口密度实质上已经包含了土地面积的因素。首先，分析出租车数量与各因素的关系。作各城市出租车保有量与其地区生产总值关系的散点图，剔除奇异点（济宁）后，观察各城市出租车保有量与其对应的地区生产总值的散点图，可以看出一个地区的出租车保有量与其地区生产总值呈现直线上升的拟合关系。剔除奇异点（济宁）后，再作各城市出租车保有量与其人口密度关系的散点图，可以看出北京、天津、上海、潮州这四个城市的数据是奇异点，剔除这四个城市，作剩余城市的出租车保有量与人口密度的散点图，可以看出其中沈阳、广州的数据为奇异点，剔除这两个城市，再作北京等 93 个城市的出租车保有量与万人公共汽车保有量的关系图，再次剔除香港等三个奇异点数据。最后，本模型共选择 83 个城市的数据进行回归预测。

第四，模型计算。区分为两种情形，一是不考虑出租车服务价格这一因素的模型，二是考虑出租车服务价格这一因素的模型。具体如下：

首先是不考虑运价因素的模型。经过上述数据分析和处理，最终选定 83 个城市，利用这些城市的地区生产总值、人口密度、万人公共汽车保有量三个变量指标的数据，进行回归分析，输出结果如表 5-7 所示。

所选的 83 个样本城市和地区的多元线性回归输出结果 表 5-7

回归统计						
Multiple R	0.845972					
R-square	0.715669					
Adjusted R Square	0.704872					
标准误差	0.543257					
观测值	83					
方差分析						
	df	SS	MS	F	Significance F	
回归分析	3	58.68487	19.56162	66.28179	1.62315×10^{-21}	
残差	79	23.31513	0.295128			
总计	82	81.99999				
参数和相关统计量						
	Coefficients	标准误差	t-Stat	P-value	Lower 95%	Upper 95%
Intercept	9.42×10^{-5}	0.05963	0.00158	0.998743	−0.118596729	0.118785
X Variable 1	0.656265	0.066841	9.81834	2.48×10^{-15}	0.523222022	0.789308
X Variable 2	0.232415	0.063789	3.643486	0.000479	0.105445958	0.359385
X Variable 3	0.177958	0.064449	2.761215	0.007158	0.049675173	0.306241

根据表 5-7，R-square 为 0.715669，P-value 中三个指标的对应值均小于 0.05，各项参数都非常显著，其显著性依次是地区生产总值、人口密度、万人公共汽车保

有量；从F-统计量及各个参数的T-统计量看，各参数也是显著的，并且误差较小。可以建立如下预测模型：

$$y' = 9.42 \times 10^{-5} + 0.656265x'_1 + 0.232415x'_2 + 0.177958x'_3 \quad (5\text{-}17)$$

式中：y'、x'_1、x'_2、x'_3——分别是出租车数量、地区生产总值、人口密度、万人公共汽车保有量的标准化值。

并且：

$$y' = \frac{y - \bar{y}}{S_y}, \quad x'_1 = \frac{x_1 - \bar{x}_1}{S_{x_1}}, \quad x'_2 = \frac{x_2 - \bar{x}_2}{S_{x_2}}, \quad x'_3 = \frac{x_3 - \bar{x}_3}{S_{x_3}} \quad (5\text{-}18)$$

式中：y、x_1、x_2、x_3——分别是出租车、地区生产总值、人口密度、万人公共汽车保有量；

$\bar{y}$、$\bar{x}_1$、$\bar{x}_2$、$\bar{x}_3$——分别是相应量的均值；

S_y、S_{x_1}、S_{x_2}、S_{x_3}——分别是相应量的样本标准差。

根据《2007年深圳统计年鉴》的数据，将两区的地区生产总值、人口密度、万人公共汽车保有量等代入式（5-17）和式（5-18）计算，得“绿的”的需求量为6915辆。

下面是考虑运价因素的模型。根据实际调查，在上述剔除数据后的城市中，选取32个城市的数据，对地区生产总值、人口密度、万人公共汽车保有量、出租车运价（取平均运距时主力车型的运费）四个要素进行回归分析。输出结果如表5-8所示。

含有运价因素的多元线性回归分析部分输出结果 表5-8

	Coefficients		回归统计		
Intercept	0.000146		Multiple R	0.764724	
X Variable 1	0.670464		R-square	0.584803	
X Variable 2	0.260807		Adjusted R Square	0.523293	
X Variable 3	0.11409		标准误差	0.690441	
X Variable 4	−0.10639		观测值	32	
方差分析					
	df	SS	MS	F	Significance F
回归分析	4	21.44689	5.361722	11.01287	6.25×10^{-5}
残差	34	16.55323	0.48686		
总计	38	38.00012			

表5-8 显示，相关系数是0.764724，表明所考虑的各因素对出租车需求量的影响是显著的；R-square = 0.584803，说明拟合基本合理，可以建立如下含有运价因素的预测模型：

$$y' = 0.000146 + 0.670464x'_1 + 0.260807x'_2 + 0.11409x'_3 - 0.10639x'_4 \tag{5-19}$$

式中：y'、x'_1、x'_2、x'_3、x'_4——分别是出租车需求量、地区生产总值、人口密度、万人公共汽车保有量、出租车运价的标准化值。

并且：

$$y' = \frac{y - \bar{y}}{S_y}, \quad x'_i = \frac{x_i - \bar{x}_i}{S_{x_i}} \tag{5-20}$$

式中：y、x_i（$i = 1, 2, 3, 4$）——分别是出租车的数量、地区生产总值、人口密度、万人公共汽车保有量、出租车运价的值；

$\bar{y}$、$\bar{x}_i$（$i = 1, 2, 3, 4$）——分别是相应量的均值；

S_y、S_{x_i}（$i = 1, 2, 3, 4$）——分别是相应量的样本标准差。

最后，将宝安区和龙岗区的地区生产总值、人口密度、万人公共汽车保有量、平均运距下的运价代入式（5-19）和式（5-20）计算，得“绿的”需求量的近似值为7900辆。

综合上述结果，选用回归分析方法测算的“绿的”现实需求量分别为5698辆（深圳市模型）、6266辆（广东省模型）、6915辆（国内城市模型，不含运价因素）、7900辆（国内城市模型，含运价因素）。

5.3.3 城市简单类比模型[1]

城市简单类比模型也属于宏观平衡法的一种。其基本原理由数据分析得知，城市出租车的需求量主要与经济发展水平密切相关，还与土地面积和人口数量相关。假设经济发展水平相近，其他条件不变，出租车的需求量与土地面积正相关；假设其他条件不变，出租车的需求量与人口数量正相关。这就是说，出租车的需求量与土地面积和人口数量的乘积存在正相关关系，前提是其均值大于等于0。这样，在特定的经济发展水平下，如果能得知每平方千米每人所需要的出租车数量，那么对于已知土地面积和人口数量的城市，也就能够得出其所需要的出租车数量，据此给

[1] 孙喜梅、李猛、韩彪，《深圳“绿的”需求量预测》，工作论文，2008年9月。后来纳入《深圳市出租车行业发展体系研究与综合配套政策方案》（2009年）。

出如下方法。

首先，根据与宝安区、龙岗区生产总值相近和城市特征相似的原则选择 N 个城市，第 i（$i=1$，2，…，N）个城市的出租车保有量为 T_i（$i=1$，2，…，N），经如下步骤，计算目标城市的出租车需求量 T：

①计算选定城市按单位面积单位人口计算的出租车保有量的算术平均数：

$$\eta = \frac{\sum_{i=1}^{N} \frac{T_i}{A_i P_i}}{N} \tag{5-21}$$

②计算宝安区和龙岗区的出租车需求量：

$$T = \eta \sum_{j=1}^{M} A_j P_j \tag{5-22}$$

式中：T_i——所选定的已知第 i（$i=1$，2，…，N）个城市的出租车保有量；

P_i——所选定的已知第 i（$i=1$，2，…，N）个城市的人口数；

A_i——所选定的已知第 i（$i=1$，2，…，N）个城市的土地面积；

η——所选定的已知 N 个城市的平均单位面积单位人口的出租车保有量；

P_j——目标城市或城区的人口规划值；

A_j——目标城市或城区的土地面积规划值。

其次，依照与深圳特区外生产总值相近性、城市特征相似性原则，选择南京、成都、武汉、郑州、青岛、沈阳、烟台、济南，以及长三角和珠三角地区城市共 26 个进行类比计算，得到：$\eta \approx 0.01302$。

最后，利用式（5-21）和式（5-22），将 2007 年宝安区的城区人口数量 344.65 万人、城区面积 712.95 平方千米，龙岗区的城区人口数量 193.06 万人、城区面积 844.08 平方千米代入，得特区外出租车的需求量 $T=0.01302\times(712.95\times344.65+844.08\times193.06)\approx5321$ 辆。

如果选取经济发展水平与目前深圳特区外相近的城市，即沈阳、成都、杭州、郑州、武汉、长沙、宁波、福州、大连、长春、南京、无锡、苏州、青岛、烟台、东莞 16 个城市，得 $T=5722$ 辆，即“绿的”需求量为 5722 辆。

综合上述结果，选用城市简单类比模型测算的“绿的”的现实需求量分别为 5321 辆（经济发展总量相近的 26 个城市类比）、5722 辆（经济发展水平相近的 16 个城市类比）。

鉴于深圳“红的”的运营范围为全市域，在很大程度上满足了跨特区的出租车需求，甚至还会分流一部分特区外的出租车需求，对特区外的出租车需求量会有一些影响。综合上述各种测算结果及分析，将深圳市“绿的”的现实需求量确定为5000辆是比较稳妥的，如表5-9所示。

深圳特区外出租车需求量预测值　　表5-9

预测模型	深圳市	广东省	国内城市	32个国内城市		26个城市类比	16个城市类比	综合
				含运价	不含运价			
出租车需求量	5698	6266	6915	7900	7856	5321	5722	5000

5.3.4 指数平滑模型

指数平滑法是在移动平均法基础上发展起来的一种时间序列分析预测法，它是通过计算指数平滑值，配合一定的时间序列预测模型对现象的未来进行预测。其原理是任一期的指数平滑值都是本期实际观察值与前一期指数平滑值的加权平均。

指数平滑计算方法如下：

$$S_t^1 = aY_t + (1-a)S_{t-1}^1 \quad (5\text{-}23)$$

$$S_t^2 = aS_t^1 + (1-a)S_{t-1}^2 \quad (5\text{-}24)$$

$$S_t^3 = aS_t^2 + (1-a)S_{t-1}^3 \quad (5\text{-}25)$$

式中：S_t^1——t期一次指数平滑值；

S_t^2——t期二次指数平滑值；

S_t^3——t期三次指数平滑值；

a——平滑系数，$0<a<1$；

Y_t——t期的实际值；

S_{t-1}^1、S_{t-1}^2、S_{t-1}^3——分别为$t-1$期一次、二次、三次指数平滑值。

如果实际数据序列有非线性增长倾向，则应用三次指数平滑法建立非线性预测模型，再用模型进行预测。三次指数平滑法的非线性模型为：

$$Y_{t+T} = a_t + b_tT^1 + c_tT^2 \quad (5\text{-}26)$$

式中：T——从t期向后预测的年度数；

Y_{t+T}——$t+T$期的预测值；

T^1、T^2——指数平滑模型中的一种表现形式。

$$a_t = 3S_t^1 - 3S_t^2 + S_t^3 \quad (5\text{-}27)$$

$$b_t = \frac{a}{2(1-a)^2}[(6-5a)S_t^1 - 2(5-4a)S_t^2 + (4-3a)S_t^3] \quad (5\text{-}28)$$

$$c_t = \frac{a^2}{2(1-a)^2}[S_t^1 - 2S_t^2 + S_t^3] \tag{5-29}$$

根据三次指数平滑模型，可以计算出深圳市“绿的”的未来合理保有量，如表5-10所示。

深圳市“绿的”需求量预测值　　表5-10

年份	2007	2008	2009	2010	2011	2012	2015	2020
出租车需求量	5000	5185	5387	5597	5812	6032	6058	6623

5.4 出租车需求量预测实例：深圳市“红的”

预测出租车需求量的方法很多，可以根据不同情形选择不同的预测模型。然而，由于预测机理不同，不同预测模型所揭示事物本质的角度也会有所不同，单独采用某一种模型往往不能很好地反映出租车需求的特征。因此，需要综合多种预测模型的特点及结果，以达到提高预测精度与可靠性的目的。

深圳市特区内外还存在比较明显的二元化结构特征。特区内城市化发展水平较高，土地开发及社会经济发展布局较为成熟，居民出行特征比较容易把握，适合采用微观平衡法、分担率测算法等预测出租车的需求量；而特区外城市化发展水平较低，未来城市化的速度将明显加快，随之而来的居民出行特征会有较大变化，在此背景下，采用类比分析、回归分析等方法预测出租车的需求量更为合适。

5.4.1 预测方法之一：微观平衡法

参照深圳市综合交通设计研究院的调查数据（2009年），并将其代入式(5-5)，即得深圳市“红的”需求量预测值，见表5-11。

深圳市“红的”需求量预测参数及结果　　表5-11

特征年	现状	2010	2015	2020
R_1（万人）	3240000	3300000	3390000	3590000
R_2（万人）	500000	520000	540000	560000
A_1（次/日）	2.62	2.68	2.70	2.74
A_2（次/日）	3.23	3.23	3.23	3.23

续上表

特征年	现状	2010	2015	2020
P_1（%）	2.70%	3.00%	3.10%	3.30%
P_2（%）	14.20%	14.60%	14.80%	15.30%
$S_1=S_2$（人次/车）	1.48	1.50	1.50	1.50
V（km/h）	30.10	28.00	28.00	28.00
$D_1=D_2$（km）	6.33	6.33	6.33	6.33
K（%）	42.30%	40.00%	38.00%	35.00%
α（%）	7.20%	7.20%	7.20%	7.20%
β（%）	75.40%	75.40%	75.40%	75.40%
$T_{段}$（h）	16	16	16	16
出租车需求量预测值	9651	10961	11259	11918

5.4.2 预测方法之二：分担率测算法[1]

分担率测算法是根据要求或者具有参考意义的指标值直接计算，确定出租车需求量的一种方法，其最大的特点是简单。主要根据《城市道路交通规划设计规范》（GB 50220—95）规定的大城市出租车拥有量不少于20辆/万人这一标准，及目前我国主要城市出租车万人拥有量约31辆的平均水平，结合深圳市的人口发展规模进行测算。需要注意的是，深圳市的社会经济发展水平、人均消费水平均位于全国前列，出租车的需求量应在全国指导性指标值的基础上适当上浮，不妨上浮15%作为最终预测结果，如表5-12所示。

深圳市“红的”需求量预测之二 表5-12

特 征 年	现状	2010	2015	2020
人口总量（万人）	374	385	397	419
根据《城市道路交通规划设计规范》预测	>7480	>7700	>7940	>8380
根据全国出租车万人拥有量平均水平预测	11594	11953	12307	12989
预测中位数（取上下限的中位数）	9537	9827	10123	10648
上浮15%的预测结果	10968	11301	11215	11818

[1] 深圳市交通运输委员会、深圳市综合交通设计研究院，《深圳市出租车行业发展体系研究与综合配套政策方案》，2009年8月。

综合上述两种方法的预测结果，进行简单平均，得深圳市“红的”需求量的最终预测值，如表5-13所示。

深圳市“红的”需求量最终预测值 表5-13

特 征 年	2010	2015	2020
供需平衡法（辆）	10961	11259	11918
指标分析法（辆）	11301	11641	12245
最终推荐值（辆）	11131	11450	12082

6 出租车运力的调控机制

运力调控主要是对出租车规模的控制。规模控制分预设限额和不预设限额两种，所谓预设限额是指预先确定每个时段增加特定数额的营运牌照（如每期增加20个、200个等），或到某一时间增加到一定数额的营运牌照（如20000个）。不预设限额是指营运牌照的增加不预先确定数量，视市场需求而定。无论是预设限额还是不预设限额，理论上都是基于对长期与短期出租车需求的把握。所不同的是，前者适合对未来需求把握有充分信心的情形，后者适合对未来需求有待进一步研判的情形。

出租车运力调控主要依据对出租车需求量的预测。后者侧重长期，强调大概；前者侧重短期，追求精确，需要在新增与退出中保持出租车市场供求的动态平衡。根据我国实际情况，似乎还没有一个城市的出租车需求已经达到了“峰顶”。因此，出租车运力调控的核心是控制新增节奏，当然也须防范供给的局部“过剩”。

6.1 出租车运力新增技术依据

现实中，出租车营运牌照价格高企与缺乏明确的出租车运力新增规则密切有关。由于政府对什么时间、什么情形将新增运力态度不清，致使投资者凭着“事在人为”的理念，盲目地将盈利希望寄托在未来相当长时期运力不再增加或增加缓慢的乐观预测上。实际也是如此，由于运力新增机制没有形成，使得每一次新增运力都必须征求多方意见，经历严格的听证程序。而在这一过程中，一些盈利水平低的经营者纷纷搬出“破产说”，希望政府考虑后果；更多的经营者则为维护既得利益“帮腔”，抛出“不好干”等论调。当然，消费者也会表达自己的诉求，研究机构也会有独立的判断，媒体也有自身的立场，政府则更多地扮演平衡利益的“和事佬”。显然，在角力中，经营者阵营总是最用心、最强有力的（符合产权交易理论），而且屡屡阻击成功，将运力新增计划扼杀在“摇篮”之中。

为避免此类现象频繁发生，也为了打消政府在面临阻击时的畏难情绪，有必要建立运力新增机制，将其变为常态，而不是需要专门决策的个案。运力新增机制核心是确立规则，规则的基础是指标。从当前的实际情况看，可采用的指标主要有：有载率、承包费变化幅度、议价程度、营运牌照交易价格变动幅度，以及企业利润波动水平等，据此形成以下办法。

6.1.1　供求平衡法

供求平衡法也称基准有载率法。有载率是描述出租车市场供求关系的有效尺度，基准有载率（可设上限与下限）对应着出租车市场供求平衡或基本平衡状态。

供求平衡法的基本原理是依据规则测定出租车的有载率，采取“小步多跑”的策略调控出租车运力。如果实际测得的有载率高于基准有载率，就新增运力，否则不新增（包括经营期限届满退出的运力不立即再次投入）。在目前广泛采用IC技术、GPS技术的情况下，有载率的准确测定已经变得非常容易。至于将多高的基准有载率作为出租车市场供求基本平衡的标准，须视各城市实际情况而定，难以一概而论。原因主要是城市不同，居民和游客的消费水平、消费习惯不同，出租车的经营成本不同，出租车的供求状况也不同。总体看，应该保证出租车有效满足居民需求，同时出租车维持较高运营效率，出租车经营者能够获得合理收益。譬如在香港特别行政区，出租车的有载率如果保持在65%～70%水平，旅客对乘出租车不便的抱怨和出租车经营者阻挠政府继续拍卖营运牌照的行动都十分少见，说明市场的供求矛盾不突出，可以视为供求基本平衡。

在相当长的时间里，我国绝大多数城市的规模将呈扩大趋势，出租车市场也将随之壮大。基于这种判断，出租车营运牌照的投放可以采用这样一种思路：只要市场持续出现供不应求信号就增加运力，使出租车的供给与需求保持亦步亦趋状态。实际上，这是一种被动接近供求平衡的做法。尽管在开始的时候很难一下子把准市场的需求规模，但市场很快反馈信息。如果供给规模偏小就会出现乘出租车难等问题（往往伴随着拒载、宰客等现象），就应适度增加运力。如果供给规模偏大就会出现出租车满大街兜客的现象（往往伴随着出租车驾驶员给乘客打折的现象），就暂不投放运力。一段时间之后，随着出租车需求规模的扩大，供过于求的状况会自行好转。因此，即便短时内出现供不应求或者供过于求的状况，也无大碍。

6.1.2 合理收益法

一个行业若想长期健康发展，就必须保证经营者的合理收益。合理收益法的基本原理是保证出租车经营者在正常情况下能够获得合理的收益，一旦收益超出合理范畴，就应该增加出租车的供给规模，通过稀释市场调整收益（当然也可以通过调低运价来调整收益水平）。这种方法在发达国家经常用于公共交通，如净资产收益率（ROE）、总资产报酬率（ROA）、投入资本回报率（ROIC）等达不到某个标准就提价，超过某个标准就降价或增加运力投放等。

出租车经营者一般可以分解成三类：一是出租车营运牌照所有者，二是出租车经营企业，三是出租车驾驶员。在实践中，这三者可以独立存在，也可以融合。其中前两者合二为一的居多。假如三者之间的利益关系主要由市场调节，供求关系将集中体现在出租车营运牌照所有者的收益上，如果其投资收益与社会平均投资收益相称，资本在出租车市场的供求也大体平衡，不需新增运力（此时，新增运力对社会资本的吸引力不大）；如果投资收益明显高于社会平均投资收益，说明资本在出租车市场供大于求，需要新增运力（或者降低出租车运价）。

假如三者之间利益关系受政府限制，如政府制定了营运牌照的最高收益、出租车经营企业的最高收费标准等，则可通过下述两个渠道判断出租车市场的供求关系。一是出租车驾驶员的收入水平（扣除资本性收益后），如果收入水平明显高于其他同类劳动者，说明出租车市场供给偏紧，需要新增运力，否则不需新增运力。二是出租车驾驶员与出租车经营企业之间是否存在“灰色交易”（诸如茶水费、签字费之类），如果存在，说明市场供不应求，需要新增运力，否则不需新增运力。对于采用 GPS 技术和 IC 技术的出租车，准确测定驾驶员收入不再困难。

出租车经营模式大致可分为个体经营、企业直营和承包经营三种。

（1）在个体经营模式下，出租车驾驶员的收益可以分为两部分：资本收益（投资出租车营运牌照的合理回报）和劳动所得。理论上讲，资本收益可以依据社会平均利润率确定。实践中，可以取国债利率与风险报酬率之和作为出租车驾驶员的资本收益率。目前，出租车营运牌照的投资风险较小，风险报酬率也不应该高，可取 2% ~3%。劳动所得由劳动消耗（包括劳动时间、劳动强度、智力消耗和体力消耗等因素）决定，可以通过比较公交大巴驾驶员、长途大巴驾驶员、集装箱拖车驾驶员、行政用车驾驶员、驾培教练的技能水平、劳动强度、工作风险等确定。两项相加，构成出租车驾驶员的基准收益。如果出租车驾驶员的实际收益长期超过基准收益，就应该考虑增加出租车运力投放（也可降低出租车运价）。否则，不适合新增出租车运力。

（2）在企业直营模式下，如果营运牌照通过政府审批取得，那么出租车企业只是出租车服务的经营者；如果营运牌照由竞买或中标取得，那么出租车企业既是营运牌照的经营者，又是出租车服务的经营者。但是，不管是政府审批取得还是竞买或中标取得，它们都要求获得社会平均利润率。

如果出租车企业的实际利润率长期高于社会平均利润率，说明该行业有超额利润可图，而促成这一超额利润的主要原因是限制经营。显然，此时需要考虑新增出租车运力（也可降低出租车运价）。相反，如果出租车企业的实际利润率长期低于社会平均利润率，说明该行业供给过剩，一定时间内不宜新增出租车运力。

（3）在承包经营模式（或租赁经营模式）下，经营者的收益由两部分组成，一是出租车企业经营营运牌照的收益，二是出租车驾驶员承包出租车的收益。就本质而言，这种经营模式是个体经营模式和企业直营模式的组合。具体地讲，就是出租车营运牌照和出租车营运两项业务所需的经营资本由出租车企业和出租车驾驶员分担。出租车企业要求获得社会平均利润率，出租车驾驶员要求获得基准收益。只是由于出租车企业和出租车驾驶员共同分担了经营资本，在计算出租车企业的实际利润率和出租车驾驶员的实际收益时，项目的内容应该有所不同，但方法一致。此外，在营运牌照投放决策时，必须联动测定出租车企业的实际利润率与出租车驾驶员的实际收益，不能只就一方结果下结论。以深圳市为例，一段时间内出租车驾驶员的收益有些偏低，但出租车企业的实际利润率却高出社会平均利润率许多，联动考虑应该增加营运牌照的投放，但由于没有有效调整出租车企业与出租车驾驶员之间的利益分配格局，致使政府更多顾及出租车驾驶员的最低利益而不敢增加运力。我国的劳动就业现况是出租车驾驶员供给充裕，因此行业利润的高低最终将集中体现在出租车企业的获利水平上。因此，在决策时更应该关注这一点，即出租车驾驶员的收益不能完全通过增减运力调整，而需另辟蹊径。

6.1.3 时间扩容法

时间扩容法的基本原理是，在出租车市场总体规模持续扩大的背景下，每隔一定时间投放一定数额出租车运力，最终投放与否视投放方式不同而有所区别。如果采取拍卖方式，取决于出租车营运牌照的竞价情况；如果采取招标方式，取决于招标的响应程度。应尽量避免采取审批方式，因为除了时间，没有其他判断依据可以相互校核，难以确定是否真的需要新增出租车运力。

（1）在不限价拍卖方式下，如果营运牌照的最高竞买价低于起拍价（设定为低于上一次竞卖价格的某一比例，如80%或90%等，具体数值可视各城市情况而定），说明需求不足，取消此次拍卖。如果营运牌照的最高竞买价大于等于起拍价，但竞买数量从最高竞买价往下累计，在上一次竞卖价格的“$1+\alpha$”处（α大于零，可以设为10%或20%等，具体数值可视各城市情况而定），倘若该小计数小于预计的竞卖数量，且累计到起拍价时的总数也小于预计的竞卖数量，那么，该总数就是最终的竞买数量，所有竞买价高于等于起拍价的均可竞得；倘若该小计数小于预计的竞卖数量，但累计到起拍价时的总数大于等于预计的竞卖数量，那么，最终的竞买数量等于预计的竞卖数量，其中竞买价高者先得；倘若该小计数大于等于预计的竞卖数量，说明预计的竞卖数量可能偏小，可以考虑增加最终的竞买数量，将竞买价抑制下去。

选择上一次拍卖价格的某个值，作为判断是否需要新增出租车运力的主要依据，既有助于保持营运牌照价格的相对平稳，避免因价格波动过大引起行业不稳定，又能使每次拍卖留有一定的差价空间，使投资具有一定的风险性，减少竞买的盲目性。此外，它还有助于防范现有投资者操纵出租车营运牌照竞卖价的行为，有利于出租车市场的长远发展。

（2）在限价拍卖方式下，核心是限价的确定，规则同“2.2.4 拍卖”之“限价拍卖”。

无论采取何种方式，都能起到调控营运牌照价格的作用。受国家或地区经济的周期性影响，一个城市的经济沿着时间轴会有所起伏。在出租车需求受影响的低谷期，投放出租车运力无异于雪上加霜，竞买价偏低是这一情形的写照，必须放弃或部分放弃营运牌照投放，以降低既有经营者的风险。相反，在出租车需求增长较快的时期，如果不增加出租车运力，将难以解决供求之间的矛盾，竞买价偏高是这一矛盾的写照，有必要加大出租车运力的投放力度，降低经营者的未来成本。

（3）在招标方式下（由于以竞价作为竞标条件的招标，本质上与不限价拍卖无异，故这里所讲的招标是指不以竞价为竞标条件的招标），如果竞标者不足三家，或者竞标数累计小于预计的标卖数量，则流标。否则，按招标规则确定中标者。

6.1.4 限额差价法

限额差价法的基本原理是，依据出租车营运牌照在二级市场的价格（或者经时间摊销调整后的“黑市”价格，下同）与最近一次拍卖价（或特许经营费）之间的差额确定是否新增运力，如果高出了某个标准就新增运力，否则，不新增运力。本质上与时间扩容法相似。

营运牌照在二级市场（如果二级市场不健全，或者营运牌照作为特许经营商品，不允许交易，就有可能形成“黑市”）上的价格能比较好地反映市场的供求关系，如果营运牌照在二级市场的价格（或者“黑市”价格）与最近一次拍卖价之间的差额不大，说明供求关系没有发生太大变化，可以不考虑新增运力；如果营运牌照在二级市场的价格（或者“黑市”价格）比最近一次拍卖价高出很多，说明供求关系发生了比较大的变化，已经供不应求，需要新增运力；如果营运牌照在二级市场的价格（或者“黑市”价格）比最近一次拍卖价低了许多，也说明供求关系发生了比较大的变化，已经供过于求，会有一些经营者希望退出出租车市场，此时如果有到期的出租车营运牌照退出，不应该立即重新投入。

6.1.5 自由出入法

自由出入法的基本原理是政府对出租车市场的供给规模不进行任何限制，完全由市场调节，经营者随时都能（有偿）进入或退出出租车市场，即“自由申领、不限量投放”。

上述几种方法都以供求平衡为基本原理，其中自由出入法完全依据市场调节实现供求平衡，其他几种方法则或多或少依据政府调控谋求供求平衡。供求平衡法直接体现营运牌照的供求关系，合理收益法侧重于通过行业的平均获利水平，折射社会资源的流动状况及营运牌照的供求关系，时间扩容法和限额差价法则通过营运牌照的价值变化间接反映其供求关系。

假如实施的条件具备，应该首选供求平衡法，其次是合理收益法，再依次是时间扩容法、限额差价法、自由出入法。

6.2 出租车运力退出

从市场管理的角度，准入、监管、考核、退出共同构成完整的链条。准入与退出是对出租车市场实施管制最直接、有效的环节。然而，实践中，往往对准入关注较多，对退出考虑很少，相当程度上妨碍了出租车市场诸多问题的有效解决。一般出租车市场的退出包括营运牌照、出租车经营者、出租车驾驶员以及出租车辆的退出四个层面。本节着重讨论出租车运力的退出，即营运牌照的退出问题。目前，营运牌照的退出主要有到期自动退出、强制退出、休眠三种形式。其中，自动退出主要针对有期限的营运牌照，期限一到就退出；强制退出通常是由于经营者的行为违反了法规规定，营运牌照被强行收回或者吊销；休眠则是指将暂时不使用的营运牌照搁置起来。

实践中，营运牌照的退出会因其取得的方式不同而有所不同。

(1) 通过拍卖取得的营运牌照，肯定是有偿使用而且有产权属性，一般不会中途退出市场，需要待其到期后自动退出。从管制角度，可以取消一些经营者的经营资质，强制其退出，但一般不会因此没收其拥有的营运牌照，允许其转让或者挂靠到其他出租车经营企业，不会因此改变整个市场营运牌照的数量。其中，对于无期限（或永久）的营运牌照，不存在退出问题。对于有期限的营运牌照，只能待其到期后自动退出。不过，现实中存在着一些反向的情形，如有的城市在制度上已经安排了有条件续期，只要在经营过程中不现出大的问题，即可顺延一定期限，像深圳“绿的”营运牌照设计为“5 +5 年”。也有一些城市受特定因素影响给予续期，如昆明于1993 年投放的营运牌照原定有效期为 8 年，2001 年到期。后来，政府免费将有效期延长 8 年，至 2009 年。

(2) 通过招标获得的营运牌照，如果竞价是评标的主要条件之一，其情形与拍卖相似，除非遇到法规特别规定的情形，否则不会中途退出市场；如果只是服务质量招投标，竞价不是评标的主要条件，那么在遇到招标文件约定的某些情形（如服务质量考评不合格等）时，可以强制其退出，否则也只能待其到期后自动退出。

(3) 通过行政审批获得的营运牌照，一般不涉及有偿使用问题，遇到审批部门规定的退出情形，可以令其退出，否则也只能待其到期后自动退出。

需要补充的是，无论是招标还是行政审批，如果营运牌照为无偿使用，而且供给充分，有可能出现部分营运牌照被暂时搁置的现象。在搁置期，从出租车市场的供求看，这些营运牌照所对应的出租车运力实际上相当于退出状态。

由上可见，出租车运力退出的有效渠道并不多，这也是出租车管理部门感叹“缺乏调控手段”的主要原因。因此，从建立营运牌照退出机制的角度，有必要将部分营运牌照的有效期限设计得短一些，借助自动退出的步伐调控出租车运力。此外，还可考虑尝试一些新的退出渠道，如政府回购等。

6.3 出租车营运牌照回购案例：深圳“红的”

目前，深圳市共有“高价”出租车营运牌照 2520 个，占“红黄的”总数的24%，其中 520 个为 1999 年 12 月至 2001 年 5 月期间，因企业倒闭经法院拍卖形成，每个营运牌照的平均价格（含税）为 89.27 万元，平均有效期限为 44.4 年，详见表 6-1。2000 个为 2007 年 10 月由政府公开拍卖的营运牌照，每个营运牌照的价格为 54.25 万元，有效期限为 12 年。

法院拍卖营运牌照的基本情况　　表 6-1

拍卖时间	数量（个）	价格❶（万元）	拍得企业
1999 年 12 月 31 日	50	81.4	天健
2000 年 10 月 30 日	303	96	骏达、金瑞、招商物流、汉都
2001 年 4 月 28 日	25	60	富通达
2001 年 5 月 10 日	142	83	鹏飞、金瑞、国贸、汉都

这些“高价”营运牌照明显拉开了经营者的成本，形成了出租车行业体制与机制综合改革的一大阻碍因素。建议政府回购这些“高价”营运牌照，按照出租车企业自愿放弃原则，由政府回购“高价”营运牌照，再由政府重新拍卖（由于深圳市出租车运力仍处于投放周期，故考虑重新拍卖。如果是为了减少出租车市场的运力供给，也可以不再投放）。

6.3.1 操作办法

（1）回购价格为企业拍得营运牌照的原始成本减去直线摊销额。营运牌照成本按直线摊销，会使经营者的初期代价远大于中期，更大于后期。这样，既给了那些缺乏风险意识的企业出路，又给了它们教训，有助于对盲目进入者起到警示作用。

（2）政府再将回购的营运牌照公开拍卖。有两种方式，一是重新拍卖的营运牌照有效期限统一为 12 年，缩短部分营运牌照的有效期限，为将来的运力调控提供便利。二是为出租车企业和出租车驾驶员承包关系和营运车辆平稳过渡创造条件，将重新拍卖的营运牌照有效期限设定为原牌照的剩余期限。或者将出租车营运牌照配置给国有出租车企业，也可由市国资委支持国有出租车企业按照自愿原则回购高价营运牌照，再由市财政向营运牌照回购资金贴息。

（3）回购后的营运牌照将被重新拍卖，同时交割。因此，所需回购资金只是两者之间的差额，数额不会很大。

（4）减免交易契税，或由市财政全额补贴，以降低后续经营者的成本。

（5）回购期为 1 年。

---

❶ 价格为出租车营运牌照的实际原始持有成本，由营运牌照的拍卖价格、拍卖佣金、契税等构成。

6.3.2 操作程序

（1）企业向政府提出按回购办法接受回购的申请，经政府相关部门（授权市交通局）批准，签署回购协议，进入回购程序。

（2）回购程序内，出租车的经营管理及权益维持不变。

（3）回购程序必须在两个月内结束，包括营运牌照的再拍卖，营运牌照等相关证照以及车辆过户，驾驶员承包关系移交等。

6.3.3 建立回购机制的功效

（1）将政府管理的重点定位于规则制定与维护，企业则在规则下从事经营活动。对于出租车市场，受政府管理影响最大的两个因素是运价调整与运力规模控制。运价体系调整，可以认为是市场因素的改变，在市场还未完全稳定的情况下这是很难避免的。因此，应该允许经营企业“反悔”，给它们出路。建立政府回购制度有助于规则调整、规则维护及经营者权益保护的有机统一。

（2）建立畅通的出租车经营者退出机制，有助于优胜劣汰，有助于资源向经营效率最高的企业集中，实现规模经营，做大做强，营造行业品牌，树立行业龙头，如果资源向国有出租车企业集中（由于回购资金享受贴息补助，可以保障经营企业维持正常的盈利水平），则为进一步体现出租车行业的公共性与公益性创造了有利条件。

（3）有助于缩小营运牌照成本的标准差，降低离散程度，平抑营运牌照成本，优化出租车市场结构。

（4）彻底解决出租车行业的“高价营运牌照困扰说”。如果高价营运牌照愿意被回购，就不存在高价营运牌照问题；如果高价营运牌照不愿意被回购，也就不存在被其困扰的问题，不该再以此为借口阻碍出租车行业的相关改革举措。

7 出租车运价

从总体上看，尽管出租车运价（也称出租车价格）水平会受到诸如出租车数量、出租车需求量、出租车经营成本，甚至CPI、燃油价格等因素的影响，但最直接的影响因素还是对出租车的定位及其与其他公共交通的比价关系，以及与私家车使用成本的关系等。这是因为出租车是一个普遍受到政府管制的行业，管制的态度及体系取决于对该行业的定位。明确定位，服务群体及相应的需求规模与特征就可以理清，供给规模与特征也随之明朗，运价水平的确定也就水到渠成了。

但是，从局部看，现实中对出租车的定位总是定性的，要将其精确定量具有相当难度，往往会有比较大的区间。同样，对于出租车供给及运价的拿捏也总是不能“恰到好处”，因此，在这些区间内，还是存在需求、供给、运价之间的矛盾及相互协同、适应的过程。经济学中，关于供求关系的解释在每一个层面都有效。譬如，假定其他因素不变，当一个城市的出租车供给偏紧（松）时，对运价会有升（降）的要求；当出租车需求出现淡旺季变化时，会导致对运价降升的诉求；当出租车运营成本变化时，也会产生运价调整需求。另外，互补品的价格总是同方向变动的，当公共交通运价或者私家车的使用成本升（降）时，出租车运价就会有升（降）的冲动。所不同的是，出租车运价往往是管制的对象，任何关于运价调整的力量不能自行发挥作用，而只能通过影响管制，进而改变管制再发挥作用。假如管制没有做出相应的改变，上述力量将受到抑制，在“沉默”中积聚更大的力量，加大对管制的影响力度，同时也有可能引发更多的非法乃至违法行为。

7.1 出租车运价形成

世界上绝大多数城市的出租车实行政府定价，其中少数城市设有浮动区间，很

少有城市放开对出租车运价的管制。对于出租车运价受管制的城市，要求政府核定的运价水平、运价构成等尽量符合管制目标并切合实际。20世纪末，在武汉等城市，市民与出租车经营者都强烈要求降低出租车价格，但政府不允许，从而出现经营者一边私自降价，另一边政府严厉查处，形成长期对峙局面，并且一直持续到2008年。通常，经营者与消费者在价格问题上立场总是对立的，一旦出现统一，基本可以断定价格出现了严重偏离客观实际的极端问题。另一情形是经营者与消费者的意见不统一。以深圳为例，自20世纪90年代以来，消费者要求降低出租车运价的呼声此起彼伏，出租车驾驶员的态度“变化无常”，时而支持，时而反对，出租车企业则始终明确反对。这一僵局一直维持到2009年。笼统地讲，经营者与消费者在价格问题上态度相左，属于价格合适背景下的一种情形，但是面对巨变中的城市，长达20年的僵持，更多的应该不是角度问题，而是出租车运价的形成机制出了问题。

（1）出租车运价的制订者。出租车的乘客大体可以区分为两类，一类是本地居民（包括对该城市比较熟悉的外地居民），其中又可分为有急事和没有急事两种；另一类是外地居民。在与本地无急事居民的交易中，出租车经营者与乘客的信息基本上是对称的，一般不会出现市场失败。但是，在与本地有急事居民的交易中，出租车经营者与乘客的信息是不对称的，其中出租车经营者占优，乘客在交易中处于不利地位，导致市场失败。至于在与外地居民的交易中，出租车经营者与乘客的信息更不对称，出租车经营者的优势更加明显，市场失败不可避免。可见，出租车市场普遍存在信息不对称的问题，政府的介入有助于实现资源的有效配置。因此，应主张政府为出租车运价的主体，并对同类出租车服务实行同一运价。

（2）出租车运价的形式。主要有两种，一是车次运价，即一票制，不论远近，只要搭乘都收同样的费用。规模较小且城乡差异明显的城市，主要是一些县城及少量不发达的地级市多采用这种形式。二是行程运价，即起步价+里程价，运费高低主要取决于乘客租车距离的远近。具体计算式为：起步价+里程价×超过起步里程的行程。这种形式多应用于半径较大的城市，国内大中城市几乎都采用这种形式。

（3）出租车运价的制订依据。出租车运价的确定很大程度上取决于对出租车服务的定位，主要有三种情形：

第一，如果把出租车看成是公共交通的一种普通形式，那么只要是需求就应该尽量满足，但没有鼓励的必要，因此不必像其他公共交通形式那样给予补贴。出租车运价的制订依据是行业的完全成本（+微利）。

在这一目标下，乘客的“降价呼声”与出租车经营者的“提价要求”，均需要

在深入调查的基础上加以判断，作出合理反应，并协同考虑出租车供给规模的调整。

需要指出的是在确定行业的完全成本时应该考虑“共同成本”的存在。在经济学中，联产品是指用同一种原料，经过同一个生产过程，从某一个“点”分离出来的两种或两种以上不同性质和用途的产品。通常，这个点称为分离点，分离出来的产品（主产品和副产品）为联产品，所发生的成本为联合成本或共同成本。一般当共同成本存在时，各种产品的成本要比单一产品的成本低，这种情形被称为“多产品经济”。然而，在出租车服务中存在着一种与之相反的现象：出租车驾驶员在运送乘客时，往往需要完成根本不能确定是否存在购买者的返程运输（否则将有可能付出更大的机会成本），形成“共同成本”，但由于能够分摊共同成本的产品只是其中的一部分，致使运送乘客的实际成本常常高于单程的营运成本，即共同产品对营运成本分摊的贡献是负的。因此，当出租车营运中返空比例相对稳定且达到了一定数量时，应该考虑设置返空费。

第二，如果把出租车服务看成是公共交通的一种“高档”形式，那么补贴就更没有必要了。均衡价格成了制订出租车运价的依据，运价水平的高低取决于供求关系。

在这一目标下，出租车运价的制订者，可依据出租车有载率的高低调整运价，如果有载率长期高于基准有载率，要么增加出租车供给，要么提高出租车运价（同时相应提高出租车经营权的资源费）；如果有载率长期低于基准有载率，就降低出租车运价（同时尽量降低出租车的经营成本）。乘客的“降价呼声”与出租车经营者的“提价要求”只供参考。

第三，如果把出租车服务看成是一种“享受”型的公共交通，那么相对于整个城市的居民，出租车是一种“奢侈品”，因此不仅不应该补贴，而且有必要将它控制在较小规模之内。出租车运价的制订既可不考虑完全成本的大小，也可不考虑均衡价格的高低，而按这类乘客的“负担能力”收费，负担能力有多强，运价就定多高。换言之，乘客的“负担能力”是制订出租车运价的依据。

在这一目标下，出租车运价的制订者，可以不理会乘客和出租车经营者的“降价呼声”，但对出租车经营者的“提价要求”则需慎重考虑。

（4）出租车运价的水平。比较而言，发达国家或地区的公务车、商务车配备比例较低，私家车的普及程度很高，而且公私分明，出租车主要用于商务和少数公务活动，除了便捷外，更要求其具备较高的安全性、舒适性，车辆档次较高，相应的运价水平也较高，如东京出租车的起步价为 750～810 日元/2 千米（约合人民币

56~61元/2千米），里程价为80日元/274米（约合人民币22元/千米）；巴黎出租车的起步价为2欧元/2千米（约合人民币20元/2千米），里程价为0.6~1.6欧元/千米（约合人民币6.1~16.3元/千米），但实际的“最低消费”为5欧元（约合人民币51元）；纽约出租车的起步价为2.5美元（约合人民币17元），里程价为0.4美元/英里（约合人民币8.5元/千米）；我国香港特别行政区和澳门特别行政区的出租车运价也大大高于内地，香港市区的出租车起步价为18元/2千米，里程价为7.5元/千米，新界的出租车起步价为14.5元/2千米，里程价为6.5元/千米；澳门出租车的起步价为13元/2千米，里程价为6.5元/千米。

内地的情形明显不同，公务车、商务车配备比例较高，私家车的普及程度总体较低，而且公车私用现象普遍，出租车除了用于商务和少量公务活动之外，还有一些具有一定支付能力的人将其作为日常出行工具，成为向私家车出行的一种过渡形式，对便捷、经济的要求较高，对舒适的要求倒不是很强，因此出租车车辆档次较低，相应的运价水平也较低，运价通常不足发达国家城市的1/5。

7.2 出租车运价结构与水平

7.2.1 出租车运价的基本构成

出租车运价主要由起步价、里程价、候时费、长途返空费、夜间附加费等构成，其中起步价与里程价及长途返空费共同构成出租车的基本运价，其他各项通常为基本运价的附加。任何运价变动只会对运价水平进行调整，而不会对运价结构产生影响。

（1）起步价。租用出租车一次服务的最低计价及相应的服务里程即起步里程，也就是说，租用出租车的行驶距离在起步里程[1]之内，基本运价按这一最低收费标准计算。起步价一般采用“开始制”，即租用服务开始发生便进行相应计量，即计起步价。

（2）里程价。里程价是指超过起步里程后的按租车里程计量的基本运价率，单位为元/千米。里程价的计量可以采用“开始制”，指超过起始里程后，仍需继续租用出租车的，先按里程价的细分单元计价，再提供相应的租用里程服务，依此类推；也可以采取“结束制”，指超过起始里程后，仍需继续租用出租车的，先提供

[1] 起步里程是指租用出租车的最短计费里程。

租用里程服务，每达到一个里程价的细分单元进行相应计价，以此类推。

(3) 候时费。候时费也称慢速行驶和等待费。是对出租车处于慢速行驶状态(一般规定车辆行驶速度低于某一值，多为12千米/小时或10千米/小时)按行驶里程计价收益明显低于出租车服务机会成本，或者处于等待状态(车辆处于怠速或按乘客要求停车)耗时但无法按行驶里程计价的一种补偿。

(4) 长途返空费(简称返空费)。返空是出租车运营中十分普遍的一种联产品[1]。通常，在比较成熟的建成区，客流在方向上基本均衡，对于由联产品引起的共同成本的回收可以直接体现在基本运价上。但是，在不成熟的建成区，客流在方向上明显不均衡，由联产品引起的共同成本难以估算，其回收不易直接体现在基本运价上，通常需要通过设置返空费来解决。对于现实中的城市，出租车客源比较充足的区域多为成熟的建成区，在一定的空间范围内客流基本均衡，一旦超出这个范围，出租车的运营环境将发生明显变化，而且客流在方向上逐渐变得不均衡，单向空驶的概率越来越大，如果不设置必要的返空费，将严重影响出租车运营的正常收益。为有效解决这一问题，众多城市在运距超过一定里程后设置了返空费。因此，返空费本质上是对乘客租用出租车超过一定距离后，回程难以避免空驶，进而增加运营成本的一种补偿性收费。国内绝大多数城市的出租车运价中都设置了返空费，收费标准通常为租车里程超过一定值后在后续的里程价中加收一定比例的返空费。如果将里程价与返空费复合，等同于累进制里程价，即在返空费起算里程之内部分，里程价以标示的里程价计费；超过返空费起算里程部分，里程价以标示的里程价×(1+返空费附加比例)计费。

需要指出的是，我国香港特别行政区的出租车运价构成在这一点上例外，租车里程超过一定值后，里程价不但没有增加，反而有所降低。

(5) 夜间附加费。是对出租车驾驶员夜间劳动进行补偿的一种津贴性收费，一般也是在基本运价基础上加收一定比例费用。

7.2.2 出租车运价的水平

出租车需求的差异主要表现在租车里程的长短上，因此，可借助两个特征值对出租车运价水平的高低进行比较，一是平均运距，二是租车里程的中值(反映数量最大的一类出行需求)。实践中，对于平均运距的统计比较常见，对租车里程中值的统计比较少见，但是分析的方法与思路完全相同。

---

[1] 关于联产品、联合成本、共同成本等概念的叙述参见“7.1 出租车运价形成”。

（1）不设返空费的基本运价水平。假设起步价为 P_o，起步里程为 S_o，里程价为 P，S_i 为实际租车里程，可得平均每千米的运价水平 P^*（或称运价率）：

$$P^* = \begin{cases} P_o/S_i & S_i \leqslant S_o \\ [P_o + P(S_i - S_o)]/S_i & S_i > S_o \end{cases} \tag{7-1}$$

这样，在 $S_i \leqslant S_o$ 的情况下，式（7-1）转化为：

$$P^* = P_o/S_i \tag{7-2}$$

此时，只有起步价对运价率产生影响，降低起步价有助于降低运价水平。虽然适当降低起步价会减少一次载客运营的收入，但也会刺激消费，增加短途出行需求。由于在运价设计中，P_o/S_o 始终是大于 P 的，即租车里程小于起步里程时的供给效率总是高于租车里程大于起步里程时的供给效率。因此，总的运营收入不见得会减少，而且还有增加的可能，具体要看运价结构及水平与运输需求之间的关系。2008 年，成都、武汉大幅度降低 P_o/S_o 或 P_o 后，出租车的营业收入增长显著便是证明。

在 $S_i > S_o$ 的情况下，式（7-1）转化为：

$$P^* = P + \frac{P_o - PS_o}{S_i} \tag{7-3}$$

由式（7-3）可得 P、P_o、S_o 的斜率绝对值分别为 $\left(1 - \frac{S_o}{S_i}\right)$、$\frac{1}{S_i}$、$\frac{P}{S_i}$，它们对运价水平的影响大小取决于三者之间的数值关系。现实中，P 普遍大于 1，则 S_o 的斜率绝对值大于 P_o 的斜率绝对值，说明起步里程变化对运价水平的影响大于起步价的变化。至于里程价的变化影响，则需要更详细的信息才能作出判断。

如果 $(S_i - S_o) > P$，那么，$\left(1 - \frac{S_o}{S_i}\right) > \frac{P}{S_i} > \frac{1}{S_i}$；如果 $P > (S_i - S_o) > 1$，那么，$\frac{P}{S_i} > \left(1 - \frac{S_o}{S_i}\right) > \frac{1}{S_i}$；如果 $(S_i - S_o) < 1$，那么，$\frac{P}{S_i} > \frac{1}{S_i} > \left(1 - \frac{S_o}{S_i}\right)$。2008 年，深圳“红的”平均运距为 6.01 千米；“绿的”平均运距为 3.57 千米。“红的”租车里程的中值为 2.75 ~3 千米，不妨取 2.88 千米；“绿的”租车里程的中值 1.75 ~2 千米，不妨取 1.88 千米。这样，深圳出租车运价的水平如表 7-1 所示。

深圳出租车运价水平（2008 年） 表 7-1

运价水平（元/千米）	“红的”	“绿的”
按平均运距测算	3.28	2.66
按租车里程的中值测算	4.34	3.72

由式（7-3）可知，随着租车里程延长，出租车的运价水平将越来越趋近于里程价。

（2）设置返空费的基本运价水平。假设返空费起算里程为 S_f，返空费附加为里程价的 α（$0<\alpha<100\%$），可得平均每千米的运价水平 P^*（或称运价率）：

$$P^* = \begin{cases} P_o/S_i & S_i \leqslant S_o \\ [P_o + P(S_i - S_o)]/S_i & S_f \geqslant S_i > S_o \\ [P_o + P(S_f - S_o) + P(1+\alpha)(S_i - S_f)]/S_i & S_i > S_f \end{cases} \tag{7-4}$$

这样，在 $S_i \leqslant S_o$ 的情况下，式（7-4）转化式同式（7-2）；

在 $S_f \geqslant S_i > S_o$ 的情况下，式（7-4）转化式同式（7-3）；

在 $S_i > S_f$ 的情况下，式（7-4）转化为：

$$P^* = (1+\alpha)P + \frac{P_o - P(S_o + \alpha S_f)}{S_i} \tag{7-5}$$

由式（7-5）可得 P、P_o、S_o、S_f 的斜率绝对值分别为 $\left(1+\alpha-\frac{S_o+\alpha S_f}{S_i}\right)$、$\frac{1}{S_i}$、$\frac{P}{S_i}$、$\frac{\alpha P}{S_i}$，它们对运价水平影响的大小取决于四者之间的数值关系。由于 P 普遍大于1，则 S_o 的斜率绝对值大于 P_o 的斜率绝对值，说明起步里程变化对运价水平的影响大于起步价的变化；又由于 $0<\alpha<1$，则 S_o 的斜率绝对值大于 S_f 的斜率绝对值，说明起步里程变化对运价水平的影响大于返空费起算里程的调整。至于里程价的变化影响以及更为系统的相互比较，需要更详细的信息才能作出判断。

7.3 出租车运价听证

依据《中华人民共和国价格法》和《政府制定价格听证办法》（中华人民共和国国家发展和改革委员会令第2号）（第三条）的相关规定：制订关系群众切身利益的公用事业价格、公益性服务价格和自然垄断经营的商品价格等政府指导价、政府定价，应当实行定价听证。出租车运价属于听证范畴，因此在制订或调整出租车运价时，必须依据相关法规及程序组织听证。就出租车运价听证而言，主要涉及以下要点：

（1）听证由政府价格主管部门组织。

（2）听证提起。如果定价机关为政府价格主管部门（含与其他部门联合定价）和市、县人民政府的，由政府价格主管部门提起；如果定价机关是其他部门的，由该部门向政府价格主管部门提起。出租车运价的定价机关一般是政府价格主管部门（或与交通运输主管部门联合）。

（3）听证提起机关提交定价听证方案和定价成本监审报告。

（4）听证会公告。政府价格主管部门应当在听证会举行30日前，通过政府网站、新闻媒体向社会公告听证会参加人、旁听人员、新闻媒体的名额、产生方式及具体报名办法；在听证会举行15日前，通过政府网站、新闻媒体向社会公告听证会举行的时间、地点，听证方案要点，听证会参加人和听证人名单。

（5）举行听证会。

（6）听证人应当根据听证笔录制作听证报告，有些城市还要求提出风险评估报告。

（7）定价机关根据听证会上的意见，作出定价决定，包括对定价听证方案进行修改。对于修改后的定价方案，如果政府价格主管部门认为有必要的可以再次举行听证会，或者采取其他方式征求社会意见。

（8）定价机关将定价决定报人民政府审批。

（9）实施获批准的定价决定。

深圳市近年出台的关于出租车运价听证的相关文件如表7-2所示。

深圳市近年出台的关于出租车运价听证的相关文件 表7-2

分　类	文号或发布单位	文　件　名
定价成本监审报告	深价认审字［2009］001号	关于深圳市红（黄）色出租小汽车营运成本监审报告
定价成本监审报告	深价认审字［2009］002号	关于深圳市绿色出租小汽车营运成本监审报告
听证会举行30日前发布的听证会公告	深价公告［2009］1号	关于出租小汽车运价结构优化听证会的公告
听证会举行15日前发布的听证会公告	深价公告［2009］2号	关于深圳市优化出租小汽车运价结构听证会的公告
听证报告	深圳市物价局，2009年8月12日	深圳市优化出租小汽车运价结构听证会主要意见及处理情况综述
风险评估报告	深圳大学中国交通经济研究所，2009	深圳市出租车运价结构优化方案风险评估
定价决定	深圳市物价局、深圳市交通局，2009年8月7日	关于优化我市出租小汽车运价结构和油价运价联动机制的通知

8 出租车服务质量测评

出租车作为满足具有一定消费能力群体的个性化出行、部分公务出行和社会大众特殊出行需求的交通方式，其价格相比大中容量公交要高许多，但由于其在舒适性、便捷性、私密性和安全性等服务质量上的优势，深受乘客青睐，是一种以服务取胜的客运形式。因此，出租车服务质量测定、评定及改善至关重要。

8.1 出租车服务质量及反映

对服务质量的探究至今仍是一个较新的课题。Parasuraman、Zeithaml 和 Berry（1985 年）通过对银行、信用卡、证券经纪商和产品修理与维护四行业的主管与顾客深度访谈，认为服务质量是消费者在实际享受该项服务前，所期望的服务与事后实际感受到的感知服务之间的相对关系。所谓期望服务，是指消费者在接受一项服务之前，心中对即将接受的服务所预设的期望；所谓感知服务，是指消费者在接受该项服务之后，对服务结果的实际评价。如果后者离前者的差距大表示消费者所感觉的服务质量较低，反之服务质量较高。服务质量具有三个特性：一是对消费者而言，服务质量比产品质量更难估计；二是服务质量的认知来自消费者事前期望与事后实际感受之间的比较；三是服务质量的衡量，不仅要评估服务结果，亦须评估服务过程。

由于服务质量高低主要有赖于消费者的“感知”，而“感知”的稳定性与影响因素明显较实物产品复杂得多，而且，由于服务的过程与结果在时间上具有不可分离性，平添了评估难度，导致人们对服务质量的反映存在诸多分歧。Sasser、Olsen 和 Wyckoff（1978 年）认为服务质量由及时性、一致性、安全性、便利性、完整性、情境及态度七项要素构成。Rohrbaugh（1981 年）认为服务质量与三个层次的内容有关：一是结构，指塑造服务的有形部分，包括实体设施及人员；二是过程，即服务提供者与顾客之间的互动过程；三是结果，指顾客是否得到其所要求的服务。Lethinen（1982 年）则认为服务质量决定于实体质量、企业质量与互动质量。Armistead（1985 年）提出服务质量应包含五项重要因素，分别为组织、人员、流程、设备及物质。Juran（1986 年）则以内部质量、硬件质量、软件质量、实时反应及心理质量等五个属性描述服务质量。Parasuraman、Zeithaml 和 Berry（1985 年）提出服务质量要涵盖十个构成要素：接近性、沟通性、胜任性、礼貌性、信用性、可靠性、反应性、安全性、有形性及了解顾客。ywood-Farmer（1998 年）则认为服务质量包含下列三个内容：一是实体设备、过程及程序，二是服务人员的行为，三是服务人员的专业判断。Dabholkr、Thorpe 和 Rentz（1996 年）认为服务质量包括实体设备、可靠性、人员互动、问题解决及政策五个方面。[24]

尽管人们对服务质量的反映存在不同认识，甚至出现较大差异，但还是能够从中获得很多启示。

8.1.1 出租车服务的形式

出租车的服务形式主要有两种，一是巡游式，二是电召式。所谓巡游式是指出租车采用在道路上转悠待召或在出租车停靠站待客的方式兜售运输服务；所谓电召式是指出租车在特定的地点等待乘客电话预约，再提供相应运输服务。从发达国家的实际情况看，巡游式出租车的需求似乎不再增长，即便增长，速度也很缓慢，而且越来越倾向于在出租车停靠站或其他客源聚集地待客，而不是在道路上转悠待召；电召正在成为出租车服务的主要形式。如在罗马，出租车服务以电话预约为主，也可在遍布全市（主要设置在机场、火车站和市中心一些广场）的出租车站租车，街道上扬手很难召到车。在巴黎，没有扬手召车的习惯，其中25%的乘客通过电话召车，其余则主要在出租车站租车。即便在凯旋门放射出的交通繁忙要道的路口附近，每隔 3 ~5 条道路都会设置出租车站，通常会有 3 ~6 辆出租车待客，乘客租车十分方便，驾驶员停车待客也很安心。日内瓦的情形与巴黎相似，全市设有 60 个出租车站，70% 的乘客采用电话预约租车，30% 的乘客在出租车站租车。

通常，出租车服务采用巡游式还是电召式更多是营运方式的选择，适用的营运牌照一致，但也有一些城市例外。如在纽约，巡游式出租车（惯称黄色出租车），可以招手即停，也可以接受电话预约；电召式出租车则以林肯房车为主，不得巡游载客，只能通过电话预约租车。

8.1.2 出租车服务质量的组成要素

从需求看，出租车服务的品质集中体现为便捷、舒适、安全、可靠四个特征。

（1）便捷是出租车服务优于其他公共交通方式的最大特征，用于反映乘客对出租车服务的需求容易得到满足程度的指标主要包括沿街道出租车召停站点设置、电话召车、特种服务等。

（2）舒适是出租车服务普遍优于其他公共交通方式的另一特征，反映乘客在消费出租车服务过程中的生理与心理感受，目前尚无完整、客观的量化测定方法。主要借助驾驶员的驾车技术（对娴熟的要求）、仪容仪表、言谈举止、沟通能力、主动服务意识，以及车辆的外观、车内整洁程度及空气、空调、音响等设备配备情况来反映。

（3）安全是出租车服务的前提性特征，指乘客在被运送过程中人身与财产的安全程度，反映安全性的指标主要包括事故率、违章率、驾车技术（基本要求）、合理停靠是否规范，以及车辆资质、车况及车内设备的完好程度等。

（4）可靠是对出租车服务过程的一致性及稳定性要求，指形成出租车服务的最基本元素与乘客预想的普遍水平的吻合程度，反映可靠性的指标主要包括时间、准确性、连续性等。

需要指出的是，上述四个特征并非相互隔绝，评价指标也难免出现交叉，需要在综合评价时加以关注，以免重复。

8.1.3 出租车服务质量的形成过程

狭义的出租车服务从乘客寻车开始。出租车停靠站点设置和出租车辆供给成了反映出租车服务便捷与否的重要因素。乘客与出租车驾驶员及出租车辆的互动关系始于路边召车。乘客会本能地观察车辆外观、驾驶员外貌，并进行试探性交流，如果觉得不合心意，可能会选择放弃接受服务，重新召车。出租车辆的外形、驾驶员的性别、年龄、长相、穿着、仪态、言语成了乘客感知出租车服务质量的第一环节与浅层因素。随着出租车服务的实质性开始，乘客与出租车辆及其他硬件设施的互动关系随之展开，乘客会继续通过对出租车驾驶员和出租车辆的实际感受判断出租服务的舒适性、可靠性和安全性等。此时，出租车驾驶员的职业素养、驾车技能、沟通与表达能力、车辆性能、车内环境等都会影响乘客对服务质量的判断。当乘客到达目的地时，乘客与出租车驾驶员和出租车辆的互动关系并没有马上结束。乘客仍在关注车辆是否停在允许停靠、方便上下车的地方，驾驶员是否按照计价器准确计费，是否找零，是否协助乘客搬卸行李、检查遗留物品等。只有当这一切都结束时，互动关系才算终止，实质性的出租车服务也告一段落。

广义的出租车服务包括由服务前、服务中和服务后三个环节组成的完整过程。服务中对应狭义的出租车服务过程，满足的是乘客的基本需求，对应的服务被称为

"基本服务"或"核心服务",是出租车服务的"核心"内容。服务前与服务后是服务中的扩展,所提供的服务被称为"便利服务"和"附加服务"[25],同样影响对服务质量的评价。

"便利服务"的主要功能是为乘客获取"基本服务"提供方便,一般发生在服务前,也有一些发生在服务后。前面所讲的停靠站点设置数量是否足够,分布是否合理,会影响"基本服务"的便利性;是否提供适合残疾人乘坐的出租车辆,配备能与外籍乘客交流的驾驶员等特种服务,以及是否提供电话召车服务,同样影响"基本服务"的便利性;是否能够通过车票、备索卡片等获得出租车经营者的基本信息,便于事后对出租车服务进行追溯等,也是乘客评价出租车服务的影响因素。

"附加服务"多是在"基本服务"之外提供的主动服务,一般发生在服务前和服务后。如配备一些供乘客急用的创可贴、晕车药、本市地图等,与乘客友善交流,回答乘客提出的关于城市的疑问等;到达目的地后,驾驶员主动提供合法出租车票据、温馨提示乘客勿忘物品、帮助搬卸行李、检查车内车厢的遗留物品;如发现乘客的遗留物品,尽快通过各种渠道将物品完璧归赵;事后遇有乘客求助,提供职责范围内的协助与力所能及的帮助;遇有乘客投诉,耐心接待,及时有效解决。一般情况下,如果缺失这类"附加服务",乘客不会苛求;如果提供这类"附加服务"则有助于增加乘客对出租车服务的好感,进而"爱屋及乌"调高对出租车服务质量的评价。

因此,在出租车服务质量测评指标体系构架中,除了必须包含反映"核心服务"的指标外,还应包含体现"便利服务"和"附加服务"的指标,以更全面地反映出租车的服务质量。本书所论的出租车服务质量是指以狭义出租车服务质量为核心的广义出租车服务质量。

8.2 出租车服务质量测评

由上可知,出租车服务涉及便捷、舒适、安全、可靠四个特征,由此设计衡量出租车服务质量的指标体系。从出租车服务过程看,这四个特性源自出租车营运环境(主要与行业管理,乃至整个政府管理有关)、出租车企业的经营行为、出租车驾驶员的营运行为,以及出租车辆及车内设备等。从乘客与出租车服务各元素的互动关系看,涉及乘客与行业管理部门(主要是投诉及处理)、出租车企业(电话召车、投诉及处理、出租车服务追溯等)、出租车驾驶员、出租车辆等。这些都直接或间接地影响顾客对出租车服务质量的评判。但是,指标的采集对象、渠道、方法应该有所不同。

8.2.1 出租车服务质量测评指标

依据上述分析，参考上海、广州、深圳、长沙、武汉等城市针对出租车企业的服务质量满意度测评，结合出租车行业实际，将其拓展为面向出租车行业的服务质量测评指标体系，如表8-1所示。如果去掉其中针对政府管理的指标，便可转变为针对出租车企业的服务质量测评指标体系。指标体系既从总体上考虑了出租车服务各元素对服务质量的影响，又包含了反映出租车服务质量便捷、舒适、安全、可靠四大特征的内容，同时囊括了乘客能够实际感知与不能感知的指标，内容全面，结构完整，层次清楚。

出租车服务质量测评指标体系❶ 表8-1

测评对象	一级指标	二级指标	三级指标	指标要求
A_1 政府	B_1 营运环境	C_1 出租车供给	D_1 召车时间	高峰期城市主要区域道路召车平均等待时间
		C_2 出租车召停站建设	D_2 召车步行距离	城市主要区域从楼宇到合法召车点的平均步行距离
		C_3 打击非法营运	D_3 假牌套牌出租车密度	假牌套牌出租车占合法出租车的比例
		C_4 投诉督促	D_4 投诉接谈	有畅通的投诉电话，迅速告知处理程序及方案
			D_5 处理协调	协调、督办，及时将处理结果告知乘客
A_2 出租车经营者	B_2 出租车管理	C_5 服务种类	D_6 电话召车	提供电召服务，且能准时到达指定地点
			D_7 特种服务	对老人、孕妇、残疾人、外籍人士提供特殊服务
		C_6 投诉处理	D_8 投诉接待	有畅通的接待渠道，能以专业态度迅速地处理投诉
			D_9 处理结果	对乘客投诉实行三告知（立案告知、过程告知、结案告知）
		C_7 收费凭证	D_{10} 票据	向营运驾驶员提供合法车票（车票上印有地方税务机关的公章、企业财务章、车牌号、租车里程、金额等，字迹清晰）
		C_8 投诉率	D_{11} 投诉率	有效投诉次数与出租车数量的比值
		C_9 违章率	D_{12} 违章率	违章次数与出租车数量的比值
		C_{10} 事故率	D_{13} 事故率	责任事故与出租车数量的比值

❶ 韩彪、周晓玲、张琦，《深圳市出租小汽车服务质量测评体系研究》，工作报告，2007年6月。

续上表

测评对象	一级指标	二级指标	三级指标	指标要求
A_3 出租车驾驶员	B_3 出租车营运	C_{11} 仪容仪态	D_{14}仪表	衣着统一整洁，面带微笑，态度和蔼可亲
			D_{15}举止	不在车内吸烟、不穿拖鞋、不吃食物、不向车外吐痰抛物、不使用对讲机闲聊等
		C_{12} 规范驾驶	D_{16}不闯信号灯	遵守“红灯停、绿灯行”规则
			D_{17}不逆向行驶	不反方向行驶
			D_{18}不越实线	不压过实线行驶，不在实线上变道或掉头
			D_{19}安全超车	正确使用转向灯；根据道路指示标志左道超车；不在被超车示意左转弯、掉头、超车时超车；不在与对面来车有会车可能时超车
			D_{20}合理转弯	根据道路指示标志转弯，右转弯转小弯、左转弯转大弯
			D_{21}规范停靠	上、下客时按照规定站点停车，不随意乱停车（如在人行道、辅道、行车道）上下客
			D_{22}不使用手机	不在开车时打电话
			D_{23}安全上下客	提醒前排乘客系好安全带；车辆未停稳前，不开车门和上下客
			D_{24}技术娴熟	能做到起步稳、行车稳、停车稳；不野蛮驾驶、急停急起
		C_{13} 规范服务	D_{25}用语规范	用语礼貌、规范、得体，尊重乘客
			D_{26}收费规范	按规定操作计价器，按计价器标准收费并主动出具发票；不口头商谈价格；备好零钱，主动找零并一次找清，无零让零
			D_{27}行驶路线合理	按照合理路线或者乘客要求的路线行驶（乘客未提出要求的，选择距离最短的路线行驶，如因故确需绕道时，应如实向乘客说明情况）
			D_{28}无歧视服务	不拒载（包括多人、偏远地段、交接班等时候）、不合乘（非经乘客要求，出租车驾驶员不另载他人）

续上表

测评对象	一级指标	二级指标	三级指标	指 标 要 求
A_3 出租车驾驶员	B_3 出租车营运	C_{14}优质服务	D_{29}语言与交流	能和各类乘客友善交流，掌握普通话、方言及外语基本用语
			D_{30}主动服务	主动问候并协助乘客装卸行李等，营造温馨乘车环境，配备晕车药、创可贴等常用药，备有供乘客浏览的本市地图
			D_{31}运次检	提醒乘客不要忘记随身物品；一车一检，乘客下车时主动检查车厢及行李舱是否有遗留物品
			D_{32}遗留物品归还	发现遗留物品主动及时联系失主归还失物；无法归还的，及时上交企业，由企业保管并及时报告行业主管部门
A_4 出租车辆	B_4 车况及车内设施	C_{15}资质	D_{33}证件	证件显示位置准确、安装牢靠、营运资质证件字迹清晰
			D_{34}牌照	牌照显示位置准确、安装牢靠、字迹清晰
		C_{16}标志	D_{35}服务信息	在车厢内易见处张贴（或设置）收费标准、企业名称、监督电话、车牌号等信息，字迹清晰可辨
		C_{17}车况	D_{36}车体	车辆无明显碰撞痕迹、车门完好；车体颜色分明，无不健康广告
			D_{37}计价器	计价器有效，显示正常
			D_{38}服务标志	顶灯、空车标志灯完好，安装准确
			D_{39}通信与安全	无线通信设施、防劫网等通信与安全设施完好
			D_{40}空调与音响	完好，并根据乘客的要求使用
		C_{18}车容车貌	D_{41}车辆整洁	车内外无污渍，车厢内整洁、无灰尘，行李舱清洁
			D_{42}空气清新	无烟味、潮味等异味

8.2.2 出租车服务质量测评指标采集

出租车服务质量的测评指标可以分为客观性指标和主观性指标两类，客观性指标是指用来反映具有明确界定的行为或事件的指标，可以借助统计报表获取，如违章率、事故率、有效投诉率、是否提供某一类服务等；主观性指标是指用来反映没有明确标准的行为或事件的指标，很难借助统计报表获取，主要依赖实地调查获取，其中很多有赖于乘客的感知服务及其与期望服务的比较，而不同乘客因其阅历、偏好、收入水平、心境等不同，其感知的服务和期望服务可能会有较大差异，而且具有不稳定性，需要有足够的样本来保障测评的客观性。

出租车服务质量测评指标按其发生的频率分为“经常性指标”和“偶然性指标”，“经常性指标”是指测评要素在每一次出租车服务中都会出现，每一位乘客均能对其作出评价，如主动服务意识、仪表、举止等；“偶然性指标”是指测评要素只在部分出租车服务中出现，只有遇到的乘客才能对其作出评价，如遗留物品归还、无歧视服务等。前者可以取平均值反映其水平，后者则应以频率大小反映其水平。

出租车服务质量测评指标的采集对象包括政府、出租车企业、出租车驾驶员、出租车辆四类主体，相关指标详见表8-1。

常见的出租车服务质量测评方法，是“层次分析法”和在其基础上改进的“模糊层次分析法”。层次分析法（Analytic Hierarchy Process，简称AHP法）是美国运筹学家T. L. Saaty于20世纪70年代提出的一种定量和定性方法相结合的决策分析方法。它是用一定标度将人的主观判断客观量化，对定性问题进行定量分析的一种简单、实用的多准则评价决策方法。由于层次分析法是现成的成熟工具，本书不再赘述。

8.3 出租车拒载

拒载是指在出租车营运期间（判定标准是出租车开启空车标志灯），拒绝向部分乘客提供出租车服务的行为❶。拒载分有理与无理两种。如果乘客愿意且能够按

❶ 通常，有下列行为之一的将被视为拒载：a. 所驾驶的车辆开启空车标志灯后，遇乘客招手，停车后不载客；b. 所驾驶的车辆开启空车标志灯后，在营业站内不服从调派的；c. 所驾驶的车辆开启空车标志灯后，在客运集散点或者道路边待租时拒绝载客的；d. 载客营运途中无正当理由中断服务的。

规则乘坐出租车被拒绝，属于无理拒载；如果乘客不愿意或者难以按规则乘坐出租车被拒绝，属于有理拒载。现实中，拒载通常是指无理拒载，无理拒载被视为出租车服务中的一大恶习。无理拒载多数是因为经济利益，主要有以下几种情形：

（1）在机场、码头、口岸等排队提供出租车服务的场所，如果轮到的乘客租车里程较短，预计收入较少，明显低于排队等客的机会成本，就会被一些驾驶员拒载。从概率论讲，出租车驾驶员的平均收入应该与其排队等客的预期收入相当，否则就不会去排队，但就每一次而言总会有所出入。收入高于预期令人开怀，收入低于预期难免令人沮丧，但谁都无法要求总是遇到前者。一些心态不好的驾驶员遇到后者时往往会出现一些不理智的行为——拒载。

（2）如果在出租车运价中没有设置返空费，遇到长距离或超长距离租车的乘客，由于空驶返回的概率很高，实际收入往往比共同成本高不了多少，甚至还不抵共同成本，作为理性经济人，都会有拒载的念头。2009 年 9 月之前，深圳“绿的”普遍拒载长途客便是例证。

（3）在高峰时段，如果乘客租车的行驶路径涉及拥挤路段的，车辆行驶速度将会很低，尽管绝大多数城市设置了慢速行驶费，但收入往往明显低于其机会成本，部分驾驶员会因此拒载。此类拒载在许多城市存在，而且往往会有一个“合理”的理由——“交接班”。

（4）在交班过程中，如果遇到与其交班地点不顺路的乘客就会拒载。目前，许多城市的出租车营运采用双班制，存在白班与夜班的交接问题。为尽量均衡白班与夜班的收入，兼顾作息，不少城市习惯于将交接班的时间确定在晚高峰的某一时点及与其间隔 12 小时的时点。延误交班将按预定标准支付给下一班补偿费用，多数驾驶员不愿意延误交班，也不希望放弃总体顺路的生意，于是难免出现拒载。

从管制角度，驾驶员不可能要求每一次服务都是自己所期望的，对自己最有利的，因此必须严加制止拒载行为。但同时也应看到，拒载的原因往往是由于驾驶员的经济利益“受损”。尽管无法将利益调整到完全均衡，但是完善管理还是有助于压缩驾驶员“受损”程度，降低驾驶员拒载概率。针对第一种情形，显然无法控制乘客的出行需求，但通过分类管理可以减少拒载现象，如上海虹桥机场将出租车候客区分为短程与远程两类，深圳宝安机场将出租车候客区分为特区外与特区内两类，均有助于缩小每一次租车里程与驾驶员期望之间的反差，不至于影响到驾驶员的心态，就能大大减少这类拒载。针对第二种情形，如果合理调整运价结构，也会有助于减少这类拒载现象。针对第三种情形，建议采用时段运价制，高峰时段将运价上浮一定百分比，或将慢速行驶费上浮一定百分比，既有助于抑制和分流出租车需求，减轻道路交通压力，又有助于提高出租车营运收入，对抑制拒载会起到一定作用。至于第四种情形，无论如何都是难以完全避免的，如果不希望此类拒载集中在某一时段从而引起社会的过多关注，可以考虑像深圳那样强制分散交接班时间。不过，这种行政干预的合理性受到了诸多质疑。当然，也可以考虑增设“交接班”标志，告知乘客此车只“顺路”提供出租车服务，以免引起不必要的误解。

当然，现实中还有不少拒载拥有更多的合理性，就是所谓的有理拒载。目前，一些城市（如西安、深圳等）规定，有下列情形之一的出租车驾驶员可谢绝或中断服务：乘客在禁止停车的路段或者遇红灯停驶时拦车；乘客携带易燃易爆危险物品及其他危害公共安全物品；乘客携带宠物及其他易污染车辆物品；醉酒者、精神病患者在无人陪同时乘车；乘客有违反交通、治安管理行为或者从事其他违法活动；乘客租车去向不明，要求驾驶员漫无目的转悠；乘客不愿意按规则支付运费等。

8.4 国内外出租车服务一瞥

国外的出租车服务内容丰富，不胜枚举。这里只是就一些可资学习、借鉴的做法作一简要介绍。

在伦敦[11]，出租车驾驶员可以享受到对蓝领工人最具有吸引力的待遇，因此，他们十分珍惜自己的职业。同时，政府对出租车驾驶员的要求也很高。出租车服务质量一般很好，很少有投诉发生。

由于严格按租车里程收费，而且车上装有计价器和人数变动表，因此很少出现多收费和乱收费现象。对于“拒载”，伦敦出租车驾驶员协会❶的章程规定，凡在伦敦市内租车里程不超过 10 千米的乘客，驾驶员不得拒载；乘客，特别是残疾人在路旁挥手召车，驾驶员不得无故不停，否则将受到严厉处罚。如果驾驶员对乘客有任何攻击行为，危害乘客的安全，或者性侵犯等，就会吊销其执业资格。

1985 年的英国法案规定，如果有超过 10% 的出租车营运牌照拥有者申请合乘业务，可以允许提供合乘服务，并由地方管理机构指定专门的合乘服务停靠区域。此外，电话预订的出租车也允许提供合乘服务。

在巴黎，出租车服务的一个特点是驾驶员几乎每次都会下车开门迎客或帮助搬运行李，并低头对行李舱内作一次细致查看，确保乘客不会把行李遗忘在车上。与巴黎相似，日内瓦的驾驶员对职业也十分珍惜，服务中不会出现故意绕路等情况，

❶ 伦敦出租车服务质量的管理部门是出租车驾驶员协会。

因为故意绕路不会比新接一次业务赚钱多，而且如果被警察查获，会受到严惩，如一周内无法提供电召服务等。

在澳大利亚，出租车的技术装备是世界上最先进的。每辆出租车都安装了电子结账系统（Cabchange Fareway Electronic Payment System），简化了找零钱的烦琐，也由于现金使用量的减少增加了驾驶员的安全性。布里斯本的出租车还安装了先进的互动电视屏幕，乘客可在乘坐出租车时获知体育、天气等丰富信息，并且备有打印机和电话，乘客可以选择屏幕提供的信息，打印希望保留的内容，或者使用电话给广告中的企业（如饭店）拨打对方付费的电话。

在日本[1]，出租车全天候 24 小时服务，驾驶员服务态度很好，乘坐很方便（可以随处停车），车辆的自动化程度较高，供乘客上下的后门可自动打开，乘客上车后会自动关闭。电召服务也很成熟，只要打个电话 5 ~ 8 分钟出租车必到。日本的出租车服务高度信息化，每辆车都有 GPS 定位系统，电召服务中心的工作人员清楚每辆出租车的位置及其载客状况，一有乘客电召，就告知最近的出租车前去服务。同时，工作人员还向驾驶员提供行驶线路导向服务。此外，在日本有一部分专门为残疾人服务的出租车，可以坐着轮椅直接上出租车；还有数量很少的小型出租车，只供一人乘坐，用于节约能源。

在韩国，出租车辆分普通型和豪华型两种。豪华型出租车费用较高，但能提供更好的服务。所有豪华型出租车和大多数普通出租车都提供电召服务。此外，豪华出租车还向有语言隔阂的外国游客提供英、日、中等外语服务。

在新加坡，除了提供一般的出租车服务外，也提供豪华的出租车服务。如有的出租车能为乘客提供更大的车内空间，有的出租车为乘客提供 CD 机、手机、报纸服务及配有穿着特色服装的服务人员等。出租车上普遍安装了 GPS 车载系统及 MOBITEX 无线数据通信终端设备，电召服务很发达，乘客也可通过特殊的终端设备（类似电话）输入密码，系统会立即识别该用户的基本信息及所在地点，并将信息传送到距离用户最近的出租车显示屏上，如果出租车驾驶员接受预约，将直接到达载客点，否则预约信息将被转移到下一辆邻近的出租车。整个过程自动完成，不需人工操作。

在香港特别行政区，出租车服务秉承英国传统，对驾驶员的要求都很高。绝大多数驾驶员因此遵纪守法、诚实有礼，基本不存在“抢客”、“宰客”等现象。

在国内，上海的出租车服务被公认首屈一指，尤其是一些品牌出租车企业的服

---

[1] 何德功，《日本：出租车注意环保污染少》，人民网，2004 年 11 月 21 日。

务更是周到。出租车车体鲜艳靓丽、标志明显；车身锃亮，沙发套洁白；驾驶员穿着统一，佩戴整齐，乘客上车后主动问好，征询行驶线路，出租车抵达目的地后主动打印收费单，内含上下车时间、行驶里程、等候时间、公司名称、驾驶员工号、运费、投诉电话等，服务出现偏差会主动折让运费……

由上可见，在出租车上安装 GPS 车载系统，便于营运与监管；开展电召服务，为更多乘客提供“门到门”（而不是“路到门”）的租车服务；配装电子结账系统，便于付费结算；配备特种装置或采用方便残疾人乘坐的专用出租车等，已经成为进一步提升出租车服务的方向。

9 我国出租车行业发展状况

9.1 出租车行业发展的基本轨迹

出租小汽车（简称出租车）在我国的历史可以追溯到百年之前的上海。到20世纪30年代，在上海、北京、南京、广州等几个大城市，出租车行业已经颇具规模[26]。但是，出租车在我国的快速发展大体始于20世纪80年代末，至今只有30年的历史。经历了从运力不足到井喷式发展、从限制指标到规范管理等不同类型的发展阶段。借助以下几个代表性城市出租车行业的发展历程，可以大体把握我国出租车行业发展的基本脉络。

（1）上海。上海是我国出租车的发源地。早在1908年9月，美商环球供应公司百货商场设立汽车出租部，为购买商品的顾客提供出租车服务，成为出租汽车服务的先驱。1911年8月，美商平治门洋行和美汽车公司获准经营出租车业务，同年获准开业的还有亨茂洋行、中央汽车行等。此后，出租汽车逐步风行上海，至1928年成立上海汽车出租同业联合会时，会员车行达到了46家，拥有出租汽车500余辆。后受战争影响，出租车行业受到重创。

新中国成立初期，上海尚有出租汽车行29家，拥有出租车370辆，但生意冷清。1951年9月，上海最大的出租汽车公司——祥生汽车公司被批准公私合营。1956年，出租汽车全行业合营，实现全市出租汽车统一经营，共有出租车185辆。自此，上海的出租汽车统一由上海市出租汽车公司经营❶。“文化大革命”期间，出租车行业基本没有得到发展。直到1972年后，我国在联合国恢复了合法席位，随着各类外事活动增多，出租车行业的发展出现了转机。20世纪80年代，随着城市的改革发展，出租车需求日益增长，同时引发了一股出租车企业兴办热潮，不久出租车供给开始过剩，行业问题层出不穷。1996年开始，上海对出租车实行总量控制，出租车数量停止增长[27]。

❶ 中金在线 http：//auto. cnfol. com/080910/169，1691，4743066，02. shtml。

自公私合营以来，上海的出租车，除了极少量个体经营外，主体上坚持“公司化经营模式”，出租车企业与驾驶员的关系是劳动雇佣关系，采用收入承包模式管理出租车营运的成本与收益。目前，上海共有出租车 48022 辆，出租车企业 150 多家，其中规模最大的四个品牌中“大众”拥有出租车 8252 辆，“强生”拥有出租车 6942 辆，“巴士”拥有出租车 5197 辆，“海博”拥有出租车 4450 辆，四家企业的累计市场份额$CR_4=52.99\%$，市场集中度很高。

（2）北京。北京的出租车发展在我国历史名城中具有代表性。1913 年，法国人设立的“飞燕马汽车行”拉开了北京出租汽车服务的序幕，而后的发展轨迹与上海颇为相似，直至新中国成立。从新中国成立到 1992 年，北京的出租车发展可以区分为两个阶段，第一阶段是 1984 年以前被称为“计划调配时期”，只有首都汽车出租公司等极少数几家国有企业，基本上采用电话预约（简称电召），巡游式（也称兜街式）出租车很少，普通市民很少享用出租车服务。第二阶段是 1985 年至 1992 年，被称为“洋车出租时期”。这期间陆续兴办了一批国有、集体出租车企业，最多时全市有 259 家，多采用皇冠、尼桑等进口汽车。1992 年以后，为切实解决“乘车难”问题，北京市政府提出“一招手能停 5 辆出租车”的奋斗目标，大力发展出租车，进入了所谓的“全面发展时期”，各行各业都兴办出租车企业。仅两年时间，北京市的出租车规模从 1992 年的 1.62 万辆迅速发展到 1994 年的 4.9 万辆。这个时期兴办的出租车企业绝大多数不具资金与经营实力，拥有的只是出租车经营权批文及营运牌照，普遍采取“驾驶员出资购车、‘自主’经营，按月上交 1000 元左右的管理费（后来称月租，本质上都是所谓的“车份钱”，以下简称“份钱”）的经营模式。结果造成车辆空驶率高，服务质量差，市场秩序混乱[28]。

从 1996 年开始，北京市出租车行业进入“清理整顿时期”。北京市出租汽车管理局为控制出租车总量，清理出租企业“变相卖车”给驾驶员的问题，要求所有由驾驶员出资购买的出租车，一律由企业收回[29]，原先实质上由驾驶员出资购买并拥有实际产权的出租车全部变成了出租车企业的财产。同时，将出租车企业与出租车驾驶员之间的关系规定为雇佣与被雇佣的劳动关系，而非以前的合作关系，并将月租由原先的每月平均 1000 元左右统一到 4000 ~ 5000 元。经过一段时间的整顿，驾驶员依然需要出资“购车”，只是名目由原先的“融资款”、“购车款”变成了“风险抵押金”、“保证金”、“承包金”等[28]。

从 2000 年开始，北京市出租车行业进入“联合兼并时期”，政府提出要“做大做强出租车企业”，下令出租车规模不足 200 辆的小企业由大企业收购。出租车企业的数量很快由 1000 多家变成了现今的 333 家，并出现了 12 家品牌企业。目前，北京市共有出租车 66646 辆，主要由企业经营，由个体经营的出租车只有 1000 多辆。在这 333 家出租车企业中，规模超过 1000 辆的有 17 家，超过 5000 辆的有 7 家，其中最大的四个品牌分别是银建、新月联合、首汽集团、金建。其中“银建”拥有出租车近 12000 辆，“新月联合”拥有出租车 7000 多辆，“首汽集团”拥有出租车 7000 多辆，“金建”拥有出租车 5000 多辆，四家企业的累计市场份额 $CR4 > 46.51\%$，市场集中度也比较高。

（3）深圳。深圳的出租车发展则在众多新兴城市中具有代表性。成立深圳经济特区之前，深圳仅有 6 辆小客车在罗湖火车站与东门汽车站之间从事短途收费载客业务。随着经济特区的建立与发展，出租车行业迅速壮大。到 1988 年 9 月，全市共有出租车 2252 辆。这期间，出租车经营权投放均采用行政审批、无偿使用方式。随着经济体制改革的不断深入，行政审批的弊端逐渐显现，为各种“寻租”行为提供了温床。为克服这种制度上的不当，借鉴香港等地经验，政府决定对出租车经营权的投放进行改革，将行政审批改为有偿使用。1988 年，深圳市政府组织了第一次出租车经营权公开拍卖，开创了我国出租车经营权有偿使用的先河。随后，又分别于 1991 年、1992 年、1993 年和 2007 年四次组织出租车经营权公开拍卖❶。此外，深圳市政府还于 2002 年和 2008 年，通过招标在宝安、龙岗两区分别投放 1800 个和 1350 个绿色出租车经营权。目前，深圳市共有出租车 12999 辆，其中“红的” 10196 辆、“黄的” 309 辆、“绿的” 2494 辆，经营企业 76 家，平均每家经营出租车 171.0 辆，规模最大的企业经营出租车 705 辆，其余企业均不足 500 辆，$CR_4 = 16.03\%$（$<30\%$），市场集中度很低。

1983 年之前，深圳的出租车采用公司直营模式，收入归企业，成本由企业承担，驾驶员只是生产人员，按劳动时间和劳动成果取得报酬。但是，出租车具有流动作业特点，企业很难掌控出租车的真实收入与成本，一些驾驶员借机徇私舞弊，中饱私囊，致使企业损失严重，难以为继。1983 年 5 月，深圳市小汽车出租企业率先改革，实行“包死基数，确保上缴，超收多留，歉收自补”的经营模式，创国内出租车单车承包经营先例。在得到舆论肯定后，全市出租车企业纷纷效仿，单车承包如雨后春笋，风靡深圳，并辐射到全国其他城市❷。实践表明，单车承包比较好地解决了驾驶员与企业之间的经济责任问题，但也相应地削弱了出租车企业的管理

❶ 深圳市出租小汽车营运牌照调研清理工作领导小组办公室，《关于深圳市出租小汽车营运牌照调研清理工作的调查报告》，深圳市交通局，2001 年 4 月。

❷ 罗小虎，《转变经营管理机制，构建出租车和谐发展氛围》，工作论文，2008 年。

权，将出租车企业“架虚”，成为“缺乏管理的管理层”，并为人们广泛诟病。自2002年“绿的”经营权投放开始，深圳市政府力主出租车行业在新的形势下回归公司直营之路。

总体上看，改革开放之前，出租车服务属于为极少数人群服务的奢侈品，主要由数量很少的几家国有企业经营，由于需求规模偏小，普遍采用电召服务模式。慑于当时的户籍与用工制度，以及严厉的企业制度，除了消极怠工，驾驶员一般不敢假公济私，因此普遍采用“公司直营模式”。改革开放以后，社会经济发展明显加快，出租车需求呈多元化态势，需求层次逐渐向大众渗透，需求规模迅速扩大。与此同时，出租车的经营主体开始多元化，出租车的服务方式更多地由电召转变为巡游，一些城市开始探索更有利于控制成本的“承包经营模式”，以及更为彻底的“租赁经营模式”，在很大程度上缓解了企业管理中的棘手问题，并逐渐成了全国普遍性的经营模式。

9.2 出租车经营权

出租车是一个广泛实行特许经营的行业。1988年之前，我国所有城市的出租车经营权均由行政审批投放。之后，一些城市开始对出租车经营权的其他投放方式进行探索。目前，除上海、北京等少数城市出租车经营权仍采取行政审批许可无偿使用外，绝大多数城市采用招标、拍卖等方式投放，实行有偿使用。深圳市是最具代表性的城市之一。

1988年，深圳开始了出租车经营权拍卖，至今已拍卖过五次，其中前四次为限价拍卖，第五次（2007年）为淘汰式集约竞价拍卖（不限价拍卖的一种操作形式）。期间，为谋求市场公平，对原行政审批的2255个“红黄的”经营权按每个1.9万元补收了有偿使用费。至此，深圳“红黄的”经营权全部实行有偿使用。此外，该市分别于2002年、2008年通过招标方式投放了“绿的”特许经营权，按每个经营权6万元/5年的标准收取有偿使用费[1]。

温州是另一个在出租车经营制度改革中具有代表性的城市，集中体现在始于1998年的出租车经营权拍卖。温州创造了我国出租车发展历程中的三个第一：第一个允许向个体发放出租车经营权的大中城市，第一个实施出租车经营权不限价拍卖

[1] 2008年投放的出租车特许经营权是因深圳市公共汽车特许经营改革需要，用于同不愿参股的未到期公共汽车经营权置换，免收有偿使用费，实际上是对公共汽车经营权提前终止的补偿。

的城市，第一个明确出租车经营权有效期限为永久的大中城市。

除此之外，我国更多的大中城市对出租车经营权实施经营许可招标（标卖），有偿使用。

9.3 出租车营运牌照费

除了少数采取行政审批的城市外，出租车经营权普遍存在收取资源费，即出租车牌照费的问题。牌照费的高低与出租车经营权的投放制度密切相关。如果出租车经营权采取不是以价格为竞标条件的招标，或者以限价拍卖方式投放，那么牌照费的高低取决于政府对出租车经营权“含金量”的判断，但一般会定得偏低一些；如果采取以价格为竞标条件的招标，或者以不限价拍卖方式投放，那么牌照费的高低主要取决于出租车经营权的供求关系，并且最终将回归到出租车经营权的盈利能力，主要受各城市对出租车的定位、管理意图及出租车供给松紧程度的影响。

以深圳“红的”为例，前四次采用限价拍卖，每个经营权的最高限价分别为19.4万元（1988年）、11.8万元（1991年）、19.8万元（1992年）和21.8万元（1993年），有效期限均为50年，最终都是因为供不应求，在预设的最高限价处通过抽签方式确定竞得者。部分中标者很快以每个牌照40万元左右的价格私下融资，后来上升到80万元左右，每个牌照平均牟利20万～60万元不等。第五次采取不限价拍卖，每个经营权的拍卖价为54.2万元，有效期限为12年，经营权的资源价值被充分挖掘，甚至有被透支的嫌疑。

从全国大中城市看，出租车牌照费差异较大，低的如兰州市每个5.4万元，有效期限10年；南昌市每个7万元，有效期限8年。高的除了深圳、温州（1998年的平均拍卖价为68.08万元，长期有效，可以继承、转让），还有杭州市每个38万元（2003年），有效期限15年；贵阳市每个30万元，有效期限15年等。出租车经营权的有效期限短的为8年、10年，长的为50年，甚至永久。

9.4 出租车的经营主体

出租车多属政府管控的经营行业，政策在经营主体的形成中起着主导性作用，各城市的差异较大，但共性特征鲜明：企业是出租车的经营主体或名义经营主体，个体是辅助的经营者。其中，北京、上海、深圳、南京是四个比较有代表性的城市。

在北京，1996年以前出租车经营主体名义上是出租车企业，实际上由驾驶员出资购买出租车并拥有实际产权，因此，经营主体更像个体。1996 年以后，出租车行业实行总量控制，在政府管制下，由驾驶员出资购买的出租车过渡为企业财产，小型出租车企业被合并，企业数量缩减，出现了一批规模较大的出租车企业，行业集中度迅速提高。除 1000 多辆出租车属于个人投资、个人营运、个人受益的“个体经营”外，其余均由出租车企业经营。

在上海，政府停止出租车经营权的日常投放已经很多年了。在此之前的很长时间，政府坚持将出租车经营权审批给企业，而且要求由企业统一经营，驾驶员只是企业的生产工人，而且要求有上海户籍。

在深圳，政府对个人竞投出租车经营权予以严格限制。尽管《深圳市出租小汽车管理条例》允许个人竞投，但必须转交有经营资质的出租车企业经营。因此，即便出租车驾驶员有足够的经济实力，并对出租车经营权的价值予以认同，仍不可能成为完整的出租车经营者。因此，名义上不存在个体拥有出租车经营权并从事出租车营运的情形，驾驶员不可能成为出租车的经营者，只能是出租车的营运者。当然，私下不乏以融资方式形成的实际个体出租车经营者，只是其名义还是相应的出租车企业而已。

在南京，1985 年，出租车企业实行“单车承包、营收提成”的收入承包责任制；1989 年，试行“单车租赁经营，车辆产权归公司，职工身份、工资级别、退休待遇不变，定人、定车、定租金、定自主经营”方式；1994 年，南京市中北公司实行“挂靠经营”，将出租车的使用权出卖给职工；1997 年年底，南京市共有出租车经营企业 233 家，另有个体出租车 1189 辆（占全市出租车总数的近 14%，占有相当大份额）；1999 年以来，全行业统一采用“承包经营”模式，推行“承包经营合同”范本，但本质上仍是“挂靠”经营模式[1]。

从全国看，出租车的经营主体存在一级与二级之分，名义与实际之分。所谓一级经营主体是指出租车的经营权与营运权融合，属于一个主体，如上海的绝大多数出租车企业，既是出租车经营权的经营者，又是出租车营运权的经营者，出租车驾驶员只是企业的生产工人。又如温州等城市的出租车个体户，驾驶员既拥有出租车经营权，又是出租车的实际营运者。所谓二级经营主体是指出租车的经营权与营运权是分离的，属于两个主体，如北京、深圳（红的）等城市的出租车经营权属于企业，出租车营运权通过承包、租赁等形式实质上已经属于驾驶员。

所谓名义经营主体（往往是出租车企业）是指实际上已经通过融资等方式失去了对出租车经营权的控制，但受制度等因素限制，无法过户，在名义上仍然保留着出租车的经营权。这种现象在深圳等不允许个体直接经营出租车，或者只将出租车经营权授予企业的那些城市十分普遍。所谓实际经营主体（往往是个体出租车驾驶员）则是指上述出租车经营权的实际控制人，不论其名义上是否拥有出租车经营权。

9.5 出租车的服务价格

在我国，大中城市对出租车服务价格（简称运价）都实行政府定价，具体计价办法和标准由城市价格主管部门制定，报本级人民政府审查批准[30]。鉴于出租车运价牵涉越来越多民众的利益，被广泛认为是民生问题，因此各城市的普遍做法是制定或调整运价时，要求依据价格听证程序组织听证。以深圳市为例，围绕出租车运价的听证已经组织了四次（2002 年的绿色出租车价格听证、2004 年的出租车运价调整听证、2007 年的出租小汽车油价运价联动机制听证和 2009 年的优化出租车运价结构听证）。目前，国内出租车运价的基本情况如下。

（1）起步价。2009 年 10 月以前，我国起步价最高的城市一直是深圳的“红黄的”，12.5 元（含 3 千米起步里程）；2009 年 10 月以后，上海出租车的起步价调整为 12 元（含 3 千米起步里程），深圳“红黄的”的起步价下调到 10 元（含 2 千米起步里程），终于摘掉了全国最高的帽子，但仍然位于全国较高的行列；第二层次是起步价 10 元（含 3 千米或 4 千米起步里程）的城市，如北京、宁波、杭州、苏州、温州等；其余为第三层次，起步价多在 8 元（含 3 千米起步里程）及以下。

（2）里程价。在我国，里程价大体可以分为三个层次，珠三角城市以及南京最高，为第一层次（最近，上海出租车的里程价上调到 2.4 元/千米，跨入了这一层次）。其中广州很长时间维持在 2.6 元/千米，深圳维持在 2.4 元/千米，其他城市稍低，但最近纷纷进行了调整，普遍在 2.4 元/千米及以上水平，其中佛山、汕头达到了 2.6 元/千米。北京、天津、大连、苏州、杭州、厦门、合肥、南昌、沈阳、宁波、长沙、福州等经济比较发达的城市为第二层次，里程价在 1.8～2.1 元/千米。其余的城市为第三层次，里程价在多在 1.6 元/千米及以下。

此外，有一些城市尝试提供豪华出租车服务，其起步价与里程价均比主力出租车的相应水平高一些。

（3）候时费。国内绝大多数城市的出租车运价中都设置了候时费，一般由一定时间的候时费折合 1 千米里程价，再区分若干单元计量。候时费以 5 分钟收费折合 1 千米里程价最为常见，高的有青岛，3 分钟收费折合 1 千米里程价；低的有苏州、福州、合肥、重庆等，10 分钟收费折合 1 千米里程价。

随着各城市汽车保有量的不断增加，城市道路交通拥堵已经成为常态。在高峰时段，候时费在出租车运费中占有很大比例，对此广大乘客意见颇多。但是，从供给的角度，收取候时费理所当然。

（4）返空费。国内绝大多数城市的返空费附加比例为里程价的30%～50%，起算里程一般为10～15千米。有短一些的，如苏州、福州为5千米，也有长一些的，如广州为35千米。总体上，返空费与出租车基本运价存在一定的协同关系，如果基本运价偏低，一般返空费的起算里程较短（如青岛）；基本运价较高，返空费的起算里程较长（如广州）。这从一个侧面反映出出租车运价是个有机体系。

（5）夜间附加费。国内绝大多数城市的出租车运价中都设置了夜间附加费，一般在白天同一运价基础上整体加价20%～30%，也有只对里程价加价的，如福州、成都等。

对于上述辅助运价项目，多数城市采用复合计价方式（即连乘），也有一些城市采用选择计价方式，如深圳的返空费只在不收取夜间附加费的时段收取。

对于出租车为乘客提供服务期间发生的过路、过桥费，各城市均明确由乘客自行承担。此外，在一些客流明显不平衡的区域之间，对于基本不可避免的过路、过桥费，通常要求由重向方向的乘客承担（不管是否在为其服务期间发生）。除此之外，部分城市还对出租车运价有一些补充性规定。如北京市对合乘乘客的出租车运价作了明确规定，上海、宁波、深圳则对电召（或预约叫车）服务设置了电召服务费等。

（6）油价运价联动。近几年，国际原油价格总体上持续飙升，而且波动比较剧烈，对出租车经营者的成本及收益产生巨大影响，严重影响到了行业的稳定。国家有关部门明确要求建立油价运价联动机制。目前，主要有两种模式，一是北京、深圳、广州等城市通过逐次加收（返还）燃油附加费方式，消化因燃油价格变动引起的营运成本变化。其中又有每次均向所有乘客收取，或者交替向所有乘客收取与运费超过起步价（或租车里程超过起步里程）的乘客收取两种。二是以上海为代表的，依据燃油价格变动幅度，通过模型定期计算，确定起步价和里程价的调整方案。（详见附件“深圳市出租小汽车运价结构优化方案”之“国内有关城市建立油价运价联动机制的做法与经验”）。

9.6 出租车的生产特征

出租车的生产特征可以借助市场份额、生产效率、有载率等指标进行描述。由

于各城市的营运环境差异很大，很难提炼出一般性的数量概念。以下主要借助深圳的情况进行说明。

(1) 市场份额。一般通过两种出行分担率表示，其一是居民出行分担率，通常采用出租车在居民机动化出行方式中所占的比重表示，如深圳市（2008 年），常规公交占 38.1%、出租车占 3.7%、地铁占 3.2%、单位班车占 9.0%、小汽车占 41.5%，其他占 4.5%；其二是公交出行分担率，通常采用出租车在公共交通出行方式中所占的比重表示，如深圳市（2008 年），出租车全年完成的客运量为 2.91 亿人次，公共交通（含公共大巴、公共中小巴、出租小汽车和地铁）全年完成的客运量为 20.9 亿人次，出租车约占公共交通的 13.9%[1]。由此可见，出租车在深圳居民出行中所占的份额并不高，这在全国具有普遍性。而且由于深圳的轨道交通网处于成长期，还没有发挥应有的作用。一旦轨道网基本建成，相信出租车的市场份额会有比较大的变化（份额下降）。

(2) 生产效率。通常借助营运里程、有载行程、载客次数[2]、平均运距[3]、平均行驶速度等指标表示。以深圳为例，2008 年“红的”日均运营里程为 422 千米，其中有载行程为 242 千米，空载里程为 180 千米，日均载客次数为 40.3 次，里程利用率为 57.3%，平均运距为 6.01 千米；“绿的”日均运营里程为 397 千米（修正[4]为 444.7 千米），其中有载行程为 199.7 千米（修正为 230.4 千米），空载里程为 197.3 千米（修正为 214.4 千米），里程利用率为 50.3%（修正为 51.8%），日均载客次数为 57.8 次（修正为 64.5 次），平均运距为 3.46 千米（修正为 3.57 千米）。与 2006 年和 2007 年数据相比，上述指标保持相对平稳，没有出现大的起落。

此外，全市出租车的平均运行速度为 30.1 千米/小时，略低于全市机动车的平均运行速度（2008 年全市主要道路早高峰平均车速约为 35.1 千米/小时）[5]。

(3) 有载率。是反映出租车生产效率的最核心指标，也在很大程度上体现出租车服务的供求关系。由于出租车按车出售运输服务，而不是按座位出售运输服务。因此，其里程利用率可以视同实载率，但称其为有载率也许更为合适。

---

[1] 深圳市交通运输委员会、深圳市综合交通设计研究院，《深圳市出租车行业发展体系研究与综合配套政策方案》，2009 年 8 月。需要说明的是前后两组数据可能来源不同，出租车市场份额有差异。

[2] 载客次数是指观察期内出租车运送乘客的总次数。实践中，多采用日均载客次数指标。

[3] 平均运距是指观察期内乘客平均每次租车的里程数。

[4] 因“绿的”存在比较多的不打表现象，故须对数据作必要修正。

[5] 深圳市交通运输委员会、深圳市综合交通设计研究院，《深圳市出租车行业发展体系研究与综合配套政策方案》，2009 年 8 月。

建设部等五部委2002年曾规定，出租车有载率低于70%（空驶率高于30%）的地区不考虑投放新的运力。显然，这有失偏颇。在香港特别行政区，如果出租车的有载率保持在70%左右，供求矛盾不突出，可视为供求关系基本平衡。但各城市的客流状况，尤其是客流的均衡性不同，合适的有载率会有一定差异。有关资料显示，除拉萨、西宁等少数城市的有载率较高（在70%左右）外，绝大多数城市的有载率保持在50%～60%的水平，其中上海出租车的有载率接近55%，广州出租车、深圳市“红的”的有载率为55%～60%，深圳“绿的”的有载率为50%～55%，天津、太原、呼和浩特、哈尔滨、南宁、兰州、昆明等城市的有载率接近50%。需要指出的是，有载率是一个动态值，只要出租车服务的供求关系调整或投放新的运力，出租车的有载率就会随之发生变化。因此，上述数据只能反映这些城市出租车之前的有载率。

9.7 出租车服务的成本与收益

出租车服务成本（简称出租车成本）主要由四部分构成，一是出租车经营税费及公共监管费用，二是出租车牌照费分摊和车辆折旧，三是出租车经营管理费用，四是出租车的直接营运成本。

（1）出租车经营税费及公共监管费用。税费主要是营业税、所得税和车船使用税等。前两项税费各城市大都采用定额制，第三项国家有明确的交缴规定，大同小异。公共监管费用主要指车辆的各种检测费用及保险费用等，各城市的项目与标准也基本相同，差异不大。

（2）出租车牌照费分摊和车辆折旧。各城市的差异较大，主要取决于出租车牌照费的高低及对车辆的档次要求。

（3）出租车经营管理费用。各城市的差异也较大，主要与经营模式有关，如果采取的是“公司直营模式”，管理费用较高，如果采取的是“承包经营模式”或“租赁经营模式”，管理费用较低。

（4）出租车的直接营运成本。各城市的情况基本相同，除了驾驶员的劳动报酬区别较大外，其他项的差异不大。

相对而言，出租车的生产经营活动比较简单。各个城市的成本与收益项目相近，但水平与结构有所不同。附件“深圳市出租小汽车运价结构优化方案”对能较好代表“承包经营模式”或“租赁经营模式”下的“红的”和“公司直营模式”下的“绿的”的成本与收益均有详细描述，供参考。

9.8 出租车行业管理体制概况

回顾改革开放30年的发展历程，我国出租车行业的管理体制几经调整，大体可以区分为三个时期[1]：

(1)“两家共管”：1978—1998年。这一时期，出租汽车行业管理职责一直由交通部门和建设部门共同履行。总体上是中央一级由交通部和建设部共同承担管理职责；地方一级，部分省（市、区）的出租车由交通部门统一管理，另一些地区则由建设部门统一管理，形成中央事权共管、地方事权分管的基本格局。虽然在这20年间，我国经历了三次较大的政府机构改革，但出租车管理体制并未发生实质性变化。尽管在1988年国务院第二次机构改革前，建设部曾建议将出租汽车交由交通部统一管理，但由于种种原因未能实现。

(2)“两家分管”：1998—2008年。在1998年的政府机构改革中，为缓解出租车管理中交通部门与建设部门之间的长期摩擦，国务院在交通部、建设部“三定方案”（国办发［1998］67号和86号文件）中明确规定，两部均不再承担出租汽车管理职能，交由地方人民政府管理，并由其自行确定具体管理部门，从而形成“两家分管”局面。从全国范围看，多数城市的出租车行业由交通部门托管，形成事实上由交通部门行使出租车管理职责的格局。

(3)“一家管理”：2008年至今。根据2008年国务院“大部制”机构改革方案，在原交通部的基础上组建了交通运输部，将原中国民用航空总局、国家邮政局等部门划归交通运输部，原先由建设部指导城市客运的职责（涉及的主要是出租车和公交），整合划入交通运输部。从此开始了交通运输部一家管理出租车的历史。

---

[1] 深圳市交通运输委员会、深圳市综合交通设计研究院，《深圳市出租车行业发展体系研究与综合配套政策方案》，2009年8月。

10 出租车行业的问题与建议

出租车作为城市公共交通不可或缺的组成部分，被视为社会、经济、文化等方面的缩影，有“城市名片”、“流动风景”等美誉。但是，由于种种原因，我国出租车行业仍存在不尽如人意之处，甚至有不少严峻的问题亟待解决。需要说明的是，前面各章已经分散阐述了一些问题，因此，本章只以拾遗补阙的方式讨论关乎行业发展的若干根本性问题。至于建议，没有与问题一一对应。❶

10.1 法治意识淡薄

在现代市场经济中，政府的主要职责是通过制订并维护市场规则❷保证经济活动的有序性与合理性。在此前提下，政府应该明晰自身的行为边界，给企业更多自由发展的空间。然而，现实却与之有较大差距。2004 年 7 月 28 日，银川市出台了两项新规《银川市城市客运出租汽车经营权有偿使用管理办法》和《银川市城市客运出租汽车更新管理规定》，核心内容是从 2004 年 8 月 1 日起，对全市所有出租车经营权实行有偿使用，引发出租车驾驶员集体“罢运”[31]。最后以市长向市民道歉，政府纠错，紧急叫停新出台的规章而告终。2006 年 12 月 26 日，淮北市政府在既没有调查更没有听证的情况下，出台了全市出租车强制“限时更新”的新规，没有更新者至报废后将收回其经营权[32]。2009 年 7 月 20 日，牡丹江市交通局、公安

❶ 这主要基于四点考虑：一是，笔者能力有限，不能对所有认识到的问题都提出有效的解决方案；二是，有些问题属于发展阶段的问题，涉及整个社会系统的调整，解决方案明显超越本书的研究范围；三是，另一些问题的根源及解决路径已经在其他章中阐述得比较清楚了，不再赘述；四是，针对行业发展趋势的建议并不存在相应的问题。

❷ 市场规则是国家凭借其力量对市场及市场中的行为主体作出的某些强制性规定，以使市场形式和市场行为规范化。按照市场规则所起作用的范围，可将其分为制度性市场规则和运行性市场规则两类（许庆斌，等．运输经济学导论［M］．北京：中国铁道出版社，1995.）。

局通过媒体就《牡丹江市城市出租汽车管理暂行办法》（征求意见稿）向社会公开征求意见，核心内容是将出租车原本没有明确的经营期限（被普遍理解为终身制）一律确定为8年，引发集体停运……更有一些城市的《出租车管理条例》明明规定：用于出租车营运的车辆是排气量在××毫升以上的乘用车，可是，在更新或者新投放运力时则要求排气量更大的乘用车。这类以政府指令直接改变市场规则、影响经营者利益的事例不胜枚举，说明部分管理部门的法制意识缺失。

当然，像昆明市那样，为“关照”出租车经营者，免费将营运牌照有效期延长8年的做法也不足取。同样，最近一些城市为保障出租车驾驶员的收益，明确界定出租车企业向驾驶员收取的押金（或同类品）、月租（或同类品）、驾驶员的工资、油补等直接干预经营的行为，从长远看，也是弊大于利。总之，随意更改规则容易给后续投资人以各种“想象”、“企盼”、“憧憬”、“奢望”，甚至不顾风险，导致经营者时而“欣喜”、“侥幸”，时而“忧虑”、“失望”，影响其判断与决策，不利于维护市场规则，并最终妨碍对市场的正常管制，导致市场失灵。

10.2 非法营运及其治理

非法营运是指未取得出租车经营许可及营运牌照，擅自经营出租车业务的行为。从事非法营运的出租车被称为“黑车”，主要有三种形式：一是利用假牌、套牌出租车非法营运，二是利用私家车（俗称“蓝牌车”）从事出租车营运，三是出租车异地驻点营运。

10.2.1 非法营运猖獗

在我国，非法营运已经成了一种普遍现象，只是恶劣程度有所不同而已。以北京为例，合法出租车约6.7万辆，非法营运的出租车据说有10万辆之多，而且还在不断增加。在深圳，据不完全调查，特区内有非法营运车辆主要聚集地约169处，车辆约2400辆；特区外，非法营运更为猖獗，主要是异地出租车驻点营运、套牌出租车、假牌出租车和蓝牌车（车牌颜色为蓝色的私家车从事出租车服务的俗称）非法营运，仅2007年就查处异地出租车驻点营运1162宗。另据深圳市运政管理部门保守估计，非法营运的“蓝牌车”数以万计。

长期以来，打击非法营运一直是运政管理部门的工作重点，甚至组织相关部门联合打击，但由于非法营运的流动性和隐蔽性，加上现行的执法体系存在缺陷，执法力量薄弱、执法依据不足、取证困难。一轮又一轮的打击行动过后，非法营运不但没有灭绝，反而有愈演愈烈之势。大规模的非法营运严重影响了出租车市场的营运秩序，成了影响驾驶员收入和导致群体性事件的重要因素。在营运环境长期不见好转的情况下，一些驾驶员常常会以“行业自救”的方式暴发集体事件。2006—2008 年间，深圳出租车行业共发生集体上访和聚众滋事事件 80 余起，其中由出租车营运环境恶劣及异地出租车驻点营运引发的事件约占 85%，仅 2006 年下半年，龙岗区就发生“绿的”围堵异地出租车事件 42 宗，由此引发的打架、斗殴事件 9 宗，交通事故 11 宗❶，严重影响了社会安定和出租车行业的形象。

10.2.2 非法营运的根源

非法营运的根源主要可以归纳为三个方面：一是利益诱使，二是合法经营渠道被堵，三是有效供给短缺。

（1）利益诱使。由于实施准入管制，出租车的经营资质就具有资源价值，给社会留下了巨大的寻租（掠租）空间。空间越大，寻租（掠租）的欲望越强、势力越大，一些驾驶员不惜以身试法。非法营运可以认为是一种掠租行为。这种动机下的非法营运往往采用假牌、套牌、蓝牌出租车，随着时间的延续，往往会向组织化发展，一旦发展到这一步，打击的难度陡然增加。

出租车异地非法营运的动机也是利益诱使，但与假牌、套牌出租车相比，其机会成本要高得多，一般不会形成对抗。不过，由于其具有很强的伪装性，执法取证比较困难。

（2）合法经营渠道被堵。不少城市的出租车市场准入受到严格限制，个体无法通过合法渠道经营出租车，但又不甘心向垄断出租车经营权的企业奉献“份钱”❷。于是，一些驾驶员选择非法营运。这种动机下的非法营运往往采用蓝牌车，具有很强的隐蔽性，执法取证非常困难。

（3）有效供给短缺。在一些偏远地区或出行需求较少且不稳定的区域，合法出租车的机会成本偏高，营运者嫌供给效率低不愿提供服务，致使这些区域的居民乘坐出租车出行非常困难。此外，在上下班高峰期，如果再遇到恶劣天气，合法出租

❶ 深圳市交通运输委员会、深圳市综合交通设计研究院，《深圳市出租车行业发展体系研究与综合配套政策方案》，2009 年 8 月。

❷ 据叶青调查（《走出“出租车怪圈”》2008）：北京每车每天的份钱为 160～180 元，上海每车每天的份钱为 350～380 元，重庆每车每天的份钱“羚羊车”为 380～400 元、“天语车”为 440～460 元。另，笔者注：深圳“红的”每车每天的实际份钱为 350～370 元、“绿的”每车每天的实际份钱为 240～260 元。

车根本无法满足居民的出行需求。这些都给非法营运提供了生存的“土壤”，迎合了居民的需要。据深圳市交通局运政分局调查统计，2006 年有 25% 的受访者经常乘坐“蓝牌车”，63% 的受访者会偶尔乘坐“蓝牌车”，仅 11.25% 的受访者从未乘坐过“蓝牌车”。在市民选择乘坐“蓝牌车”的原因中，有 43.31% 是因为公交车、出租车等公共交通不便，26.64% 是因为出租车收费较高[1]。这种动机下的非法营运往往也采用蓝牌车，由于其具有一定的“合理性”，甚至“颇得民心”，因此一般不会刻意稽查。

总之，就三种非法营运形式而言，形式一性质最为恶劣，既逃避经济管制，也逃避社会管制，具有公然对抗的意思，危害最大；形式二通常服务于熟客，或者在相对固定的地点提供服务，主要逃避经济管制，也逃避部分社会管制，危害性居中；形式三主要是为逃避或者减轻部分经济管制，理论上无法逃避社会管制，危害相对较小。

10.2.3 非法营运治理之困

非法营运的危害罄竹难书，已经成了阻碍出租车行业发展最大的毒瘤。我国对非法营运的治理可谓声势浩大，各级政府高度重视，而且也取得了阶段性成果。可现实却是非法营运屡禁不绝，甚至有越治理越泛滥，越打击越猖獗之势。究其原因主要有三：一是社会环境，二是法治环境，三是治理措施。

（1）社会环境。我国是一个发展中国家，急于脱贫致富的人群规模巨大，在非法营运代价不大的情况下，甘愿“飞蛾扑火”者可谓前仆后继。

（2）法治环境。我国的法治环境越来越公平、公正，为社会发展起到了重要的保障作用。但不可否认的是仍有少量非法营运者通过种种手段逃避处罚，还有部分执法人员行政作为时有时无、执法不力、处罚不严，使非法营运者心存侥幸。

（3）治理措施。多采用围追堵截的被动方式，治标不治本。2006 年 5 月 22 日，建设部、交通部、国家发展和改革委员会、财政部、公安部、监察部、国务院纠正行业不正之风办公室、劳动和社会保障部、国家工商行政管理总局、国家质量监督检验检疫总局联合下发的《关于进一步加强出租汽车行业管理，切实减轻出租汽车司机负担的通知》，对打击非法营运专项整治行动提出了明确要求：在当地人民政府的统一领导和部署下，由城管（建设）部门牵头，会同公安、交通、工商、监察等有关部门，集中开展打击非法营运的专项整治行动。一是彻底清理非法营运

[1] 郑伟玲，《2007 年深圳市出租小汽车行业分析》，鹏元资信评估有限公司，2007 年。

的摩托车、客货两用车和伪造营运证照的客运车辆，驻点营运的异地出租车和其他从事非法营运的社会车辆；二是依法查处和取缔有组织的“黑车”运营团伙；三是严肃处理利用职权徇私舞弊、私养“黑车”、充当“黑车”保护伞的公务人员；四是健全打击“黑车”的执法队伍，建立长效工作机制，为出租车的正常运营创造良好的市场环境和秩序。这些措施短期内对非法营运起到了一定的遏制作用，但三年多时间过去了，在很多地方仍存在非法营运现象，没有从根本上解决非法营运问题。

10.2.4 非法营运治理建议

由前面的分析可知，非法营运有其深层次的根源，必须从根本上采取如下措施。

（1）适当降低出租车运价，缩减出租车营运资质的资源价值，挤压非法营运的“掠租”空间，进而抑制非法营运。保持出租车与其他公共交通方式的合理比价关系是现阶段对出租车合理定位的需要，但问题是合理比价关系难以准确定量。实践中，经营者为谋求自身利益，往往利用信息不对称误导管制者，将比价关系扩大化。适当降低出租车运价，缩小比价关系只是回归其正常发展规律而已。

（2）有条件放开个体经营出租车。借鉴国外经验，将出租车经营资质区分为个体和企业两种。如果是有偿使用，限定个体出租车经营资质只能在个体经营者之间转让；如果是无偿使用，个体出租车经营资质不能转让，而且使用效率低于标准的将被取消。但是，无论是有偿使用还是无偿使用，均对个体经营者设置较高门槛，增大个体出租车经营资质的机会成本，促使个体经营者珍惜这一来之不易的机会。

（3）适当放松出租车总量控制，改善供给偏紧局面。源于（1）中所阐述的相似理由，经营者会利用信息不对称误导管制者，达到紧缩供给的目的。适当放松出租车总量控制，也只是回归其正常发展规律而已。

（4）经济惩罚与刑事惩罚并举。在香港特别行政区，蓝牌车非法营运，初次将被罚款5000港元、判处监禁3个月、吊扣车牌3个月，再犯则加大处罚，对非法营运的治理起到了很好的作用。在我国其他省份，对非法营运以经济处罚为主，很少动用刑律，致使治理步履维艰。由于不少非法营运者经济能力弱小，无力承担高额经济处罚，容易造成执行难的问题，何况非法营运车辆本身价值不高，只要经济处罚接近车辆价值，非法营运者就会选择弃车而逃，再卷土重来，起不到很好的治理作用。如果结合刑律，对非法营运的震慑将大大增加，治理效果也会好很多。

10.2.5 对异地出租车驻点营运的管制

总体上来说，出租车属市内交通工具，主要服务于城市内的出行需求。随着社会经济一体化的推进，出租车跨城市服务将变得越来越频繁，但是长时间留守在另一个城市从事经营活动，是对当地经营者利益的蚕食，属于非法营运的形式之一，可是由于缺乏权威的界定标准，治理有一定难度，因此有必要对此作专门讨论。

一般而言，中心城市的出租车市场较周边城市的出租车市场繁荣，出租车经营权的含金量更高，取得的代价也大。比较而言，外地出租车的营运成本低于中心城市的出租车，如果允许外地出租车驻点营运，将使本地出租车经营者蒙受损失，并最终挤垮本地出租车经营者。以深圳为例，其周边城市的出租车经营权大都也是通过竞买（或招标）取得，但与深圳出租车经营权的资源费相比要低得多，驾驶员的承包费用也相应要低。但是，周边城市的出租车经营模式基本与深圳一致，多为企业管理，个人承包经营，与深圳的出租车竞争具有成本优势，并置深圳出租车于不利地位。显然，外地出租车驻点营运破坏了平等竞争的市场规则。如果这种现象不予制止，长此以往极有可能出现“外地车”驱逐“本地车”的现象。记得世纪交替之际，曾经在深圳开出租车的驾驶员纷纷到东莞承包出租车，再驻深营运，导致深圳出租车市场供给虚增，投放受阻。

如果一个城市存在着大规模的外地出租车经营现象，表明这一市场已经失控。许多城市早就认识到限制外地出租车经营的必要性，也曾制定了相应的规则，并试图维护规则的严肃性和权威性，但效果不甚理想，因此，急需创新，寻求更有效的市场规则与管制方法。

（1）现行管制方法一：载客限制型，即允许外地出租车将起点在异地，终点在本市的乘客送到本市，也允许外地出租车将起点在本地，终点在出租车车籍所在地的乘客送出本市，但不允许其从事起点和终点均在本市的收费载客业务，这是许多城市至今为止的通用做法。从理论上讲这一管制方法于出租车市场发展，于乘客需求满足都有利，但取证不易，执法困难。常用的做法是先将驾驶员和乘客分离，然后分别提问驾驶员和乘客，如果驾驶员和乘客的回答一致，且不属在本市行政区域内重新载客的放行。否则，将没收非法所得，处一定数额的罚款，并责令外地出租车立即驶离本市。实践中，如此执法存在很大缺陷：可能得不到乘客的配合，处理不当很容易侵犯乘客权利；有经验的驾驶员只要事先与乘客沟通好，就比较容易逃脱处罚；缺乏专门的执法队伍，执法频率和执法力度都有限，收不到明显效果；对非法营运的界定常常存在争议，有些驾驶员蛮横无理，有时还用武力威胁执法人员，执法中的风险常常迫使执法带有象征性。

（2）现行管制方法二：封锁型，即严禁外地出租车进入市区行驶。正是由于前述管制方法操作困难，一些城市既不希望异地出租车在本地驻点营运，也不希望卷入争执旋涡，干脆禁止外地出租车进入本市。这一管制方法在极少数城市实施过，它将有机的出租车市场硬生生地分割开来，严重损害了乘客的利益，属于典型的地方保护主义，不符合出租车市场发展的方向。

（3）推荐管制方法一：定线行驶型，即不理会外地出租车所载乘客的起讫地，只允许其按指定道路进入本市行驶。深圳市于1998年7月开始实施这一管制措施，效果良好。这种管制方法取证容易，只要外地出租车在本市范围内离开了限定的行驶道路便被视为非法营运，但还是会给乘客带来一些不便，如果乘客的目的地不在指定道路附近，必须在这些道路上换乘，将出租车的“路到门”服务打折成“路到路”，但定线行驶方法较前两种管制方法要好得多。

（4）推荐管制方法二：电召型，即依托考评合格（通过事后比对通话清单，判定是否存在联合作弊现象，以此为据核实其诚实性）的电召中心，对返回方向载客的出租车进行校核（事中采取电话核对方式），如果确实是电召接客，视为合法营运；如果不是电召接客，定为非法营运。这一管制方法可较好地兼顾乘客利益、出租车运输资源节约和非法营运防范，浙江省部分城市之间实行这种管制方法，乘客和出租车经营者对此均比较满意。

（5）推荐管制方法三：实行逗留证管理，即在进入城区的主要道路上设置一批外地出租车自助打卡设施，允许外地出租车进入本市，将起点在市外的乘客运送到本市任何地方，但在进入城区时必须在打卡设施上获取逗留证（免费）并打卡，只要在允许逗留的时间内，无论外地出租车载客与否，载客的对象是谁均认为合法；如果超过了允许逗留的时间，只要处于营运状态，就认定为非法营运。考虑到交通拥堵、城区大小等因素，应将允许逗留的时间限定得稍长一些，使外地出租车有足够的时间将乘客送达目的地，并从容返回。此举也许允许稍带从事一些起讫点均在本市的营运活动，但会受到时间制约，如违规则面临相应的处罚，必将对驻点营运形成制约。当然，不排除外地出租车每隔一个周期离开本市，再立刻进入本市重新打卡，以获取下一个逗留时间，继续在本市驻点营运的可能性，但此举将大大增加非法营运的代价，而且执法容易，相信能够对非法营运起到较好的抑制作用。不过，最好能在出城的主要通道上配套一定数量的出租车候客站，供聚集客流之用，以提高外地出租车返回时的载客率。像深圳、珠海等设有二线关的经济特区，更有利于实施这一管制方法。

10.3 企业与驾驶员关系不清晰

由于各种原因，出租车行业的承包经营、租赁经营饱受诟病，不少城市对此讳莫如深，或为迎合上级管理部门的要求，通过各种形式将企业的经营模式“改良”为“不彻底公司直营”形式，煮成不少“夹生饭”，看上去像“公司直营”，实则不然。在“不彻底公司直营”模式下，驾驶员向企业交纳安全生产保证金，由企业购买车辆，企业为驾驶员发放工资、购买社保，并与驾驶员签订劳动合同等，形式与承包关系或租赁关系的差异主要有以下几个方面：

(1) 在承包经营模式下的风险抵押金、租赁经营模式下的一次性租赁金，变成了“不彻底公司直营模式”下的安全生产保证金，数额与购车款大体相当，但通常会略低于风险抵押金和一次性租赁金。

(2) 在承包经营模式下的月管理费、租赁经营模式下的月租金，变成了“不彻底公司直营模式”下的月基本营收款，数额通常会大于月管理费和月租金。

(3) 在承包经营、租赁经营模式下车辆由驾驶员购买，但一般由企业统一采购，驾驶员直接付款；在“不彻底公司直营模式”下，车辆由企业购买。

(4) 在承包经营模式、租赁经营模式下，企业不给驾驶员发放工资、不为驾驶员购买社保，与驾驶员签订的是承包合同、租赁合同；在“不彻底公司直营模式”下，企业给驾驶员发放工资、为驾驶员购买社保，与驾驶员签订劳动合同。

从实际效果看，“不彻底公司经营模式”有三个方面的贡献：一是对于缺少积蓄的驾驶员来讲，“公司直营模式”的门槛最低，从业心态平和；二是一旦在营运过程中由于自身身体或其他突发事件原因希望与企业中止关系时，驾驶员的代价较小，心理压力也小；三是出现重大交通事故或者车辆被盗、被劫等恶性事件时，“不彻底公司直营模式”下的企业所提供的帮助会更多一些，并相应地分担一些风险，驾驶员的心理压力会小一些。所有这些均可归结为平抑了驾驶员的恶性风险。

但是，如果未能彻底改变车辆长期（3~5年）“包死”、按月甚至更长时间交纳定额款项的事实，无论在何种经营模式下，上述四项的综合结果都是相当的。因为这种主要由企业与驾驶员之间形成的供求关系调节，与经营模式没有必然关系。而且，还可能由于降低从业门槛，相对扩大出租车驾驶员的供给规模，使企业与驾驶员之间的关系更有利于企业一方（可以理解为通过所有驾驶员的小代价换来少部分驾驶员大风险的释放）。

在这种“不彻底公司直营模式”下，一些企业既要保留“承包经营”本质：

收取押金、定期缴纳固定款项等，又想取得“公司直营”形式：发放固定工资、购买社保、提供部分项目的定额成本等❶，不得已与驾驶员同时签订《车辆承包合同》和《劳动用工合同》，形成劳动用工和承包经营双重关系，导致在工资发放、工作时间等方面与现行法律冲突，详见表10-1。

劳动用工关系和车辆承包关系的冲突❷ 表10-1

项目	承包关系	劳动关系
押金收取	收取安全生产保证金等押金形式合法	收取安全生产保证金等押金形式不合法
工作时间	承包方（驾驶员）可自由安排工作、休息时间	8小时工作制度，超时工作应取得加班工资，享受带薪休假
工资发放	企业与驾驶员在法律关系上完全平等，企业无需向驾驶员发放工资	驾驶员营运收入上交企业，再由企业按时给驾驶员发放工资，且工资发放标准应不低于最低工资标准
提前解除合同	承包合同是企业与驾驶员平等协商后建立的民事关系，任何一方违反约定提前解除合同，另一方有权按照合同规定收取违约金	如果企业要求提前解除合同，按照劳动法规定对驾驶员进行相应补偿，不存在违约金问题；如果驾驶员要求提前解除合同，应按劳动法规定提前一个月提出申请，原则上也无需支付违约金
合同期限	合同期满，双方的承包关系解除，只要合同双方约定的各项权利义务履行完毕，双方之间不再存在任何法律关系	如果驾驶员在同一企业连续工作10年以上或连续签订2次以上固定期限的劳动合同，企业应与驾驶员签订无固定期的劳动合同
合同到期补偿	不存在一方补偿另一方的问题	驾驶员在企业每工作一年，企业必须补偿驾驶员一个月工资

本质上，只要类似“保证金”、“押金”之类的东西存在，企业与驾驶员之间的关系只能是承包关系，而非雇佣关系。

❶ 笔者注：实际上可直接与定期缴纳的固定款项相抵，没有太多实际意义。以至于在深圳出现了所谓的“名义份钱”和“实际份钱”。

❷ 深圳市交通运输委员会、深圳市综合交通设计研究院，《深圳市出租车行业发展体系研究与综合配套政策方案》，2009年8月。

10.4 利益分配失衡

在我国，只有上海等个别城市采用公司直营模式。企业与驾驶员之间的利益分配主要受劳动就业状况影响，由于上海出租车要求驾驶员具有上海户籍，劳动就业的供求关系没有出现明显失衡，利益分配基本均衡。

普遍采取个体经营模式的只有温州等个别城市，驾驶员与出租车所有人可以是同一主体，也可以是不同主体。如果是同一主体，不存在利益分配问题；如果是不同主体，驾驶员与所有人之间的关系多为承包关系或租赁关系，还没有出现劳动雇佣关系。

绝大多数城市采取承包经营（或租赁经营）模式。在这种经营模式下，驾驶员每天需要向企业上交数量不菲的“份钱”。在燃油价格持续上涨的背景下，驾驶员的压力与风险越来越大。大部分驾驶员每天要工作十多个小时，先将份钱和油钱挣出来，接下来才是自己的收益，长此以往，驾驶员的精神状况和健康状况令人担忧。这不仅直接影响服务质量，还会引发一些极端事件。2005 年 1 月，杭州一名出租车驾驶员残忍地杀害了一名女大学生乘客，警方侦破结果认定该驾驶员由于生活压力太大导致精神失常❶。

需要指出的是，出租车驾驶员的收入状况在世界各国差异较大。在伦敦、巴黎、日内瓦等欧洲城市，出租车驾驶员的收入可以达到中产阶级水平；但也有不少城市，出租车驾驶员的收入并不高，如在纽约，出租车驾驶员每天盈余只有 60 美元，即便是独立车主（相当于个体出租车驾驶员）在扣除了各种费用后的税前年收入也只有 4 万美元，而当时（2002 年）纽约的人均年收入超过 3 万美元❷；在东京，出租车驾驶员每天劳动时间在 10 小时以上，但每月平均收入也只有 26 万日元(折合人民币约 2 万元)❸。

从总体上看，出租车营运是一项资金门槛、技术门槛、从业资质要求均不高的职业，驾驶员供给十分充足，然而出租车经营权数量却是严格控制的。尤其是在我国隐性失业规模庞大的就业环境下，驾驶员与出租车企业之间的博弈，天平自然偏向企业，如果不采取一些措施，市场失灵在所难免。试想如果上海市没有规定出租

❶ 《浙大女生被杀详情披露》，新华网，2005 年 1 月 28 日。

❷ 王波，《纽约——立法确定出租车数量》，新华电讯，2004 年 11 月。

❸ 何德功，《日本：出租车注意环保污染少》，人民网，2004 年 11 月 21 日。

车驾驶员必须拥有上海户籍，相信出租车驾驶员也只能是“现代版的骆驼祥子”；假如深圳市也要求出租车驾驶员拥有深圳户籍，出租车驾驶员的境况也许不会比出租车企业的所有人差多少。由此得到启示：通过提高出租车驾驶员的从业门槛（如文化程度、驾龄、历史表现、对营运环境的熟悉程度等），限制出租车驾驶员的供给规模，进而调整出租车驾驶员的供求关系是解决出租车驾驶员与出租车企业之间利益分配失衡问题的可持续之路。

10.5 健全营运牌照交易市场

在我国，对出租车行业的准入管制并非一开始就很严。改革开放后的较长一段时间，进入出租车行业比较容易，到20世纪90年代中期，由于出租车数量增长过猛，各地政府才陆续实施比较严厉的准入控制。为维持社会公平，绝大多数城市对出租车营运牌照实施有偿使用制度。

如前所述，出租车数量管制的必然结果是供给趋于偏紧。这里有经营者为此“不懈努力”的因素，也有管制者预测不准或设计不周的原因，也不能排除像布坎南认为的那样，存在管制者作为“经济人”对于自身利益的诉求[1]。营运牌照日益成为炙手可热的稀缺资源，致使营运牌照的买卖异常活跃，价格一路飙升。但是，在缺乏科学、规范的营运牌照交易市场的情况下，交易只能私下进行，由此带来一系列问题：产权关系混乱、重复质押融资、供求信息失效、市场监管丧失、国家税收流失、投资者权益受损等，深圳的“国运事件”和“华旅问题”便是典型例子。

此外，从现实看，没有一个企业敢保证长时间经营某个项目，这使得经营期长达15年，甚至50年、永久性的营运牌照的市场交易难以避免。唯有交易市场运作良好，才能保证这一“稀缺资源”适时得到优化配置。

然而，全国绝大多数城市并没有建立起相应的交易市场，使本可透明的交易信息难以公开，营运牌照的真实价值难以客观体现，加上信息“封锁”、不对称，导致黑市交易、非法转让等困扰行业发展的现象几近泛滥。目前，深圳、珠海等少数城市已经尝试在产权交易中心交易营运牌照，但由于缺乏针对出租车行业特点的个性化交易制度，致使交易门庭冷清。更多的城市则像广州、昆明那样，仍然由交通主管部门的相关机构处理营运牌照过户等相关事宜，局限性更大，效果也不尽如人

[1] 布坎南认为，管制权限的强制性和普遍性，将会导致这种自身利益的诉求有一种天然的“收益递增”，进而引起普遍扩散。

意。营运牌照的私下交易，潜藏着巨大的法律风险，增加了行业的不稳定性。

其实，建立科学、规范的营运牌照二级交易市场并不难。这是因为有许多成功的产权交易市场案例可供参考。但是，从连续性看，如何处理已经真实发生但缺乏法律手续及保障的交易行为，具有较大难度，不少城市管理部门没有足够的心理准备或胆识，因此不愿去捅这个“马蜂窝”，延误了营运牌照二级交易市场的建立。而已经建立的营运牌照二级交易市场普遍没有取得预期成效，需要进一步完善，如降低营运牌照的交易税、简化交易手续等。

对于一些营运牌照曾经无偿使用，而新增部分又改为有偿使用或者准备采取有偿使用的城市，从公平性及营运牌照转让等因素考虑，有必要首先解决历史遗留的营运牌照有偿使用问题。建议设置一定期限收回此类营运牌照，或将营运牌照的有偿使用费补交到一定水平，把使用权变为产权，与其他的营运牌照相统一。对于不愿补交有偿使用费的营运牌照，将永远不再允许上市交易。

10.6 建立营运牌照回购制度

如果营运牌照采取拍卖方式投放市场，在二级交易市场还没有建立，或者建立初期还没有成为主要交易平台之前，部分投资者不能客观、理性地评估经营风险，尤其是在允许个体经营出租车的初期，建立政府回购制度，可有效防范由极高心理预期和对政策盲目企盼引发的“疯狂”所带来的巨大风险。换言之，当一级市场与二级市场出现巨大差价时，给盲目的投资者一个“后悔”的机会，避免因风险过大引起行业的不稳定。

回购制度的设立，对于经营者，“既给了教训，也给了出路”；对于政府，不仅启动了一项新的经营权制度，而且不会有任何损失，回购时已经取得了相应时间的资源使用费及其货币的时间价值。不过，考虑到部分有偿使用费有可能用于回购，建议在回购有效期内暂时不将其全部使用，而是纳入出租车发展基金。设定的回购期限（如3年）一到，回购制度终结，营运牌照交易完全依靠二级市场进行。

10.7 放松对个体经营出租车的管制

20世纪90年代中期之前，不允许个体经营出租车也许有一定道理，但时至今日，无论是理论还是实践都已经充分体现出限制个体经营出租车的不合理性：企业对出租车经营权的“垄断”，给社会福利造成巨大损失。在深圳曾经有一种说法：

没有一家出租车企业不赚钱。如果一个行业的每家企业都赚钱，必然导致投资者的主要着力点在于进入这个行业，而不是如何经营企业。此时，政府成了最吃香的单位，企业成了最念旧的单位，驾驶员、百姓成了“消费者剩余”内部化的牺牲品。

时至今日，人们已经不再忌讳国有资产“委托代理人”的道德问题，在国有成分占绝大多数的出租车行业，由于普遍缺乏盈利压力，出租车企业没有品牌意识，管理动力缺失，以包代管，增添了市场管理的难度。此外，也是由于缺乏盈利压力，没有一家出租车企业愿意放弃出租车业务，通过市场实施兼并重组难度大增。

为此，建议放松对出租车经营者的管制，允许个体经营出租车，以减少不一定必要或不一定起多大作用的中间层——出租车企业。此举有助于降低直接经营者的成本，又由于是分批缓慢培育个体经营者，对既有经营者的实际冲击不大，但对经营者的意识挑战不小。策略上如同国企改革，先不直接改造现有企业，而是通过发展个体出租车经营者，通过这一群体的壮大，给既有出租车企业造成压力，逐渐改变现行的行业治理结构。

10.8 适当增加出租车供给

如前所述，准确计量出租车与大中容量公交的合理比价，动态把握出租车市场的供求关系均存在较大难度。实践中，为避免被动，行业管理部门通用策略是尽量拉大出租车与大中容量公交的比价，以免伤及“公交优先”战略。与此同时，出租车经营者的利益是具体的、明确的，维护利益的力量很容易形成，而且日益强大；消费者的利益则是抽象的、模糊的，维护利益的交易成本很高，而且力量分散，致使政府在决策时更多顾及经营者的诉求，而非消费者的心声。结果，往往是严控出租车经营权的投放规模，向有助于经营者获得最大利润的产量点逼近。这在我国大多数城市特别是中心城市具有代表性。

在北京、上海等城市，曾经由于行政审批❶，出租车经营权投放过量，引发众多尖锐矛盾，引起城市管理高层，甚至中央政府的高度关注。自1996年以来，各大中城市纷纷对出租车实行总量控制，很少有新的出租车经营权投放。在深圳，自1993年到2007年的14年间，除2001年在特区外投放1800辆“绿的”外，一直没

❶ 笔者注：在行政审批中，诱惑与压力并存，而且巨大，以至于审批者不再顾忌抽样的市场各方利益，造成投放过量的问题。

有新增出租车运力。截至2008年年底，出租车保有量仅为14.8辆/万人[1]，远低于建设部依据经济发展水平明显低于现今的情况下制定的大中城市出租车保有量推荐标准21辆/万人，这在全国具有普遍性。

除此之外，积极发展电召式出租车，建立出租车油价运价联动机制，探索规范的“合乘”制度等，都是需要高度关注的问题。

[1] 深圳市交通运输委员会、深圳市综合交通设计研究院，《深圳市出租车行业发展体系研究与综合配套政策方案》，2009年8月。

11 实证分析：对深圳出租车市场的经济学解释

深圳的出租车市场在我国具有极高的代表性，时常有一些经验被推广，但更多时候是因为问题被舆论推到风口浪尖，与北京、上海、温州共同跻身互联网上因出租车发展问题被点击的“第一集团”。以深圳为例，对出租车市场进行经济学解释，可以比较全面地解读全国其他城市出租车市场面临的主要问题。

11.1 深圳出租车市场的基本状况❶

（1）出租车市场结构。深圳市共有三种类型的出租车，按其允许营运的空间范围，可以区分为“红的”、“黄的”和“绿的”。“红的”的营运区域为深圳市域，“黄的”的营运区域为深圳经济特区，“绿的”的营运区域为深圳经济特区外。

（2）出租车市场的供给规模。目前，深圳市有出租车营运牌照 12999 个，其中“红的”10196 个、“黄的”309 个、“绿的”2494 个。

（3）深圳出租车营运牌照成本。深圳出租车牌照全部实行有偿使用。有偿使用费最低的原行政审批的 2255 个营运牌照按每个 1.9 万元补收，1993 年前四次拍卖的营运牌照拍卖价分别为每个 19.4 万元、11.8 万元、19.8 万元和 21.8 万元（有效期限均为 50 年）；2007 年拍卖的营运牌照拍卖价为每个 54.25 万元（有效期限为 12 年）；2002 年和 2008 年投放的“绿的”特许经营权每个有偿使用费为 6 万元（有效期限为 5 年）。此外，深圳市中级人民法院先后三次委托拍卖公司拍卖破产的国润、奥润、安润及华旅四家公司共 479 个出租车营运牌照，平均每个 87.68 万元[33]。

（4）出租车的服务价格。从 1993 年开始到现在，深圳市“红的”和“黄的”

❶ 为保持该部分内容的相对完整，前面已经出现过的内容在此可能少量重复。

执行的是起步价 12.5 元/3 千米，3 千米以后每千米运价（即里程价）2.4 元/千米，每行驶 250 米跳表一次，每次增加 0.6 元，慢速行驶（低于 20 千米/小时）附加费及等候费 0.8 元/分钟；23 点至 6 点起步价调整为 16.1 元/3 千米，里程价调整为 3.12 元/千米。“绿的”执行的是起步价 7 元/2 千米，里程价 1.6 元/千米，每行驶 250 米跳表一次，每次增加 0.4 元，慢速行驶附加费及等候费 0.53 元/分钟；23 点至 6 点起步价调整为 9.1 元/2 千米，里程价调整为 2.08 元/千米。2009 年，深圳出租车的服务价格进行了调整，详见附件“深圳市出租小汽车运价结构优化方案”。

（5）近期汽油价格走势。自 2002 年以来，汽油价格持续上升，对出租车营运成本上升构成了很大的压力。表 11-1 是几个与本文研讨相关的重要时段的汽油零售价格。

部分时点汽油零售价格表　　表 11-1

汽油零售价格调整时点	90 号汽油价格（元/升）	93 号汽油价格（元/升）
2002 年 2 月 5 日	2.10	
2003 年 2 月 9 日	3.03	还没有入市
2004 年 2 月 1 日	3.05	3.25
2005 年 3 月 23 日	3.70	4.00
2005 年 5 月 24 日	3.60	3.85
2005 年 7 月 23 日	4.04	4.34
2006 年 3 月 26 日	4.22	4.55
2007 年 04 月 1 日	4.24	4.56
2007 年 6 月 7 日	4.58	4.93
2007 年 11 月 1 日	已经退出市场	5.36
2008 年 6 月 20 日		6.23
2008 年 12 月 19 日		5.32
2009 年以来		油价变动频繁

11.2　深圳出租车市场的关键性事件

（1）取消长途返空费。2000 年 10 月 24 日由深圳市第三届人民代表大会常务委

员会第二次会议第二次修正的《深圳经济特区出租小汽车管理条例》，取消了出租车长途返空费。之前，在深圳的出租车运价中，设有返空费（出租车的载客行驶里程超过 30 千米时，加收 30% 的返空费）。

（2）“绿的”投放。2002 年 9 月，在宝安、龙岗两区为 1800 辆绿色出租车投放了特许经营权，同年 11 月开始营运。1993—2001 年间，尽管城市的社会经济规模扩大了许多，出租车需求明显增加，社会对出租车投放的呼声强烈，但由于来自既有经营者的各种压力，出租车新增运力困难重重，阻力太大❶。不得已，只能转移视线，避开既得利益群体的阻挠，在宝安、龙岗两区投放“绿的”，将在特区外营运的“红的”“请”回到特区内，间接增加特区内的出租车供给，稀释市场，缓解供求矛盾。

由于当时刚修正的《深圳经济特区出租小汽车管理条例》取消了出租车长途返空费，“绿的”的运价结构中也没有设置长途返空费。

（3）“国润、奥润、安润及华旅”事件及其衍生影响。由于深圳市对出租车营运牌照的投放控制较严，营运牌照成了事实上的稀缺品。深圳政华集团原总裁吴××在几次营运牌照拍卖中拿到了一定数量的牌照，组建了“国润”、“奥润”、“安润”和“运华”等出租车企业。1988—1997 年间，政华集团及其下属公司采取营运牌照重复抵押、重复担保等手段，向深圳市的一些金融机构贷款数亿元，后又于 1999 年年底，伪造出租车营运牌照产权证 300 多本，与 200 多名承租者签订承包合同（承包金为 30 万元或 50 万元，合同期 30 年），骗取租金逾亿元[34]。最后，因企业经营不善，破产倒闭。由于重复抵押，导致多家金融机构争夺同一出租车营运牌照的局面，更为恶劣的是 200 多名承租者的权益受到侵害，群情激动，多次到北京集体上访。这就是震惊全国的“国润事件”，“华旅问题”与“国润事件”如出一辙。

为平息“国润事件”和“华旅问题”，保护债权人的权益，深圳市中级人民法院于 2000 年 10 月、2001 年 3 月和 2002 年 5 月三次委托拍卖公司拍卖原国润、奥润、安润及华旅公司共 479 个出租车营运牌照；安达、汉都等七家企业以每个牌照拍卖价 67.6 万元到 96 万元不等竞得，拍卖款共计 4.2 亿元。

据了解❷，深圳出租车中有 1000 多个营运牌照处于融资状态，每个营运牌照的融资金额为 30 万 ~80 万元。这些营运牌照的产权属于企业，但融资者享有 20 ~ 50

❶ 笔者注：这可由深圳市交通部门曾于 2005 年 6 月 6 日召开运力投放听证会，确定投放 2000 辆“红的”，但由于各种原因，直到 2007 年 12 月才正式投放得到佐证。

❷ 方常君，《规范出租车，动了谁的奶酪?》，www. sztb. gov. cn，2005 年 8 月 23 日。

年不等的经营权。

（4）动议出租车降低运价。2004 年 9 月 18 日，深圳市举行了出租车运价调整听证会。听证会上市交通局提交了四套运价调整方案，核心内容是适当降低“红的”的起步价，增设长途（30 千米）返空费，取消夜间收费附加，同时，提高“绿的”的里程价，增设长途返空费。

需要指出的是，此次出租车运价调整听证是在燃油价格上涨，以及北京等不少城市酝酿出租车提高价格的背景下进行的。主要理由是当时的出租车运价是十年前针对港澳同胞的消费水平制定的，对广大市民来说，定价偏高，应该下调。

2005 年 4 月 5 日，主管交通的市领导在做客深圳广播电台的“民心桥”栏目时向听众表示：6 月份以后出租车降价政策将很快出台❶。但是，到了 2006 年 8 月，该市领导表示，由于油价不断上涨❷，其他一些大城市出租车价格上调，深圳和其他城市相比已经不是太高，为了不增加出租车驾驶员负担，暂时不考虑下调出租车运价[35]。这也为 2007 年深圳市出租车协会动议召开出租车油价运价联动机制听证埋下了伏笔。

（5）动议“红的”投放。2005 年 6 月，深圳市举行出租车运力投放听证会，拟投放 2000 辆“红的”，大多数听证代表对此表示赞同❸，但两年半后（2007 年 12 月）才正式实施。

（6）行政干预风暴。2004 年 11 月 12 日，国务院办公厅发布了《关于进一步规范出租汽车行业管理有关问题的通知》（国办发［2004］81 号），要求各省、自治区、直辖市人民政府在 2005 年 5 月底以前将落实本通知情况报国务院。交通部随即于 2004 年 12 月 13 日发文《关于贯彻落实国务院办公厅关于进一步规范出租汽车行业管理有关精神的通知》。深圳交通局于 2005 年 8 月 15 日出台了以“六大措施”（详见“11.4 深圳出租车市场的部分经济学解释”之“25”）为核心的整顿方案[36]。81 号文被视为深圳处理和解决出租车企业和驾驶员矛盾的一把“尚方宝剑”[37]。

（7）动议出租车油价运价联动（本质是涨价）❹。2007 年 4 月 30 日，深圳市举行出租车油价运价联动机制听证会，形成“红的”和“黄的”出租车油价运价联

---

❶ 《市长张思平：深圳的士有望 6 月降价》，http://city.sz.net.cn/images，2005 年 4 月 6 日。

❷ 前后两次表态，出租车的主力燃油 90 号汽油的零售价升了 0.5 ~ 0.6 元/升。

❸ 季杰、陈姝，《我市出租车新增运力听证会基本达成共识》，www.sztb.gov.cn，2005 年 6 月 17 日。

❹ 从字面看，油价运价联动应该是中性的，既可降也可升，但由深圳市出租汽车协会提交的听证初步方案中，只有上涨调整方案并无下降调整方案，因此被市民戏称为涨价方案。

动方案：当93号油价超过5.25元/升低于5.96元/升时，按照0.5元/车次的标准加收燃油附加费；当93号油价超过5.96元/升低于6.50元/升时，按照1.0元/车次的标准加收燃油附加费。“绿的”出租车油价运价联动方案为：当93号油价不超过6.31元/升时，继续执行现已收取的1元/车次的燃油附加费；当93号油价超过6.31元/升低于6.94元/升时，燃油附加费标准由1元/车次调整为1.50元/车次。

（8）2000台“红的”终于投放。2007年10月30日，2000个“红的”营运牌照采取“淘汰式集约竞价拍卖”方式投放市场，每个营运牌照的竞拍价定格为54.25万元（有效年限为12年）。该拍卖方式在我国（不含港澳台地区）尚属首例。

（9）优化出租车运价结构。2009年6月10日，深圳市召开优化出租车运价结构听证会，核心是通过降低起步价同时缩短起步里程，设置返空费，适当降低“红的”和“黄的”的运价水平，幅度比2004年的方案要小；通过微降起步价同时缩短起步里程，提高里程价，设置返空费，适当提高“绿的”运价水平，幅度比2004年的方案要大。详见附件“深圳市出租小汽车运价结构优化方案”。

11.3 深圳出租车市场中引发议论的主要命题

（1）出租车是否属于公共交通？这是一个十分敏感的问题，很大程度上影响着对出租车行业的定位及政策走向。争议源自两次围绕出租车的听证，其一是2004年的深圳市出租车价格调整听证，听证材料中明确表示出租车是公共交通的重要组成部分；其二是2007年的深圳市出租车油价运价联动听证，听证材料中将出租车表述为公共交通的重要补充，而非公共交通[38]。前后两次听证，申请方对出租车属性表述的微妙变化，刺激了社会各界的神经，引发了广泛争论。

（2）出租车经营权的期限多长才合适？近几年，在政府管理过程中不同程度地形成了这样一些认识：出租车市场管理困难的根源之一是缺乏“手段”，经营权期限过长则是导致这一被动局面的关键。因此有些城市强行调整出租车经营权期限，引发经营者的群体性事件，2009年7月发生在牡丹江市的出租车罢运事件便是其中之一。

（3）出租车经营权是否应该收取资源费？众多舆论认为，出租车经营权有偿使用加重了经营者的负担，同时限制了出租车运价下调。既有损经营者利益，又有损乘客利益。俨然成了出租车行业的顽疾。

（4）出租车经营权资源费对行业收益的影响究竟有多大？不少舆论将资源费归

结为出租车行业所有问题的症结所在，并罗列出这样的推理：由于存在资源费，企业负担加重（经营成本提高）；由于经营成本提高，运价高，驾驶员的承包费也高；由于运价高、驾驶员的承包费高，非法营运的利润空间大，以身试法的队伍大；由于承包费高，驾驶员的压力大，生存状况变差；由于驾驶员压力大，容易引发集体性事件；由于驾驶员有情绪，导致服务质量下降……进而认为：近几年，深圳出租车行业的降价听证、运力投放听证、油价运价联动听证等都是“头痛医头，脚痛医脚”，不能最终解决行业存在的问题[39]。那么，出租车营运牌照成本对出租车行业的收益影响究竟有多大？

（5）哪种出租车经营权投放方式最有利？不少人认为经营权拍卖是深圳出租车行业诸多问题的症结所在❶。其逻辑是经营权拍卖，导致资源费过高；资源费过高，企业负担加重……好像经营权拍卖是出租车行业的诸多问题的万恶之源，显然，这是经不起推敲的。众所周知，在我国，北京（2008 年以前）和深圳应该是出租车行业中最令人揪心的几个城市之一。可是，北京的出租车经营权照清一色由行政审批，但其所面临的问题及棘手程度绝不亚于深圳。因此，至少从逻辑上看出租车行业的问题与经营权拍卖没有必然联系。

（6）深圳出租车经营权拍到 54.25 万元/个（有效期限为 12 年）是谁之过？从目前的经营状况看，2007 年不限价拍卖方式投放市场的 2000 个“红的”的营运牌照费确实偏高，给行业的调控与管理带来了一些难度。有人将此归结为出租车经营权的投放方式——不限价拍卖不妥。那么，为什么在理论上可取的方法在实践中却出了偏差呢？

（7）出租车企业的利润水平到底有多高？截止到 2007 年，深圳出租车企业的高利润应该是个不争的事实❷。期间，曾有媒体称其为“暴利”行业[40,41]，当然也有企业称微利、亏损的。2004 年，深圳大学课题组曾在《深圳市（红色）出租小汽车现状及发展规划研究报告》中分别对出租车企业和出租车驾驶员的收益进行模拟，结论是出租车企业的利润水平确实很高。2007 年，深圳市出租车油价运价联动机制听证期间，由申请方提供的出租车成本核算“补充报告”显示，出租车营运牌照的平均成本为 25.2 万元，对应该牌照成本的单车月利润（企业）为 1547.07 元，收入利润率为 10.54%❸，部分高价拍得的营运牌照的单车月亏损为 3000 多元[42]。

---

❶ 吴铠峰，《的士价格联动断送降价梦想》，新浪网，2007 年 4 月 25 日。

❷ 正因为如此，2007 年的“红的”经营权拍卖价才会那么高。

❸ 《出租车成本支出太笼统　管理费用计算不透明》，gd. news. 163. com，2007 年 4 月 27 日。

那么，深圳出租车企业到底是暴利、正常利润、微利，还是亏本呢？

（8）出租车运力投放的阻力来自何方？2000 年后，社会各界要求深圳投放“红的”的呼声此起彼伏。这是因为自 1993 年以来一直没有投放新的出租车，出租车供给明显不足。这可由 20 世纪末深圳市出租车的有载率保持在 64% ~72% 的高位佐证❶。其实，在 1999 年，深圳市交通局已经意识到了出租车面临供给偏紧的问题。于是，频繁讨论出租车投放问题，多次委托科研机构调研，并于 2002 年转投“绿的”，2005 年举行“红的”投放听证，直到 2007 年年底才完成投放。而且，还存在一种假设：假如深圳市政府在申办第 26 届世界大学生运动会时，没有承诺在 2011 年“大运会”举行之前出租车规模将达到 2 万辆，也许这 2000 辆“红的”还投放不下来。那么，出租车投放为什么这么难呢？许多人对此百思不得其解。

（9）非法营运猖獗的根源是什么？非法营运不仅在深圳猖獗，在全国也是普遍现象。非法营运直接瓜分出租车市场，侵占出租车经营者的利益，成了经营者的切肤之痛。2007 年，在深圳出租车经营权投放之际，就有驾驶员表示：增加 2000 辆出租车，应该对市场没有多大影响，关键是非法营运，如果整治了非法营运，再增加几个 2000 辆都没有问题[43]。政府对非法营运也是深恶痛绝，不断加大打击力度，从行政执法，到多部门联合行动，可是非法营运不但没有退潮的迹象，反而有愈演愈烈、变本加厉之势。从原先的零星到现在的聚集，从原先的偷偷摸摸到现在的明目张胆，从原先的以个人为主到现在的出现组织化倾向。那么，问题究竟出在哪儿？

（10）出租车行业的规模化经营为何举步维艰？综观全国大中城市出租车市场的结构，很容易发现在出租车经营权投放时，如果侧重于市场机制，市场集中度很难提高。以深圳为例，早在 1987 年，深圳就有出租车经营企业 83 家，平均每家企业经营出租车 22. 8 辆。经过 20 多年的努力，到 2008 年，深圳出租车经营企业仍有 76 家，平均每家经营出租车 171. 0 辆，规模最大的企业经营出租车也才 705 辆，$CR_4=19.84\%$（$<30\%$）、$CR_8=35.40\%$（$<40\%$）（根据贝恩的市场结构分类，当市场的行业集中度 $CR_4<30\%$、$CR_8<40\%$ 时，市场结构为竞争型）、$HHI=328.67$（<500）（HHI 的值介于 0 ~10000 之间，越接近 0，表示竞争越激烈，参与竞争的企业数较多且每家企业的市场占有率相对较低，根据日本公正交易委员会所编的以 HHI 值为基准的市场结构分类，$HHI<500$ 属于竞争Ⅱ型，为竞争程度最高

❶ 深圳市出租小汽车营运牌照调研清理工作领导小组办公室，《关于深圳市出租小汽车营运牌照调研清理工作的调查报告》，深圳市交通局，2001 年 4 月。

的结构类型），均说明深圳的出租车市场属于完全竞争型市场，集中度很低。不仅增加了行业管理的难度，而且在一定程度上成了无法形成上海“强生”、“大众”等响亮品牌的原因之一。业界及政府对此均有清晰认识，深圳市交通局及主管市领导都曾表示要促进企业规模化经营[44]，但实际效果并不明显，规模化经营举步维艰。那么，是这个行业不适合规模化经营，还是另有隐情？

（11）出租车降价为什么难？深圳“红的”起步价为12.5元/3千米，属我国最高；里程价为2.4元/千米，接近全国最高的广州（2.6元/千米，但其起步价低，只有7元/2.3千米），远高于北京、上海、杭州、宁波等大中城市。正是基于这一事实，深圳出租车运价长期以来被冠以“全国最高”的恶名。社会各界因对深圳出租车降价的长期呼吁已经产生“疲劳感”。2004年9月，深圳曾举行出租车价格调整听证，意见比较一致。但到了2005年9月，政府拟将出租车起步价从12.5元下调到10元或9元的计划因企业的强烈反对而受挫，只能暂缓实行[45]。2007年4月，深圳市举行了被广泛理解为出租车涨价的听证会，以至于媒体上出现了“‘全国最高’还要涨价？”的标题。具有讽刺意义的是，在2007年10月的“红的”经营权拍卖会上，有中标企业表示：12.5元的起步价有降低空间❶。

（12）深圳“红的”运价高在哪儿？长期以来，深圳出租车运价被指全国“第一高”。然而，在构成运价体系的主要元素中，里程价深圳为2.4元/千米，广州为2.6元/千米，比深圳高的还有中山等城市；长途返空费，深圳没有，上海、北京、杭州、宁波等城市均有，而且比例高达50%；起步价深圳为12.5元/3千米，为我国大中城市最高。那么，为什么深圳的出租车运价会落得如此“骂名”呢？

（13）出租车运价中是否需要设置长途返空费？在全国，众多城市的出租车运价中设置了长途返空费。在深圳，也曾经设置过返空费，但于2000年10月24日取消。2004年的出租车价格调整听证、2007年的出租车油价运价联动听证、2009年的出租车优化运价结构听证均重提设置返空费，几经反复。那么，出租车运价中究竟该不该设置返空费？

（14）出租车（深圳“绿的”）为何不打表？2008年年初，《南方都市报》的一则报道“打表仅9元却要40元！‘绿的’叫价如抢钱”再次将该问题推到了公众的眼前。其实，“绿的”不打表的现象存在已久，一直有市民投诉，媒体也常有报道，相关部门也曾多次向媒体表态，要对违规的“绿的”及出租车企业进行严查，但“绿的”宰客依旧[46]。

---

❶ 《深圳14年首次出租车牌照拍卖：每个54.25万》，新华网，2007年10月31日。

（15）出租车企业与出租车驾驶员的境况为什么会“冰火两重天”[47]？在媒体上，经常可以看到这样一种有趣的现象：一边在抨击出租车企业的高利润，另一边则在为出租车驾驶员呐喊，称他们为现代版的“骆驼祥子”[48,49]，呼吁社会关注他们的生存状况[50,51]。令人生疑的是，出租车企业和出租车驾驶员可谓“拴在一根绳上的蚂蚱”，应该是“一荣俱荣”，怎么会有如此大的反差呢？此外，对于出租车运价调整等决策，出租车企业与出租车驾驶员的反应也往往相左，有时驾驶员支持，企业抱怨；反之，企业支持，驾驶员抱怨[52,53]。

（16）“茶水费”何以成为“行规”？在深圳，承包出租车向中间人或发包人代理或发包人账外暗中支付一定金额手续费或酬金（俗称“茶水费”）的现象曾风行一时。20 世纪 90 年代中期，出租车承包人为了顺利包到车，往往会通过老乡、朋友公关，并支付几千元的“茶水费”。到了 2000 年后，“茶水费”由几千元增加到了几万元（有报道最高达到 7 万元）。与此同时，“茶水费”也从当初的酬金、贿金部分转变成了“变相收费”，愈演愈烈，演绎出大规模的集体讨要“茶水费”事件[54~60]。

（17）出租车行业为什么会出现副班驾驶员“荒”？在深圳，出租车驾驶员虽然辛苦，但还是一项不错的职业。截至 2007 年 9 月，在深圳做一名出租车副班驾驶员还是一职难求的事，在 Google 上都能搜到不少“求做深圳红色出租车副班驾驶员”的求职条目。可是到了 2008 年 1 月，一下子转变成了副班驾驶员荒的局面。

（18）出租车企业的经营成本能够直接“传导”给“下家”吗？在深圳，当谈到出租车驾驶员压力大、收益低时，出租车企业会这样解释：企业的营运牌照成本高，经营成本水涨船高，企业有难处[60]。而驾驶员也认为：高价营运牌照最终还是要转嫁给出租车驾驶员的[61]。因此，希望营运牌照的拍卖价越低越好，有助于降低出租车驾驶员的“份钱”，否则，会将高牌照费转嫁给乘客[43]。在这里，好像一切都停留在“短缺经济时代”，市场失灵了，难道情形果真如此吗？

（19）有出租车企业亏损是否正常？每当有人动议“投放出租车”或者“降低出租车运价”时，就会有这类言论（包括政府）：现在已经有出租车企业出现亏损，再……，将不利于行业稳定。如 2007 年深圳市出租车油价运价联动机制听证报告称：部分被法院公开拍卖的出租车营运牌照单价高达 96 万元，目前这部分企业经营已经处于亏损地步……企业已无力再承担油价进一步上涨的负担❶。言外之意，企业亏损行业就不正常了。

---

❶ 深圳市出租车协会，《深圳市出租小汽车油价运价联动机制听证报告》，2007 年 3 月 30 日。

（20）出租车企业有无存在的意义？中国社会科学院的一份研究报告认为，从经济学角度看，出租车企业没有任何价值，只要方法得当，出租车行业完全可以个体化❶。舆论也广泛认为：在出租车行业，具体业务是由出租车驾驶员自行完成的，出租车企业在经营中的重要性很难体现出来，但却敛取了很高的收益，属于“食利阶层”[62]。而且，在国外，许多城市没有出租车企业，个体经营非常普遍；在国内，温州早在1998年就开始了出租车的个体化实践，被视为开创了我国出租车经营的一个新模式。也有观点认为，出租车服务与一般的公共产品不同，不具有天然垄断特性，出租车驾驶员能直接向市民提供很好的终端服务，出租车企业存在的价值比较小，其对出租车驾驶员营运过程的管理，也是有限乃至“松散”的，仅仅是一个中间环节，一个将公共资源、政府权力“商品化”的载体[63]，主要作用是实现政府对出租车的管理。总之，除了出租车企业和政府，学者、消费者、媒体几乎一边倒地讨伐出租车企业的存在。但是，全国多数大中城市并没有采取弱化出租车企业的行动，到底是政府与出租车企业结成了利益同盟，还是另有原因？

（21）出租车行业为什么如此难管？有关出租车行业的非法营运猖獗、茶水费、集体上访、罢驶、管理水平低、服务水平差等报道频现媒体，牵制了行业主管部门和主管市领导的很大精力。在深圳，主管交通的市领导曾强调：不从根本上解决问题，出租车行业永无宁日！并且指出破除行业坚冰已刻不容缓[36]，表示“不怕出租车利益关系复杂，也不怕得罪人，一定要用清理整顿的行政手段调节供求矛盾，促进企业规模化经营，同时以市场手段和措施尽快理顺出租车经营管理体制、加强行业管理[44]”。最近一年，全国各地负责城市管理的党政一把手亲自处理出租车问题的现象日渐增多，足见问题之严重，管理之艰难。

（22）出租车与城市交通拥挤的关系。主流的认识是发展出租车有助于缓解城市交通拥挤。正因为如此，许多城市鼓励发展出租车，但也不乏反对的声音，如“大量出租车在路上跑，造成道路资源被严重占用，各大城市交通拥堵，很大程度上与此有关”❷；“考虑到城市道路系统、城市生态环境系统、城市交通管理与控制系统的和谐发展问题，出租车俨然已经成为城市环境的‘隐形杀手’之一”[64]。反对的主要理由是出租车每天行驶的里程与时间大约是私家车的10～15倍，增加出租车会加剧城市交通拥堵[65]。

❶ 《社科院报告：出租行业完全可以个体化》，wtolaw. gov. cn，2003年2月12日。

❷ 方益波，《解决行路难　谁应给大众公交“让路”?》，news. chinacars. com，2007年4月26日。

（23）多高的里程利用率❶才是合理的？在不少场合，出租车只有50%多的里程利用率会被当作严重的问题，如“里程利用率只有54%左右，资源浪费严重”[36]；更有甚者，对出租车接近70%的里程利用率也极为不满，认为每天有1/3的时间在“空转”[66]。在此基础上增加运力，会造成更多浪费。那么，一个城市出租车的里程利用率应该保持多高才比较合适呢？

（24）我国的出租车为什么基本上是巡游（兜街）式的？纵观世界发达国家的城市，出租车大多由巡游式出租车和电召式出租车构成，而且很长时间以来，巡游式出租车的规模增长缓慢，甚至不再增长。然而，在我国，电召式出租车也曾被一些城市所提及，但始终没有大规模发展起来，主要原因又是什么？

11.4 深圳出租车市场的部分经济学解释[67]

（1）出租车是否属于公共交通？公共交通是一个与私人交通相对的概念，指供公众共同享用的客运系统。《建设部关于优先发展城市公共交通的意见》（2006年3月20日）对城市公共交通的表述是由公共汽车、电车、轨道交通、出租汽车、轮渡等交通方式组成的公共客运交通系统，是重要的城市基础设施，是关系国计民生的社会公益事业。出租车属于公共交通毋庸置疑。那么，现实中，为什么会演绎成一个有争论的问题呢？笔者认为，主要有以下四方面的原因：

第一，出租车不同于其他公共交通形式。出租车与其他公共交通形式的相同之处在于服务对象的非特定性和排他性。不同之处在于出租车具有消费的竞争性（即增加消费者人数会增加成本，或会降低原消费者的消费效用），然而，正是由于这一差异，实践中有人希望将它们区分开来，于是便有了出租车不属于公共交通，出租车是公共交通的辅助形式，是公共交通的补充等说法[68]。

第二，听证申请方为应对前后两次听证方向向左可能引发的质疑。2004年的听证申请方是深圳市交通局，更多的是站在行业管理的角度，尽量兼顾消费者和经营者的利益。2007年的听证申请方是深圳市出租小汽车协会，更多考虑的是出租车企业的利益。在降价听证无果的情况下，短时间内申请以涨价为核心的听证，理由并不充分。但是，如果调整对出租车属性的表述：出租车不属于公共交通，那就有理由将油价与运价捆绑在一起，由消费者“埋单”也就顺理成章了。

❶ 笔者注：出租车的里程利用率与空载率的和为1（或100%）。严格地讲，出租车的里程利用率不等同于实载率，但现实中往往被人混用。

第三，受制于部分实践活动。在深圳的交通警察队伍中，不少人反对将出租车列入公共交通范畴。一个重要的原因是在深圳的交通管制中，公交专用道、信号灯优先的对象特指公共汽车，不包括出租车。如果将出租车归于公共交通，势必与现行的规管体系形成冲突，并因此作出相应的调整。于是，交通警察大多数倾向于出租车不属于公共交通的观点。

第四，出租车行业长期备受诟病，总希望每一个举措能解决尽量多的问题。出租车运价调整听证（或运力投放听证等）往往从一开始单纯的价格听证（或运力投放听证等），演变成政府如何消除行业积弊、如何履行公共行政责任、如何促进公正定价的大辩论，最后自然而然地落脚到行业的属性之争。

（2）出租车经营权的期限多长才合适？从世界各国出租车成长所经历的阶段看，普遍存在诞生、成长、成熟三个阶段（也许还应该有衰落的阶段），其中到了成熟期之后，许多城市的出租车需求开始稳定，不再增加或者缓慢增加出租车运力。我国是处于快速发展期的发展中国家，出租车成长的阶段比发达国家相应阶段所经历的时间要短得多，很难准确预见成熟期到来的时点与需求规模。而且，一些城市的私家车普及、轨道交通网建设几乎同时在短时间内完成，出租车需求容易出现从顶峰快速回落再进入漫长成熟期的现象[3]。为防止因此出现出租车长时间供过于求的被动局面，一定数量出租车的经营权期限可以短一些，但不必全部缩短，应长短结合。这样，既可避免频繁投放引发的资源配置及成本浪费问题，又可避免判断不准带来的尴尬。

（3）出租车经营权是否应该收取资源费？出租车是一种共享程度相对较低的公共交通方式。从可持续交通的角度，需要与其他公共交通拉开比价关系，以免形成强替代。问题是对合理的比价差缺乏精确定量，给具体把握留下了比较大的弹性空间，容易导致刻意扩大比价差的倾向。但是，只要比价差存在，为保持较高运价水平下的供求平衡，就有必要对出租车的供给予以控制（高价格与低供给实为杠杆的两端，不仅直接相关，而且具有同等功效）。在这样的市场关系中，是存在特许经营（或垄断）利润的。如果政府不收取资源费，意味着经营者可以获得超额利润，引起社会不公平，而且将激发更大的投资与投机热情，行业的健康发展会受到影响。因此，对出租车经营权收取资源费是无可厚非的。问题是这一资源费的使用应该更多地回归到公共交通系统的建设上。

（4）出租车经营权资源费对行业收益的影响究竟有多大？目前，若想准确核定出租车经营权的实际成本是相当困难，甚至是不可能的。但是，有一些数值是明确的，而且有助于对这一问题的理解。以深圳为例，按营运牌照（2007 年 12 月之前）原始成本计算的平均值为19.1万元/个，按营运牌照实际成本估算的平均值为27.78万元/个，处于“众数”（在统计学中，是指将数据按大小顺序排列后，在统计分布上具有明显集中趋势的数值，代表数据的一般水平）状态的营运牌照费为19.8万元/个和21.8万元/个，媒体报道的通过二手市场交易的营运牌照持有成本平均为80万元/个（35年）[1]，处理“国润、奥润、安润及华旅”事件由法院拍卖的最高价为96万元/个（45年），以及2007年12月经“淘汰式集约竞价拍卖”的营运牌照费为54.25万元/个（12年），分摊到每个月的费用如表11-2所示。

深圳出租车营运牌照成本分摊表 表11-2

牌照成本（万元/个）	19.1	27.78	19.8	21.8	80	96	54.25
使用年限（年）	50	50	50	50	35	45	12
按时间简单分摊额（元/月）	318.3	463.3	330.0	363.3	1904.8	1777.8	3767.4

由表11-2可见，相对于“红的”每月32028～33459元的营业额[2]，大多数营运牌照的分摊成本只占营业额的1%～1.5%，即便是牌照成本最高的那一批出租车，其分摊额也只占营业额的11%多一点，并没有成为出租车营运成本的最主要份额。因此当年这批牌照费最高的营运牌照拍卖时，40家企业在现场经过近80次举牌才有结果，最终以54.25万元/个的价格拍出。部分竞得牌照的企业表示，此次拍卖的心理价位在50万～55万元/个，对拍卖结果表示满意[3]。足见营运牌照成本对出租车行业的收益影响有限，至少不是最主要的。

（5）哪种出租车经营权投放方式最有利？纵观世界各国，出租车经营权的投放方式主要有自由申领、行政审批、招标、拍卖四种。由“2.2出租车营运牌照投放方式”可知：

自由申领面对的是一个只有法律规定的若干行业准入条件（如驾驶员必须身心健康、无传染病和精神病史、有一定年限的驾驶经历等），经济上几乎没有准入门槛的开放市场，比较多地被出租车市场处于萌芽阶段，或人们的市场意识、风险意识非常成熟的中小城市所采用。

在出租车市场处于起步时期的中小城市比较多地采用行政审批方式。但长期实践表明，行政审批容易滋生“寻租”行为，产生腐败，应尽量避免使用。

---

[1] 《深圳：红的牌照拍卖后各方关注出租车市场》，深圳新闻网，2007年10月31日。

[2] 深圳大学中国交通经济研究所，《深圳市出租车运价结构优化研究方案》，2009年8月。

[3] 《深圳14年首次出租车牌照拍卖：每个54.25万》，新华网，2007年10月31日。

招标可以做到公开、公平、公正，能够保证资源的优化配置。但是，由于评标标准容易受人为因素影响，从而使招标工作形式上公正、公平，实质上则不尽然。现实中，不少招标工作与腐败行为有染便是明证。

拍卖是最符合市场原则的一种投放方式，它有助于将资源配置给机会成本最高的经营者，保证资源的最有效利用。同时，对于公平竞争，抑制腐败效果明显。在市场发育初期，限价拍卖有助于防范市场风险，抑制投机行为，保护不成熟的竞买者。但是，限价拍卖仍带有计划经济味道，不利于资源优化配置，而且限价的尺度非常难把握。在投资者比较成熟的市场，风险会得到比较充分的评估与考虑，不限价拍卖能更好地发挥市场配置资源的作用，而且政府不必为竞价高低费心，也不必替竞买者得失负责，基本可以摆脱限价拍卖在限价高低上可能遇到的两难境地。

总之，在廉政有保障的环境中，招标是一种有效的出租车经营权投放方式。如果缺失这一前提，那么，在投资者比较成熟的市场，采用不限价拍卖方式比较适合；在投资者不太成熟的市场，采用限价拍卖方式比较稳妥。

（6）深圳出租车经营权拍到54.25万元/个（12年）是谁之过？理论上最有效的出租车经营权投放方式在深圳的实践却出现了不和谐的声音，笔者认为主要是操作方案不当。在自由竞价市场中，价格高低主要取决于供需双方的力量对比，如果供给不变，价格则取决于需方的规模及支付意愿。显然，如果将标的定得比较大，竞标者资金门槛提高，需方的规模受到限制，竞争会得到遏制，价格自然较低；相反，如果将标的定得比较小，竞标者的资金门槛降低，需方的规模迅速放大，竞争被充分释放，价格自然较高。遗憾的是，在种种因素影响下，每个标的最终敲定为100个经营权，竞拍场面之热闹、程度之激烈可想而知。假如操作方案的初衷（200个以上经营权为一个标的）不改变，有理由推定，该批出租车经营权的拍卖价不会超过50万元/个，甚至不会超过45万元/个。

（7）出租车企业的利润水平到底有多高？回答这个问题首先必须确立一些假设条件：①分析整个行业，而不是具体的某个企业；②出租车经营权的成本高低不一，模拟时只考虑典型成本下的情形；③不管企业的实际经营成本如何，只考虑合法、合理的项目与水平。

根据最新测算，深圳市“绿的”企业的投资收益水平比沪深两市以出租车为主业的上市公司[1]整体水平要高两倍左右，详见表11-3。

---

[1] 平均资产负债率为58.07%。

"绿的"企业投资收益水平模拟❶　　表 11-3

资产负债率	净资产收益率	总资产报酬率	总资产净利润
48.2%	29.25%		15.15%
58.9%	35.51%	20.55%	14.58%
67.9%	43.91%		14.11%

深圳市"红的"经营权典型成本❷下出租车企业的模拟投资收益水平如表 11-4 所示。

"红的"公司投资收益水平模拟❸　　表 11-4

牌照费（万元/个）	资产负债率	净资产收益率	总资产净利润	总资产报酬率
	43.1%	22.3%	12.72%	
19.8（50 年）	60.0%	29.6%	11.83%	18.35%
	71.3%	39.1%	11.23%	
	40.8%	20.2%	11.94%	
21.8（50 年）	60.0%	27.3%	10.93%	17.24%
	72.8%	37.7%	10.25%	
	37.3%	17.1%	10.70%	
27.8（50 年）	60.0%	23.8%	9.51%	15.48%
	75.1%	35.0%	8.71%	
	20.0%	6.2%	4.93%	
60（50 年）	60.0%	7.1%	2.83%	7.22%
	86.7%	10.7%	1.42%	
	21.7%	1.6%	1.23%	
54.25（12 年）	60.0%			2.34%
	85.5%			

---

❶ 深圳大学中国交通经济研究所，《深圳市出租车行业成本分析报告》，2009 年 8 月。

❷ 深圳市共有使用年限 50 年的"红黄的"营运牌照 8050 个，实际牌照费估计每个平均为 27.78 万元，其中牌照费 19.8 万元的占总数的 27.0%；牌照费 21.8 万元的占总数的 42.7%，可以近似地视为"众数"。

❸ 资料来源同上。另表中空白处表示没有相应数值（利润为负）。

除了营运牌照费为54.25万/个的那批出租车，“红的”企业的总体投资收益水平也是比较高的。当经营权经二级市场交易实际成本达到60万时，企业的投资收益处于略低于深沪两市以出租车为主业的上市公司平均水平。

(8) 出租车运力投放的阻力来自何方？一言概之：源自既得利益集团的强烈阻止。1999年，深圳市交通局委托科研机构调研得出的结论支持出租车投放。然而，还没有将其列入议事日程，阻止投放的压力已经形成，权衡再三不得不放弃，但管理部门又不甘心，便考虑采取“迂回战术”投放“绿的”，将“红的”挤到特区内，间接增加“红的”供给。三年后，又将“红的”投放提上议事日程，并进行了投放听证，既有经营者再次阻止投放，致使投放的抉择变得迟缓。当然，这里也可能有国家层面行政干预的因素。当时恰逢全国对出租车行业进行全面整治，规定各地一律不准新增出租车。

本质上，出租车是一个借助政府管制实现垄断的市场，通过政府，统一价格行动、统一供给行动。依据经济学原理，在这样的市场，如果将边际收益等于边际成本的产量点确定为供给规模，经营者可以获得最大利润。这个产量小于完全竞争状态下的均衡量，价格高于完全竞争状态下的均衡价格。虽然这是一种理论解释，在图形模型中很容易获得相应的数值，但实践中一般难以准确把握。不过出租车企业似乎谙熟此道：紧缩供给是接近最有利供给量的有效途径。

阻止投放的压力主要来自三个方面，一是既得利益群体，二是恐怕出“乱子”的政府官员，三是出租车驾驶员的担忧。其中既得利益群体由出租车企业和历年通过融资成为出租车经营权实际拥有人共同构成。供给越短缺，出租车营运牌照的含金量越高。据2005年的媒体报道，一些出租车企业每辆车每月的税后利润达6666元，高的达到8000元[37]。笔者也曾模拟过100辆、200辆规模的出租车企业收益，上述数值在当时应该没有被夸大。

增加出租车投放，其中的一些企业可能获得更大的市场份额，也有一些企业的市场份额保持不变，甚至还会缩小。于是，出租车企业干脆反对投放出租车，充分利用各种渠道，动用各种力量掩饰既得利益，表达各种利益诉求，以免既得利益被稀释。可以说，来自这一群体的阻力是最强的。2005年，深圳市政府在年内推出2000辆新出租车的计划因企业的强烈反对而受挫，只能暂缓实行[45]。

恐怕出“乱子”的政府官员本质上是愿意看到行业健康发展，愿意对出租车供给规模、出租车价格进行调控的，试图平衡各方之间的利益。但是，面临风险，他们更趋向于保守，尤其被那些既得利益集团的代言人一“唬”，加上对风险无法作出比较明确的判断，难免举棋不定，对出租车投放的态度也就变得不再坚决。

抽象地讲，投放运力有助于改善出租车承包的供求关系，对出租车驾驶员有利。但是，对于承包中的出租车驾驶员，首先考虑的是承包期内的收益，更担心投放运力会降低每辆出租车的市场份额，因此对投放运力持反对态度。

一边是既得利益群体的威逼游说，百般阻挠，以及出租车驾驶员的反对，还有一些政府官员的犹豫；另一边是泛泛的市民利益和难以计量的城市交通可持续发展方案，出租车运力投放的天平倾向何方其实已经非常明确。这就是出租车投放为什么如此之难的答案。

（9）非法营运猖獗的根源是什么？托·约·登宁曾在《工联与罢工》一书中描述资本逐利性时指出“如果有10%的利润，它就保证到处被使用；有20%的利润，它就活泼起来；有50%的利润，它就铤而走险；为了100%的利润，它就敢践踏一切人间法律；有300%的利润，它就敢犯任何罪行，甚至冒绞首的危险……走私和贩卖奴隶就是证明”[69]。紧缩供给与高运价政策给出租车投资人与经营者提供了获取高额利润的“安乐窝”，同时也引来了大量社会资本追逐，而且还会诱使对此垂涎三尺的非法力量，通过非法方式强行参与“分羹”。非法营运正是这一力量的体现形式。

执法力度不足也是非法营运猖獗的因素之一。与全国大多数城市一样，深圳打击非法营运主要由交通行政主管部门负责，受人员数量和执法手段限制，力度明显不足，偶尔也会与公安、城管等部门采取联合行动，但毕竟不能保持常态。

从本质上讲，非法营运是非法获利与违法成本之间博弈的产物。一方面，出租车属于特许经营服务，含有较高的资源价值，非法获利空间较大；另一方面，现行的执法体系存在条块分割、链条不闭合、保障机制缺失等问题，违法成本较低，总体上有利可图，就会有人以身试法。这便是非法营运屡禁不止的根源所在。

（10）出租车行业的规模化经营为何举步维艰？一般地，出租车服务以单车为基本营运单位，属于个体劳动性质，从业门槛低，不需要高新技术投入和巨额资金运作。但是，出租车及证照验审、税费征缴、保险与社保办理、信息服务等还是具有较强规模经济性的，尤其是品牌建设与网络化服务只有在一定的企业规模下才有可能和必要，而这正是现阶段提升出租车服务水平的重要手段。然而，除了少数几个城市之外，出租车行业的规模化进程并不明显。

长期以来，出租车行业的利润水平确实比较高，而且十分稳定，固化了投资人的思维定式：出租车经营权是短缺资源，拥有它就意味着“源源不断的收益”。分散成了解决僧多粥少的“务实法则”。2007年，深圳“红的”经营权拍卖之际，曾热议过200个经营权为一个标的，也有标的更大的方案。过程中主要有两股力量影响方案走势：一是希望能够获得经营权，但不管多少。这类投资人实力不强但数量众多。二是少数有实力的企业希望借此获得更多的经营权，以提高市场份额。从经济学讲，将资源配置给机会成本最高的投资人，是资源优化配置的表征。此次出租车经营权投放采用不限价竞拍，意味着谁价高谁得，客观上有助于将资源配置给机会成本最高的投资人。采用大标的有助于实现资源的优化配置，有助于规模化经营。但是，从政府工作看，采用大标的，反对的企业数量很多，声势大，支持的企业则寥寥几家，而且舆论对政府不利[1]；如果采用小标的，反对的企业不多，支持的企业不少，舆论对政府有利。何况，规模化经营是一个长期的过程，一次努力的效果不显著，一次怠慢的后果也不明显。权衡利弊，最终选择了以100个经营权为一个小标的，而且一家企业只允许竞拍一个标的，以安抚更多的需求者。

（11）出租车降价为什么难？客观上，作为特许经营的出租车，运价向完全竞争状态下的均衡价格变动是会受到限制的，但其毕竟属于公共交通的一种形式，不应该将供给规模控制在边际收益等于边际成本的产量点。不过，如前所述，接近这种状态对出租车经营企业最有利，死守紧缩供给与高运价成了它们的行动指南，牺牲垄断定价损失、压缩消费者剩余。否则，一旦运价下调，必然会出现“打的难”，要求政府增加出租车供给，从垄断均衡向完全竞争均衡漂移，如果现有企业不能获得同步的市场份额，企业的利润肯定减少；如果获得同步的市场份额，企业的利润是增是减还存在不确定性。

由于出租车是一个供给规模受政府控制，并实行国家定价的行业，政府是改变市场要素的关键。因此，只要透出出租车投放或者出租车降价等方面的风声，由出租车投资人或出租车经营企业构成的利益集团就会闻风而动，游说政府，甚至施加压力，尽量延缓政府决策，甚至迫使政府知难而退。

（12）深圳“红的”运价高在哪儿？深圳出租车实施的是高起步价与高里程价并举的运价结构。这对大多数中短途乘客来讲，运费确实很高，而且运距越短，高出的差值越大。但是，随着运距延长，深圳与其他城市的出租车运费差距缩小，甚至低于其他城市的出租车运费。因此，就出租车的整体需求而言，深圳出租车运价的平均水平不见得最高。

通常，本市乘坐出租车的居民大体有两类：一类是将出租车作为日常交通工

[1] 如果一项政策损害了特定人的利益，通常被认为是不应该的，由此引起的抨击将非常猛烈。反之，如果一项政策给特定人带来了利益，往往被认为是应该的，由此引起的赞扬将是温和的。这就是舆论。

具，运距长短不一，这类人一般收入水平较高，或者不用个人收入支付，对出租车的运价不敏感；另一类是一般的居民，多在遇到急事、身体不适、负重、恶劣天气时乘坐出租车，平时较少使用，且以中短距离为主，对出租车的运价比较敏感。外地旅客，由于是一次性乘坐出租车或者是由其他事由派生出行需求，对出租车的运价不敏感。因此，如果采用中短途运费相对较低，长途运费相对较高的出租车运价体系，对本地一般居民较为有利，由此引起的反响会平淡得多。深圳的出租车运价恰好在这一结构上出现了反差，似有“劫急济富”、“劫内济外”之意，落下“运价高”的名声也就不足为怪。

(13) 出租车运价中是否需要设置长途返空费？返空费源自“共同成本”的分摊。在出租车服务中，存在着向一个方向提供运输服务后自行返回概率较高的情形，也就出现了联产品。由此形成的共同成本需要在联产品中分摊。由于空车返回没有购买者，因此必须由主产品的购买者（即乘客）承担全部共同成本。通常，在客流比较均衡的区域，副产品的概率相对稳定，而且数值较小，共同成本可以在出租车的基本运价中体现；而在客流不均衡的区域，副产品的概率差异很大，共同成本很难在基本运价中得到比较全面的体现，需要区别对待，设置长途返空费是一种通行的做法。

在深圳，特区内基本上都是建成区了，各方向的客流差异不大，基本运价能够体现出租车的联合成本，可以不设置长途返空费。但是，在特区外，建成区的比例还不是太高，各个方向的客流差异比较大，基本运价无法客观体现出租车的共同成本，有必要设置长途返空费。深圳的“黄的”以特区为营运范围，设置长途返空费的必要性不大；“绿的”以特区外宝安、龙岗及市际为营运范围，非常有必要设置长途返空费；“红的”以市域及市际为营运范围，也有设置长途返空费的必要。

(14) 出租车（深圳“绿的”）为何不打表？不打表的原因不外乎以下两种情形：一是供不应求，哄抬运价；二是运价水平低，入不敷出。就“绿的”而言，应该是这两种情形的结合。2007 年下半年，一般情况下，4 千米范围内打表计费；10 千米范围以外不会打表[46]。至 2009 年 8 月已经演变成基本不打表。

1800 辆“绿的”于 2002 年年初开始投放到一个出租车供给近乎真空的市场，很快被市场消化。除了 2003 年“非典”期间出现一些困难外，经营情况良好❶，供求关系一直在沿着卖方市场方向发展。2007 年，深圳市交通局在“红的”经营

❶ 深圳市交通局，《关于加快第二批“绿的”投放，解决居民出行难的议案答复》（深交函［2004］274 号），2004 年 8 月 5 日。

权拍卖会后表示：为解决特区外“打的难”问题，计划自2008—2011年在特区外分期分批投放不超过3500辆“绿的”[1]，显示出特区外“打的”难的不争事实。

运价水平低是“绿的”不打表的另一重要原因。“绿的”运价是依据2002年深圳的社会经济发展水平制定的，而且当时投放“绿的”还担负着挤压“非法营运”的重任，运价水平就低不就高，尤其是没有设置长途返空费，使运价结构存在缺陷。可惜的是，2004年的出租车价格调整听证虽然考虑了“绿的”增设长途返空费，但由于将“红的”和“黄的”（核心降价）、“绿的”（核心提价）的运价调整捆绑听证，后受燃油价格飙升等因素影响决定不对“红的”和“黄的”运价进行调整，同时也放弃了对“绿的”运价的调整，致使“绿的”运价水平长期过低，一方面刺激需求，另一方面抑制供给。

依据《关于深圳市绿色出租小汽车营运成本监审报告》（深价认审字［2009］002号），“绿的”的营运成本为1.214元/千米。这就是说，只要出租车的空驶率达到31.8%，其联合营运成本将达到1.6元/千米，与乘客延长租车里程给驾驶员带来的边际收入相等，驾驶员的边际利润为零，无疑会拒绝供给。可是，从国内外出租车营运的实际情况看，要达到空驶率低于31.8%是不太现实的[2]。拒载、“不打表”成了理性经济人的必然选择。从这个角度讲，“绿的”不打表是一种无奈，但是一旦不打表变得经常时，就会被固化成习惯，也就不会再考虑运距长短了。假如“绿的”运价结构中设置了长途返空费（附加30%），一定距离之后里程价实际变成了2.08元/千米，就可避免入不敷出问题，相信拒载、“不打表”的现象会减少很多。2009年8月15日，“绿的”开始实施新运价，“不打表”的现象很快消失。

（15）出租车企业与出租车驾驶员的境况怎么会“冰火两重天”？首先需要明确的是这里涉及两个层面的供求关系。一是出租车服务的供求关系，由它决定出租车企业的“命运”，核心是出租车经营权的规模与出租车运价。经营权越短缺，出租车企业的收益越好；反之，经营权越充裕，出租车企业的收益越差。国内城市中，凡是出租车企业被指收益过高的，其供给规模一定是明显偏向由垄断定价确定的供给量，出租车企业的日子自然好过，深圳只是其中之一。回想20世纪80年代末、90年代初的上海出租车市场，出租车企业的日子并不好过，原因就在于出租车经营权投放过度。二是出租车承包的供求关系，或者说出租车驾驶员就业的供求关系，由它决定出租车驾驶员的“境况”。如果出租车承包人或者出租车驾驶员供过

[1] 深圳出租车4年内翻番，life. szonline. net（人在深圳），2007年10月31日。

[2] 深圳大学中国交通经济研究所，《深圳市出租小汽车运价结构优化方案》，2009年8月。

于求（国内很多城市的出租车市场处于这一状态），卖方市场的特征就会显现，只要市场信息充分，出租车驾驶员的日子就不可能好过；如果出租车承包人或者出租车驾驶员供不应求（20 世纪与 21 世纪之交那段时间的上海出租车市场处于这一状态），买方市场的特征就会显现，出租车驾驶员的日子就比较好过。

从长期看，出租车不是技术密集型行业，承包出租车的资金量也不很大，在目前劳动力供给过剩的情况下，驾驶员与出租车企业的谈判地位是不对称的，市场失灵不可避免。如果没有特别限定（如上海要求出租车驾驶员必须为本市户籍），出租车承包或出租车驾驶员就业的供求关系必定偏向出租车企业，所形成的合约将明显不利于驾驶员（虽然可以接受）。不过，从短期看，如果信息不完全对称，驾驶员有可能暂时获得比较有利的合约，只是随着信息逐渐对称，后续的合约将迅速调整，要想长时间维护超越同类劳动的平均所得是不现实的。

从深圳的实际情况看，20 世纪 90 年代中期以来，驾驶员的综合承包费[1]总体上是逐步提高的，出租车驾驶员的“境况”可谓越来越差，期间只有两次轻微逆转，那就是 2002 年在特区外投放 1800 个“绿的”经营权，“红的”的综合承包费明显回落。2007 年年底，2000 个“红的”经营权投放形成第二次逆转。2008 年年初，众多出租车驾驶员集体讨还“茶水费”便是综合承包费回落的信号，表明出租车驾驶员的“境况”好转。

需要指出的是，上述分析都是针对长期而言的，如果从短期看，从“现有驾驶员”看，理解会有所不同。假如出租车驾驶员与企业的关系是劳动关系，出租车经营权投放意味着劳动就业市场岗位增加，对驾驶员有利，由于企业对驾驶员辞职约束力不强，企业必然会相应提高驾驶员的待遇。但是，假如出租车驾驶员与企业的关系是承包关系，由于承包期一般为 5 年，在承包期未满之前，企业可以坚持承包合同中的条款，出租车经营权投放意味着出租车供给增加，每一辆出租车的市场份额被稀释，收入会受到一定程度的影响。众多“现有驾驶员”担心的就是这个。现实中，有些出租车企业无视供求关系变化，坚持“依合同办事[2]”，往往会引发出

---

[1] 泛指出租车驾驶员为承包出租车而支付的代价，包括承包金、风险抵押金、安全生产保证金、月租、“茶水费”和管理费等。这些名目各异的费用本质上均为驾驶员承包出租车的成本，只是因各地的习惯采用的叫法不同而已。

[2] 出租车企业坚持“依合同办事”应该是有其道理的，但合法不合情。这是因为，政府出台营运牌照新增或者运价调整等政策，一般是在权衡多方利益的前提下，鉴于出租车企业盈利水平过高、出租车企业有能力消化等因素下进行的。假如出租车企业对此全然不顾，完全由驾驶员承担由此引发的后果不合情理，毕竟出租车驾驶员在承包时基本上没有能力预计这些政策性因素的变化。

租车驾驶员与企业的对峙。

总之，之所以会对出租车企业与出租车驾驶员的“冰火两重天”产生疑惑，根源就在于将上述两层供求关系粘连在了一起，以为出租车驾驶员的工资与福利会随出租车企业的收益“水涨船高”。

（16）“茶水费”何以成为“行规”？“茶水费”实际上是短缺经济下的一种“黑市”行为，是一种不正常的供求关系调节器。社会经济高速发展，出租车规模却长期不变，必然导致供不应求。在供不应求的市场中，经营变得简单而且容易获利。长期以来，受技术手段限制，出租车企业并不能准确了解出租车驾驶员的真实营业收入，加上企业利润丰厚，对驾驶员收益的挤榨比较温和。20 世纪 90 年代初中期，在深圳开出租车是比较赚钱的，在 2003 年以前，除去成本与生活花销，一个出租车驾驶员每年的结余有 8 万多元[50]。众所周知，驾驶出租车不是一项复杂劳动，虽然辛苦，但是由于收益高，肯定会引来激烈竞争，“一车难求”是必然的。一些管理比较规范的企业，采取抽签、先到先得等方式发包；另一些管理不太规范的企业则依据“人情”、“关系”发包，由此衍生出“茶水费”现象。有人说深圳自 1993 年以来就有“茶水费”现象存在，也有人表示深圳有出租车以来就有“茶水费”现象[70]。随着供求信息日益对称，出租车企业开始提高承包费，将“茶水费”内部化。于是，出租车的承包金从 8 万 ~9 万元逐渐涨到了 14 万 ~15 万元，每月租金也从不到0.9 万元涨到了1.2 万 ~1.3 万元。此消彼长，“茶水费”随着包车成本、实际收益的变化升降。总体趋势是信息越对称，“茶水费”数额越少。但是，随着 2005 年 8 月的“六大措施”出台，企业向承包驾驶员收取的承包费用受到了严格的限制，供求关系平衡需要再次借助“茶水费”调节。不过，此时的“茶水费”更多地转化成了“变相收费”。

2007 年年底，新投放的 2000 辆“红的”陆续下地，出租车市场的供求关系发生了较大变化，出租车承包市场的供求关系也随之改变。出租车驾驶员意识到支付的“茶水费”不值了、或者没有必要了，于是纷纷要求退还[54]。在现行的市场结构中，“茶水费”确实能够起到出租车承包市场供求关系“风向标”的作用。因此，“茶水费”是由于出租车承包市场的供求关系失衡导致的一种寻租现象。

（17）出租车行业怎么会出现副班驾驶员“荒”？2007 年 10 月深圳拍卖了 2000 个“红的”经营权，从 12 月开始逐步参与营运。出租车市场得到一定程度稀释，行业收益水平随之下降（一定时间内）。那么，收益减少由谁来承担呢？主要取决于出租车企业、主班驾驶员和副班驾驶员（副班驾驶员基本上是受雇于主班驾驶员的，通常为夜班）之间的博弈。在这一条博弈链上，最弱势的是副班驾驶员，其次是主班驾驶员，最强势的是出租车企业。由市场稀释导致的收益减少将从最软弱的一端——副班驾驶员开始挤压，逐渐向副班驾驶员的收入底线靠拢。然而，实践中很难准确把握这一底线，只能试探着接近，也就难免穿透。一旦接近底线（加上信息不完全对称），或者穿透底线，副班驾驶员就会短缺。副班驾驶员一短缺，主班驾驶员的综合收益随之减少（来自副班驾驶员的租金减少，或者主班驾驶员延长劳动时间，成为大主班驾驶员[1]），逐渐滑向收益底线。同样，一旦接近底线，或者穿透底线，主班驾驶员就会短缺，迫使出租车企业调整承包合同，降低主班驾驶员的承包金，再由主班驾驶员降低副班驾驶员的租金，进入新一轮平衡。

“红的”投放是在市场供给总体偏紧的情况下进行的，但不等于投放后恰好达到供求平衡。由于夜间的需求相对小于白天，因此“红的”投放对白天的影响主要是从供给偏紧走向供求平衡，主班驾驶员的营业额减少不明显；对于夜间，则有可能从供求基本平衡走向了供给过剩，副班驾驶员的营业额减少明显。由于信息不对称，主班驾驶员摸不准副班驾驶员的底线在哪，出租车企业也不清楚承包出租车的主班驾驶员的底线在哪，都不愿轻易让利，出现僵持。如果出租车企业能够提前一步做出反应，理性地给主班驾驶员“让利”，矛盾将被层层化解；如果出租车企业固守“合约”，没有及时“让利”，主班驾驶员也没有及时调整（或者调整到位）副班驾驶员的租金，致使“红的”投放所引起的单车收益减少主要集中在副班驾驶员身上，由于空间有限，很快接近、甚至穿透其收入底线[2]。于是，愿意做副班驾驶员的人越来越少，副班驾驶员必然短缺。

当然，副班驾驶员短缺还有另外一个原因。就是副班驾驶员的合约时间不像主班驾驶员承包出租车那么长，受到的约束多，在新的营运牌照投放之际，副班驾驶员预计到承包出租车当主班的条件会有所降低，即便继续做副班租金也将下调。又恰逢年关是出租车市场的淡季，本来就不高的收益会变得更差，还不如先回家过年再说，观望气氛浓重。

(18) 出租车企业的经营成本能够直接“传导”给“下家”吗？答案是否定的。出租车企业将成本“传导”给出租车驾驶员的前提是出租车驾驶员可以将这些成本“传导”给“下家”，或者有能力消化这些成本。显然，出租车驾驶员没有这个能力。从长期看，出租车驾驶员所获得的只是与其所付出的劳动及劳动力供求关

---

[1] 大主班驾驶员是指不雇或者雇不到副班驾驶员的情况下，每天营运时间超过 12 小时以上的出租车驾驶员。

[2] 副班驾驶员的租金是依据原先的市场格局制定的，能够挤压的空间不大。

系相对应的收入，没有太多挤压的空间。而作为出租车驾驶员“下家”的乘客，只接受政府制定的出租车运价，不可能接受由出租车驾驶员“传导”的成本。其实，这只是经济学的常识，出现如此令人啼笑皆非的认识只能归咎于出租车企业长期以来已经养成向出租车驾驶员挤压获利空间的习惯了，以至于忽视了最基本的市场法则，将自己置身于典型的短缺经济之中。

(19) 有出租车企业亏损是否正常？这本不应该成为问题。一个行业有企业赚钱，也有企业不赚钱，还有企业亏损是再正常不过的了。唯有这样，才会出现优胜劣汰。倒是没有一家企业不赚钱反而不正常。之所以成为问题，只能与出租车企业长期赚大钱，出租车已经成了最热门的投资与投机工具之一有关。一旦利润水平下降，或者出现亏损，与预期落差太大，就会引发一些不稳定的情绪。如果人们习惯了这一思维定式，就会对此高度关注，格外慎重。加上一些企业利用信息不对称，向行业主管部门提供有利于自己的虚假信息，甚至带有恐慌性的信息，如破产可能引发严重的社会问题等，迫使行业主管部门就范，不敢为此冒险❶。其实，倒有可能由于决策思路长期受既有经营者的影响，才形成了如此多的“顽疾”。

(20) 出租车企业有无存在的意义？中国社会科学院的一份研究报告❷曾集中列举了一些著名学者观点，并明确指出：出租车是一个适合个体经营的行业，散见于其他论著上的同类认识更多。但是，需要强调的是“适合”不等于“只能”，不能由此否认出租车企业存在的意义。实践中，出租车企业与个体经营并非相互排斥，各有各的存在理由，各有各的优势与劣势，关键是如何扬长避短。

就世界范围看，由企业和个体经营者共同构成的出租车市场最为常见。那么，在我国为什么会出现对出租车企业一浪高过一浪的讨伐呢？根源不在出租车企业的存在，而是出租车企业的存在方式：对出租车经营权的“垄断”，断绝了个体经营出租车的意愿与可能。更为直接的根源在于出租车企业的收益与其在经营中所起的作用不符，明显高出了其所存在的价值。出租车企业获取收益的秘诀更多的不是有效管理，而是对出租车经营权的“控制”。假如出租车企业不是资源型的，而是管理型的，其存在的必要性毋庸置疑；假如出租车企业的收益水平在合理范围内，就不会被视为“食利阶层”。在我国，目前的法治环境和诚信体系还比较薄弱，出租车仍是一个适合企业化、规模化和集约化经营的行业。显然，像上海大众、强生、巴士等品牌企业的存在对出租车行业的健康发展是有积极意义的。当然，也不能因

❶ 管制的俘获理论所揭示的正是这类现象。

❷ 《社科院报告：出租行业完全可以个体化》，wtolaw. gov. cn，2003 年 2 月 12 日。

此否决出租车的个体经营，应该给其腾出一定的位置，让出租车的实际营运人在两者之间选择，促使出租车企业改善经营，提高服务水平。

(21) 出租车行业为什么如此难管？经济学告诉我们，在自由竞争市场中，买卖双方的活动会自发地将市场价格推向均衡价格，而这个过程的快慢取决于价格调整的速度，价格成了指引经济活动看不见的手。但是，在垄断市场，企业不是价格的接受者，而是价格制定者或影响者，它们联动价格确定供给量，或者联动供给量确定价格。如前所述，出租车是一个借助政府管制实现垄断的市场，经营者只要不遗余力地影响政府，让政府制定并维持紧缩供给和高运价政策，出租车企业的高收益就能得到良好保障。

深圳出租车的高运价需要追溯到20世纪90年代初的定价策略。当时，出租车的消费群体主要为外籍、港澳同胞、差旅人士及收入较高的白领。于是，为出租车运价确定标准为：低于港澳，高于内地。由此开始了深圳出租车高运价的“不归路”。一方面，在决策者的认识中，出租车的服务对象主要还是港澳同胞，而非本地居民。2004年的出租车价格调整听证报告依然显示出租车乘客中香港客人超过50%，公干和旅游人士占35%～40%，本地居民约为10%～15%[1]。另一方面，高运价是出租车企业所希望的，它们乐于为维护高运价不懈努力。诚然，在关系出租车运价的三方（政府、消费者、企业）中，企业和消费者的意志都十分明确，但企业的行动容易统一，而且愿意为此支付成本；消费者的行动却是分散的、不统一的。政府的意志则是综合的、具有阶段性的，既要保障经济发展，又要维护社会公平，其所扮演的角色往往是在各方诉求中寻找平衡。也就是说，在出租车市场的价格谈判中，企业是刚性的，消费者和政府是柔性的，富有弹性的，其结果自然是偏向企业。

借助政府实施紧缩供给和高运价政策，使出租车市场具有垄断市场的特征，是出租车行业积重难返的根源所在。这可从前面所诠释的一系列问题中得到证明。由于深圳出租车行业的问题是由紧缩供给和高运价的市场架构引起的，而且维持这一格局的力量又很强大，如果不能对此作出大的调整，针对出租车所展开的诸多工作只能是治标性的，难免“头疼医头，脚疼医脚”。所幸，深圳市政府在申办第26届世界大学生运动会时智慧地承诺：到2011年深圳的出租车将达到2万辆。这是向世界的承诺，没有人敢在“大是大非”面前犯“糊涂”，深圳出租车市场紧缩供给的“坚冰”终于可以破了，我们有理由相信经过这一段的沉痛之后，深圳的出租车

[1] 笔者对这一数据的准确性持怀疑态度。

市场会驶入良性发展的轨道。

（22）出租车与城市交通拥挤的关系。对这个问题的解释并不复杂，但需要从动态与静态两个角度予以观察。从静态看，出租车投放瞬间，道路上一下子多出一定数量“闲不下来”的出租车，肯定会增加道路系统的车流量。而且，私家车的里程利用率表面上几乎是100%，而出租车的里程利用率一般不会超过70%，完成同一出行所形成的车流量私家车比出租车小。从这个角度看，发展出租车似乎对于解决城市交通拥挤问题不利。但是，从动态看，发展出租车有助于减少市民对私家车的依赖，能在一定程度起到抑制私家车拥有和使用的作用。就这一点而言，虽然无助于缓解道路交通拥挤，但有助于缓解停车等城市交通问题❶。此外，从动态看，人的出行具有被诱导性，一旦拥有了私家车，其出行的数量与范围将会不断被激发，从而增加对城市道路的使用率。虽然，从确定的出行看，私家车的里程利用率比出租车高，对道路交通的压力小，但如果叠加上私家车被激发出来的出行需求，其总的行驶里程与时间会远远超过出租车。

通常，出租车越发达，服务越完善，私家车的发展会相应变缓慢一些。反之，私家车的发展会快一些。在深圳，出租车的出行分担率为3.7%，而在新加坡却达到了11%。新加坡既有效控制了私家车的增长，又有效满足了人们出行的需要，其发达的出租车服务功不可没。在经济比较发达且道路资源、停车场资源日益紧张的城市，将出租车的服务对象从高端向“平民化”转化，有助于引导市民理性购买和使用私家车，实现可持续交通倡导的“鼓励拥有，限制使用”的发展理念[71]。

（23）多高的里程利用率才是合理的？里程利用率高低是衡量出租车效率高低的关键性指标，但并不等于里程利用率越高越好。里程利用率高意味着运输资源的利用效率高，但会引起“打的难”，降低出租车的服务质量。里程利用率有其合理的范围，尽管在理论上很难推算出具体的数值，但在实践中确有55%～70%的概念。在南京，里程利用率达到60%左右时，就出现了“打车难”现象❷；在重庆，《重庆市出租汽车经营权证管理暂行办法》明确规定：本营运区域出租汽车营运实载率高于60%的，可新增投放经营权证；在苏州，60%的里程利用率被视为出租车扩容的警戒线[72]；在广州，60%～70%被视为出租车里程利用率的合理区间，但事实上当里程利用率为63%左右时，就出现了“打车难”现象，平均候车时间达到20～30分钟[73]；在香港特别行政区，也将里程利用率达到70%作为投放出租车

❶ 城市交通既包括道路交通，也包括停车交通。

❷ 《南京出租车扩容听证会昨举行：仅一票反对》，siyang. mofcom. gov. cn，2005年12月12日。

运力的警戒线。

对于一个特定的城市，究竟多高的里程利用率比较适宜，还取决于两个因素，一是客流在空间上分布的均衡性，二是出租车的服务方式。一般地，客流的空间分布越均衡，出租车往返途中载到客的概率相近，平均水平就高，里程利用率也高，如香港特别行政区。反之，客流的空间分布越不均衡，出租车往返途中载到客的概率差异较大，平均水平就低，里程利用率也低。至于出租车的服务方式，主要有巡游式和电召式两种方式。通常，电召式出租车是被动等客，每次出行都有目的，里程利用率相对高一些；巡游式出租车则是主动寻客，空载行驶时带有一定的盲目性和随机性，里程利用率相对低一些。

(24) 我国的出租车为什么基本上是巡游式的？出租车营运采用巡游式还是电召式主要取决于由巡游引起的边际成本与边际收益的比较。这里的成本主要包括出租车行驶所消耗的直接费用以及时间的机会成本，特定环境中可以看成是常数，收益则是乘客支付的费用，取决于服务的密度。如果前者大于后者，出租车营运宜选择巡游方式；如果前者小于后者，出租车营运宜选择电召方式。在发达国家，私家车的普及程度很高，出租车客流的密度不再增加，甚至还会变稀，巡游式出租车的规模不需再增加，否则，会降低巡游式出租车的边际收益。于是，逐渐发展电召式出租车，服务于“非流动”的、计划性强的客流。在发展中国家，如果经济还没有发展到一定程度，不但私家车的普及程度低，出租车客流也很稀少，出租车服务还是一种奢侈品；如果经济发展水平已很高，小汽车开始进入家庭，更多的人有能力消费出租车服务，出租车客流变得密集，巡游的边际收益较高，总体上胜过“守株待兔”的电召。

(25) 对“六大举措”功效的解读。六大措施是指深圳市交通局在《关于进一步规范出租汽车行业管理有关问题的通知》(国办发［2004］81号) 精神指引下针对出租车行业存在的“顽疾”出台的整治方案，具体包括①对经营权转让、质押、权属关系等进行全面清理和规范。②坚决制止企业利用出租车经营权以车辆挂靠，一次性“买断”，收取“风险抵押金”、“财产抵押金”、“运营收入保证金”或“高额承包”等方式向驾驶员转嫁风险，牟取暴利。③必须依法与驾驶员签订劳动合同。④依法参加社会保险，为驾驶员按时、足额缴纳基本养老、医疗、失业等保险费。⑤要根据实际情况制订合理的承包收费标准，合理调整企业与驾驶员的利益分配关系。⑥严肃查处各种乱收费行为。与其说这是六项措施，还不如说是六项要求。

对于①与②的前半部分要求，显然是两个难以完全分割的问题，其形成主要源

自三个原因。一是出租车经营权拍卖开了我国的先河，是有益的尝试，问题是当时的思想还不够解放，主要体现在不主张个体经营出租车业务，于是在出租车经营权拍卖时确定以一定数量为单元，且必须由出租车企业行使经营权。在这样的背景下，一些实力不足的经营者会联合起来，以一个经营者的身份竞拍。由于这些产权人本没有合伙经营的意愿，只是为了获取经营权才临时“绑”在一起，一旦取得了经营权，分割是必然的，只是为应付行政管理的需要“耦合”在一个企业名下。随着时间的推移，有些经营权的实际拥有人分拆成新的企业，另一些则选择挂靠，从形式看都表现为“融资”。

二是缺乏健全的出租车经营权二级交易市场。由于当时出租车市场处于成长阶段，一些经营权的投资人对市场前景把握不清，为减少风险需要出售部分经营权，也有一些经营权的投资人不愿继续从事这一业务，或者觉得投资收益已经令其满意，欲放弃这一业务。但是，由于当时出租车经营权的交易必须依据市交通局核定的价格进行，而这一价格远远低于“黑市”价格，于是继续呈私下“融资”状态。

三是随着社会经济的发展，出租车经营权逐渐变得短缺，其市场价格稳步上升，成了“低风险”的优质质押品。正是在这一氛围下，一些企业利用当时国有商业银行的经营心态及薄弱的监管体系，大举向金融机构融资，甚至出现重复质押等现象，一旦出现经营危机，资金链断裂，便出现了诸如“国润事件”、“华旅问题”等恶性事件。

深圳出租车经营权的拍卖始于 1988 年，至 1993 年已经拍卖了四次。然而，规管这一与我国其他地区出租车投放方式明显不同的市场的规章迟迟没有出台，截至 1995 年才有了《深圳经济特区出租小汽车管理条例》，很长时间，行业的发展处于规管依据真空状态。尤其是，出租车经营权的二级交易市场到 2004 年年底才正式建立。当时公开的数据显示，深圳共投放“红的”和“黄的”经营权 8505 个，其中 2000 多个存在融资购买或地下交易情况[38]。长期以来，在出租车经营权上已经形成了层层流转的利益链，各种层次的既得利益群体事实上已经形成，竭力阻击出租车投放。因此，尽管深圳市交通局在当年的一份总结上写道：根据 81 号文精神，我市 2005 年全面开展出租车行业清理规范和改革创新工作。截至 10 月 30 日，全市 73 家企业全部通过初步检查验收。行业月减负 1157 万元，清退超额押金 9783 万元，清退剩余租赁金 3 亿 4700 多万元……营运牌照转让工作全面进入公开、规范交易阶段。全年转让交易并已办理转让登记的牌照 134 个……为 18 家企业办理了 25 宗营运牌照向银行贷款的质押登记备案手续，共质押牌照 1307 个、贷款总额 4 亿 5975 万元，每个牌照平均质押贷款 35. 18 万元。为 19 家企业办理了 23 宗 1215

个牌照的质押注销手续……显然，此次清理工作只是将原本的私下行为变成合法行为，对出租车本行业的本质没有太多的调整。

对于措施②的后半部分和措施④、⑤、⑥，本质上都是出租车企业与出租车承包人之间的利益关系，基本上取决于出租车经营权的供求关系，依靠行政手段基本上是无效的。针对出租车驾驶员过剩的实际情况，行政手段的"功效"基本上如同科尔奈的《短缺经济学》所描述的那样，其所能取得的"效果"将是不尽如人意的❶。

2005 年 10 月前的很长一段时间，出租车驾驶员承包 1 辆车的费用约为 20 万元，其中 5 万元左右为风险抵押金，承包期满后退还给出租车驾驶员。此外，每月要交给企业 1.2 万元左右的管理费，有的还要向中间人和管理人员支付"茶水费"[36]。

六项措施出台后，出租车驾驶员的承包金一律取消，改为最高不超过 9 万元（一般企业均取上限）的风险抵押金，承包期满后退还给出租车驾驶员。但是，每月的管理费普遍涨到了上限 1.4683 万元[45]。2006 年，深圳市交通局又将出租车的管理费下调 645 元❷。由于承包出租车标的更加优惠了，出租车的承包呈供不应求状态，"茶水费"再次暗潮涌动。

其实，这六项要求中，真正能起作用的是第③条，通过劳动合同关系将企业与驾驶员的关系从纯粹的承包关系，变成局部的承包关系，有利于适当降低驾驶员的经营风险。但是，王军（《中国新闻周刊》，2004 年）认为：承包合同管制是政府试图按照自己的意图在企业和驾驶员之间分配特许经营收益的一种努力。但事实证明，对收益分配具有决定性影响的不是管制，而是管制部门远远无法控制的劳务市场供求状况——在待业驾驶员过多而管制部门又封闭行业准入的情况下，管制根本不可能让驾驶员摆脱就业压力，也无法改变屈从于企业的现状。承包合同管制无助于平衡缔约双方的谈判地位，反而为企业巩固自己的优势提供了合法工具。

---

❶ 笔者当初就曾表示：如果政府采用了并非市场化的举措，最终清理规范的受益人可能既不是驾驶员，也不是企业和政府，而是那些在其中操弄承包权的人（源自《深圳'的哥'9 月纪事》，《经济观察报》，2005 年 10 月 12 日。

❷ 深圳市出租车协会，《深圳市出租小汽车油价运价联动机制听证报告》，2007 年 3 月 30 日。

附件　深圳市出租小汽车运价结构优化方案[1]

出租小汽车（简称出租车）作为城市公共交通体系的重要补充与组成部分，其运价的结构和水平不仅关系到广大市民和中外客商的出行成本、城市投资环境，更关系到城市交通体系的优化与可持续发展，对国际化大都市的建设具有十分重要的现实意义。通过科学合理地制订深圳市出租车运价体系，政府主管部门可充分发挥价格调节功能，实现宏观调控。

深圳市现行的红色出租车（简称“红的”）和黄色出租车（简称“黄的”）的运价体系是于1994年确定，经1996年微调，2000年10月取消长途返空费形成的，之后一直未作调整。绿色出租车（简称“绿的”）的运价体系则是2002年确定的，至今也有6年多的时间了。2004年9月18日，深圳市曾举行出租车运价调整听证会，后因燃油价格飙升未能实施；2007年4月30日，深圳市举行了出租车油价运价联动机制听证会，形成“红的”与“黄的”（合称“红黄的”）的油价运价联动方案，除了“绿的”的起步价在此之前曾经因油价上升加价1元燃油附加费外，油价运价联动方案实际上因各种因素的影响一直没有真正实施。这些年，深圳市的社会经济发展水平、居民的可支配收入、燃油价格水平及燃油价格形成机制、城市客运交通结构都已经或正在发生巨大的变化，现行的出租车运价水平与结构都出现了一些不合理的因素，已经影响到了出租车行业的健康发展。

为促进深圳市出租车行业的可持续发展，有效保障广大市民和中外客商对出租

[1] 笔者受深圳市交通局（现更名为深圳市交通运输委员会）委托，主持完成本方案。经严格听证及审批程序后，2009年8月15日率先实施“绿的”运价调整方案，2009年10月10日起实施“红黄的”运价调整方案。经过一段时间观察，深圳市交通运输委员会客运分局副局长俞力表示：“关外‘绿的’，已调表完毕，根据目前的情况，运价调整的目的已基本达到。从监测数据看，‘绿的’调表后，每天每车收入增加110元（经IC卡采集的数据）。更为重要的是，绿的议价乘坐现象大为减少……成功挤压了非法营运的生存空间。”（季杰．‘红黄的’新运价昨开始执行［N］．深圳商报，2009-10-11.）

车服务的需求，完善城市客运结构，优化出行环境，课题组结合全国及省内部分城市的出租车运价管理的经验与做法，经过全面深入研究，初步拟订了几套深圳市出租车运价结构优化方案，作为价格主管部门制订运价调整方案的参考。

现就深圳市出租车行业的基本情况、运价构成，以及运价调整建议方案说明如下。

一、深圳市出租车行业发展状况

1. 出租车营运牌照情况

由于经济特区的区域设置，深圳全市域被划分为特区内和特区外两部分。相应的，深圳市的出租车按照准许营运的范围陆续发展了三种特定形式，分别为红色出租车（即“红的”）、黄色出租车（即“黄的”）和绿色出租车（即“绿的”）。其中，“红的”面向全市营运，“黄的”面向特区内营运，“绿的”面向特区外营运。三种出租车全部采用较高标准车型运营，其中以桑塔纳3000、红旗明仕、桑塔纳畅达、起亚远舰为主力车型。目前，全市共有“绿的”营运牌照2494个，实际营运车辆2486台。“绿的”营运牌照的使用年限为5年，特许使用费统一为6万元/5年。“红黄的”营运牌照10505个，实际使用的营运牌照10497个。其中“红的”营运牌照10196个（包括8个暂停营运的牌照指标），实际营运车辆10188台；“黄的”营运牌照与营运车辆均为309（个）台。除2000个54.25万元的营运牌照使用年限为12年外，其余的营运牌照的初始使用年限均为50年。“黄的”营运牌照的特许使用费为1.9万元/50年；“红的”的特许使用费从1.9万元/50年至96万元/50年不等。部分营运牌照已经进行了公开或非公开的二级市场交易，“红的”与“黄的”的营运牌照费情况参见表1。

“红的”与“黄的”营运牌照费情况　　表1

原始牌照费（万元）	数量（个）	现状牌照费（万元）	数量（个）
1.9	457	1.9	457
5.9	160	5.9	129
6.4667	30	6.4667	30
11.8	1000	11.8	701
19.4	140	19.4	71
19.8	2900	19.8	2176
21.8	3765	21.8	3434

续上表

原始牌照费（万元）	数量（个）	现状牌照费（万元）	数量（个）
暂停使用	8	法院拍卖（均价 82.99）	525
不详	45	案清协议转让（平均估价 40）	285
小计	8505	其他协议转让（平均估价 75）	689
		小计	8497
54.25	2000	54.25	2000
总牌照数	10505	总牌照数	10505

2. 出租车行业的经营状况

(1)“绿的”企业的经营收益状况。深圳市目前有“绿的”经营资质的企业 9 家。深圳市物价局价格认证中心针对本次出租车价格优化听证抽取了其中 3 家作为成本监审的样本，企业数占全行业的 33%；3 家企业共拥有“绿的”900 台，占全行业“绿的”总量的 36%。“绿的”企业的经营收益状况见表 2。

“绿的”企业单车月平均成本、收入一览表❶［单位：元/（车·月）］　　表 2

项　目	“绿的”成本审核数
一、直接成本	6960
1. 营业税	330
2. 城建、教育费附加	13
3. 车船使用税	35
4. 计价器年度审验费	5
5. 车辆年度、半年度检测费	10
6. 车辆综合检测费（综检）	15
7. 车辆二级维护费	64
8. 车辆综合保险费	900
9. 通信网装置（含 GPS）月租费	115

❶ 深圳市物价局价格认证中心，《关于深圳市绿色出租小汽车营运成本监审报告》（深价认审字［2009］002 号）。

续上表

项　　目	“绿的”成本审核数
10. 发票（15卷/月）、色带（2条/月）费	105
11. 喷字、车内外标志设施、车内价目表张贴费	11
12. 服装费（承担50%）	59
13. 车辆座套及头套（2.5年更换一次）	40
14. 车辆顶灯（每年更换一次）	15
15. 维修费	1250
16. 燃油补贴	500
17. 驾驶员工资、社保、意外保险、福利（2人）	3491
18. 协会费	3
二、分摊费用	3008
1. 车辆折旧	1920
2. 牌照摊销	1000
3. 贷款利息	69
4. 支付驾驶员风险押金利息	18
三、成本合计	9968
四、管理费用（账面实际）	1193
五、成本费用合计	11161
六、收入	13280
七、税前利润	2119
八、税后净利	1695
九、（收入）净利润率	6.03%

（2）“红黄的”企业的经营收益状况。目前全市有“红的”经营资质的企业62家，同时经营“红黄的”的企业5家，合计为67家。市物价局价格认证中心针对本次出租车价格优化听证抽取了其中6家“红的”企业和1家同时经营“红黄的”的企业作为成本监审的样本，企业数占全行业的9.7%；7家企业共拥有出租车1250

台，占全行业“红黄的”数量的11.9%。“红黄的”企业的经营收益状况见表3。

“红黄的”企业单车月平均成本、收入一览表❶［单位：元/（车·月）］　表3

项　　目	“红的”成本审核数	“黄的”成本审核数
一、直接成本	5378	5127
1. 营业税	300	300
2. 城建税、教育费附加	12	12
3. 车船使用税	35	35
4. 计价器年度审验费	5	5
5. 车辆年度检测费	10	10
6. 车辆综合检测费（综检）	15	15
7. 车辆二级维护费	10	10
8. 车辆综合保险费	910	910
9. 通信网装置（含GPS）月租费	61	61
10. 发票（15卷/月）、色带（2条/月）费	97	97
11. 喷字、车内外标志设施、车内价目表张贴费	13	13
12. 服装费（承担50%）	40	40
13. 车辆座套及头套（2.5年更换一次）	42	42
14. 车辆顶灯（每年更换一次）	15	15
15. 维护、维修费	308	308
16. 油补	1460	1460
17. 驾驶员工资、社保、福利（一部车）	2041	1790
18. 协会费	4	4
二、分摊费用	3557	2902
1. 车辆折旧	1920	1920

❶ 深圳物价局价格认证中心，《关于深圳市红（黄）色出租小汽车营运成本监审报告》（深价认审字［2009］001号）。

续上表

项　　目	“红的”成本审核数	“黄的”成本审核数
2. 牌照摊销	906	251
3. 贷款利息	731	731
三、成本合计	8935	8029
四、管理费用（账面实际）	1473	1473
五、成本费用合计	10408	9502
六、收入	14216	13200
七、税前利润	3808	3698
八、税后净利	3047	2959
九、（收入）净利润率	9.51%	9.48%

由表2和表3可见，“红黄的”企业的收益水平高于“绿的”企业。

2004年11月12日，国务院办公厅发布了《关于进一步规范出租汽车行业管理有关问题的通知》（国办发［2004］81号），要求各省、自治区、直辖市人民政府在2005年5月底以前将落实该通知情况报国务院。交通部随即于2004年12月13日发布《关于贯彻落实国务院办公厅关于进一步规范出租汽车行业管理有关精神的通知》。深圳市交通局于2005年8月15日出台了以“六大措施”为核心的整顿方案，并实施了一系列规范出租车行业的配套措施，如要求出租车企业为出租车驾驶员支付工资、提供维修补贴、燃油补贴。其中“红黄的”企业平均支付驾驶员工资、维修补贴、燃油补贴分别为1581元/（车·月）、400元/（车·月）、1460元/（车·月），合计3441元/（车·月）；“绿的”企业平均支付驾驶员工资、维修补贴、燃油补贴分别为3000元/（车·月）、1250元/（车·月）、500元/（车·月），合计4750元/（车·月）。目前，出租车驾驶员上交给出租车企业的月租实际上已经大大降低，比名义月租约下降了20%~30%，出租车企业的“暴利现象”已经不复存在。

3. 出租车驾驶员的营运收入状况

（1）出租车驾驶员的合理收入水平。本报告收集了与出租车驾驶员岗位性质相近的其他驾驶员的实际收入，以此为参照进行比较，见表4。

驾驶员类型与劳动条件简单对比　　表4

驾驶车辆类型	资本金	技能水平	劳动强度	工作风险	综合	报酬现状
城市公交车	○	○	○	○	○	3600～4000❶
长途客车	○	○	＋＋	○	＋＋	3800～5000❷
集装箱拖车	○	○	＋	＋	＋＋	4000左右❸
行政用车	○	－	○	○	－	2000～3000❹
驾驶员培训	○	○	○	○	○	4000左右❺
出租车	＋	－	＋	＋＋	＋＋＋	?

综合表4分析，将出租车驾驶员的劳动所得确定在4000～5000元/月是比较合适的。

（2）“红黄的”驾驶员营运收益测算。从实际营运情况看，“红黄的”基本上是按计价器显示的价格收费的。因此，可以将由IC卡公司采集的“红黄的”日均收入作为依据测算驾驶员的营运收益。“红黄的”白班和夜班驾驶员月平均营运收益测算见表5。

“红黄的”白班和夜班驾驶员月平均营运收益测算　　表5

项　目	测算方案1❻	测算方案2❼
平均每日营运收入（元）	952.9	1000.6
平均每月营运天数（天）	30	30
一、收入（元）	32028	33459
1. 营运收入	28587	30018
2. 日常维护及保养费	400	400
3. 油补（企业）	1460	1460
4. 驾驶员工资❽	1581	1581

❶ 综合巴士集团、东部公交等企业水平。
❷ 综合运发、宝路华等企业水平。
❸ 综合赤湾货运、海格捷顺等企业水平。
❹ 综合东部公交、宝路华、赤湾货运、华南物流等企业水平。
❺ 综合深大驾培、深港驾培等企业水平。
❻ 日均营业收入取自IC公司提供的数据。
❼ 考虑到存在少量不打表现象，日均营业收入在IC公司提供的数据基础上增加5%。
❽ 深圳物价局价格认证中心，《关于深圳市红（黄）色出租小汽车营运成本监审报告》（深价认审字［2009］001号）。

续上表

项　　目	测算方案 1	测算方案 2
二、费用支出（元）❶	22818.2	22818.2
1. 月缴定额	14216	14216
2. GPS 信息服务费	60	60
3. 燃料费	7016	7016
4. 轮胎费	260	260
5. 维修费	913	913
6. 驾驶证年审费	12.5	12.5
7. 车内清毒、清洁费用	150	150
8. 驾驶员管理 IC 卡费	0.7	0.7
9. 服装费（50%）	40	40
10. 停车费	150	150
三、结余（元）	9209.8	10640.8

由表 5 可见，“红黄的”驾驶员的营运收益处于相对合理区间的偏上位置。

（3）“绿的”驾驶员营运收益测算。由于“绿的”不打表现象比较普遍，由 IC 卡公司采集的日均收入数据明显不准。由表 6 可见，白班和夜班驾驶员的月平均营运收益合计为 4680 元，人均只有 2340 元，与驾驶员的付出极不匹配，显然不切合实际。实际操作中在对一定数量驾驶员访问调查的基础上，对驾驶员的营业额作了适当修正，详见表 6。

“绿的”白班和夜班驾驶员月平均营运收益测算　　表 6

项　　目	IC 卡显示数据	修正后数据
平均每日营运收入	695	778.1
平均每月营运天数	30	30
一、收入	25600	28093
1. 营运收入	20850	23343
2. 日常维护费	1000	1000
3. 车辆大、中修费用	250	250
4. 油补	500	500

❶ 深圳物价局价格认证中心，《关于深圳市红（黄）色出租小汽车营运成本监审报告》（深价认审字［2009］001 号）。

续上表

项目	IC 卡显示数据	修正后数据
5. 驾驶员工资	3000	3000
二、费用支出（元）❶	20920	21008
1. 月缴定额	13280	13280
2. GPS 信息服务费	60	60
3. 燃料费	6394	6472
4. 轮胎费	279	282
5. 维修费	535	542
6. 驾驶证年审费	12.5	12.5
7. 车内清毒、清洁费用	150	150
8. 驾驶员管理 IC 卡费	0.7	0.7
9. 服装费（50%）	59	59
10. 停车费	150	150
三、结余（元）	4680	7085

由表 6 可见，“绿的”驾驶员的营运收入相对偏低。

4. 出租车运价的执行情况

深圳市目前“红的”与“黄的”执行的运价是在 1994 年制订的运价基础上，经 2000 年 10 月取消长途返空费形成的。“绿的”执行的是 2002 年“绿的”首次投放时制订的运价。具体如表 7 所示。

深圳市出租车现行运价体系　　表 7

类型	起步价	里程价	候时费	夜间附加费
红的	12.5 元/3 千米	2.4 元/千米（0.6 元/250 米）	0.8 元/分	30%
黄的	12.5 元/3 千米	2.4 元/千米（0.6 元/250 米）	0.8 元/分	30%
绿的	（7+1）元/2 千米	1.6 元/千米（0.4 元/250 米）	0.5 元/分	20%

2007 年 4 月 30 日，深圳市举行了出租车油价运价联动机制听证会，形成了“红黄的”的油价运价联动方案：当 93 号油价超过 5.25 元/升低于 5.96 元/升时，

❶ 深圳物价局价格认证中心，《关于深圳市绿色出租小汽车营运成本监审报告》（深价认审字［2009］002 号）。

按照0.50元/车次的标准加收燃油附加费；当93号油价超过5.96元/升低于6.50元/升时，按照1.00元/车次的标准加收燃油附加费。"绿的"的油价运价联动方案为：当93号油价不超过6.31元/升时，继续执行现已收取的1元/车次的燃油附加费；当93号油价超过6.31元/升低于6.94元/升时，燃油附加费标准由1.00元/车次调整为1.50元/车次。

由上可见，深圳市的出租车运价体系中包含有起步价、里程价、候时费和夜间附加收费等项目，它们的基本含义如下。

①起步价。"红的"与"黄的"的起步价均为12.5元，起步价包含里程（简称起步里程）为3千米；"绿的"的起步价为8（7+1）元，其中1元为燃油附加费，起步里程为2千米。

②里程价。"红的"与"黄的"的里程价均为2.4元/千米[1]，细分为四个计量单元，即每行驶250米计价0.6元；"绿的"的里程价为1.6元/千米，也细分为四个计量单元，即每行驶250米计价0.4元。

深圳出租车的起步价和里程价的计量均采用"开始制"，即先计入（累计）费用，再提供相应的租车服务。

③候时费。"红的"与"黄的"的候时费均为0.8元/分，"绿的"的候时费为0.5元/分。

④夜间附加收费。深圳市出租车的执行时间为23时到次日凌晨6时，其中"红的"与"黄的"的夜间附加收费为基本运价的30%[2]，"绿的"的夜间附加收费为基本运价的20%。

此外，在出租车运价中还包括行李费和过桥过路费等项目。其中，行李费是对体积超过0.2立方米或质量超过20千克的大件行李的收费，每件0.5元。实践中，由于容易引起异议，这一收费基本上没有执行。

过桥过路费是指经过合法批准收费的路段或设施（包括过桥、过路、过渡、过隧道，进入口岸、场站等）收取的应由乘客支付但通常先由出租车驾驶员垫付的费用。

二、深圳市出租车运价存在的主要问题

进入21世纪以来，深圳市的社会经济发展取得了巨大进步，但出租车运价并

[1] 其中"红的"、"黄的"一类车执行该里程价，二类车的里程价降为2元/千米。

[2] 即"红的"、"黄的"夜间一类车起步价为12.5+（12×30%）=16.1元，里程价为2.4+（2.4×30%）=3.12元；二类车为10.5+（10×30%）=13.5元，里程价为2+（2×30%）=2.6元。"绿的"的夜间起步价为8+（7×20%）=9.4元，里程价为1.6+（1.6×20%）=1.92元。

没有随之进行实质性的调整，导致现行的出租车运价不能反映供求关系，明显不适应居民出行的需要，影响了城市交通的结构优化，而且已经成为出租车行业健康发展的制约因素。具体主要有以下问题。

1. “红黄的”起步价偏高

深圳市出租车运价常被舆论和市民认为是全国最高的，实际上指的是起步价。从全国范围看，除港澳台外，12.5 元/3 千米的起步价确实是最高的。“起步价高”至少存在三方面的不利影响。一是短途客运服务的“性价比”低，使部分乘客放弃出租车，采用其他替代方式。如果采用的是其他公共交通，无疑会降低出行质量；如果采用的是私家车，则会加剧城市道路交通与环境保护的压力。二是抑制短途客运需求，导致供求关系失衡，影响出租车行业的健康发展。从交通发展格局看，深圳市正在快速构建以轨道交通为核心的公共交通体系。根据国家最新批准的《深圳市城市轨道交通建设规划（2005—2011 年）》，深圳市将形成以罗湖—福田为核心、沿东中西三条城市发展轴和第一第二圈层布设、连接市级中心区与次中心区和主要交通枢纽，长约 178.2 千米、车站总数达 130 座的轨道交通网络。此举将对出租车需求产生重大影响。三是民生福利损失，一般而言，短途客运需求多为重复性需求，以本地居民为主，对价格敏感，而且对社会舆论的影响大而持久。中长途客运需求要么是收入水平高的富裕一族，对出租车价格不敏感；要么是公职或商务人士，用生产基金支付费用；要么是因偶发性事件引发的一次性需求，选择出租车的首要考虑不是其价格高低。总之，中长途出租车客运需求的价格弹性要低于短途出租车客运需求的价格弹性。由于价格是平衡行业收益及供求关系的工具，起步价偏高的客观结果形成了短途乘客收益“反哺”中长途乘客的局面，导致社会民生福利指数的下降。

2. 运价中缺失返空费

返空是出租车营运中十分普遍的一种联合产品。通常，在比较成熟的城市建成区，客流在方向上基本均衡，对于由联合产品引起的联合成本的回收可以直接体现在基本运价上。但是，在不成熟的城市建成区，客流在方向上明显不均衡，由联合产品引起的联合成本难以估算，其回收不易直接体现在基本运价上，通常需要借助设置返空费来解决。对于现实中的城市，出租车客源比较充足的区域多为成熟的建成区，在一定的空间范围内客流基本是均衡的。但一旦超出这个范围，出租车的营运环境将发生明显变化，而且客流在方向上逐渐变得不均衡，单向空驶的概率越来越大，如果不设置必要的返空费，将严重影响出租车营运的正常收益。为有效解决这一问题，众多城市在运距超过一定里程后设置了返空费。因此，返空费本质上是对乘客租用出租车里程超过一定距离后，回程难以避免空驶，进而增加营运成本的一种补偿性收费。

不设置返空费的直接后果是运价率随着运距的增长而降低，客观上形成短途客运服务供给效率最高，中途客运服务供给效率次之，长途客运服务供给效率最低的局面；另外，价格敏感的短途客运需求受到抑制，价格不敏感的长途客运需求难以得到刺激，无法有效体现供求关系。尤其是在目前油价走高的时期，返空的代价很大，返空费缺失将大大打击出租车提供中长途服务的积极性，迫使出租车驾驶员拒载，或者供求双方“议价”，冲击行业管理。

3. “绿的”运价水平偏低

依据《关于深圳市绿色出租小汽车营运成本监审报告》（深价认审字［2009］002号），“绿的”的营运成本为1.214元/千米。这就是说，只要出租车的空驶率达到31.8%，其联合营运成本将达到1.6元，与乘客延长租车里程给驾驶员带来的边际收入相等，驾驶员的边际利润为零，因此，驾驶员无疑会减少甚至拒绝提供出租车服务。可是，从国内外出租车营运的经验看，空驶率低于31.8%是不太现实的。因此，“绿的”运价确实偏低。实际营运中，由于起步里程内的运价率明显高于起步里程外的运价率，驾驶员提供短途服务的积极性较高，随着运距的延长，驾驶员提供运输服务的意愿越来越弱。现实中，“绿的”营运中普遍存在议价、拒载等违章行为与之关系密切。在深圳市交通信息服务中心收到的关于“绿的”的投诉中，95%以上是驾驶员拒载长途乘客。

4. 起步里程偏长

据深圳市出租车IC卡信息服务公司统计，目前“红黄的”的平均运距在6千米左右，其中运距不足3千米的乘客占35.03%，详见表8，而且平均运距有缓慢缩短的趋势。“绿的”的平均运距接近3.6千米，其中运距不足2千米的乘客占28.53%，详见表9。

“红黄的”短途出行按运距分布的结构　　表8

运距	<2	2~2.25	2.25~2.5	2.5~2.75	2.75~3	小计
占总量的百分比	18.26	4.18	4.28	3.96	4.33	35.03

“绿的”短途出行按运距分布的结构　　表9

运距	<1	1~1.25	1.25~1.5	1.5~1.75	1.75~2	小计
占总量的百分比	5.90	4.22	5.44	6.24	6.74	28.53

由表 8、表 9 可见，“红黄的”中有 35.03% 的乘客、“绿的”中有 28.53% 的乘客所得到的服务与他们的付费不相匹配。对于超短途的乘客更是如此，一方面抑制了这类需求，另一方面给收费灵活的非法营运提供了可乘之机。从供给角度看，设置起步里程以限定超短距离出行，是保证基本供给效率的有效举措。但是，如果起步里程过长则不利于需求细分，有粗放经营之嫌。

综上所述，深圳出租车运价的核心问题是基本运价与辅助运价的协同性、系统性不好。突出表现在“绿的”里程价过低，又没有设置必要的返空费，造成中长途出租车运费偏低，难以保证出租车企业与驾驶员均能获得正常的合理收益，挫伤了出租车供给的积极性，导致拒载、议价等现象时有发生，有损出租车行业形象；“红黄的”起步价过高，也没有设置必要的返空费，出现短途与中长途运费的结构错位，一定程度上降低了社会的民生福利指数。

三、深圳市出租车运价与其他城市比较

1. 与全国同类城市比较

全国样本城市出租车运价与典型运距出租车基本运费分别如表 10 和表 11 所示。

全国样本城市出租车（主力车型）运价一览表　　表 10

城市	起步价（元/千米）	里程价（元/千米）	夜间附加（%）	返空费附加（+%或元）	候时费（元/分钟）
北京	10/4	2	整体 +20%	50%（15 千米以上）	0.4
上海❶	（10+1）/3	2.1	整体 +30%	50%（10 千米以上）	0.48
天津	8/3	1.7		50%（10 千米以上）	0.34
沈阳	8/3	1/0.55	起步价 9/3，里程价 1/0.5	50%（15 千米以上）	1/3
大连	8/3	2	整体 +30%	50%（15 千米以上）	0.4
济南	7.5/3	1.5		50%（6 千米以上）	0.2
青岛	7/4	1.2	整体 +20%	50%（6 千米以上）	1/3
南京	8/3	2.4	整体 +20%		
无锡	8/3	1.8		50%（8 千米以上）	
苏州	10/3	2	整体 +30%	50%（5 千米以上）	0.1
杭州	10/3	2		50%（10 千米以上）	0.2

❶ 最近，上海的基本运价已经调整为起步价 12 元/3 千米，里程价 2.4 元/千米。

续上表

城市	起步价（元/千米）	里程价（元/千米）	夜间附加（%）	返空费附加（+%或元）	候时费（元/分钟）
宁波	（8+1）/3	1.80	里程价+0.2元/千米	50%（10千米以上）	0.4
温州	10/4	1.4	整体+20%	50%（10千米以上）	
福州	（7+1）/3	1.5	里程价+10%	50%（5千米以上）	0.1
厦门	8/3	2	整体+20%	50%（8千米以上）	0.2
合肥	6/3	2	整体+20%	50%（15千米以上）	0.1
南昌	7/2	1.9	整体+20%	50%（8千米以上）	0.2
武汉❶	（3+0.5）/1	1~2千米：2； 2~3千米：3； ≥3千米：1.4			1/6
长沙	3/1	<3千米：3； ≥3千米：1.8	<3千米+1元； ≥3千米+2.16元	50%（10千米以上）	0.2
成都	5/1	1.4	里程价+0.3元	50%（7千米以上）	0.2
重庆	5/3	1.2		里程价+0.8元	0.1

全国样本城市典型运距出租车基本运费一览表（单位：元） 表11

里程（km）	1	1.5	2	2.5	3	4	5	6	8	10	15	20
北京	10	10	10	10	10	10	12	14	18	22	32	47
上海	11	11	11	11	11	13.1	15.2	17.3	21.5	25.7	41.5	57.2
天津	8	8	8	8	8	9.7	11.4	13.1	16.5	19.9	32.7	45.4
沈阳	8	8	8	8	8	9.8	11.6	13.5	17.1	20.7	29.8	41.6
大连	8	8	8	8	8	10	12	14	18	22	32	47
济南	7.5	7.5	7.5	7.5	7.5	9	10.5	12	16.5	21	32.3	43.5
青岛	7	7	7	7	7	7	8.2	9.4	13.5	17.1	26.1	35.1

❶ 在本书付印之际，已经将出租车运价调整为：起步价（6+0.5）元/2千米，2~3千米的里程价2元，其他不变。

续上表

里程（km）	1	1.5	2	2.5	3	4	5	6	8	10	15	20
南京	8	8	8	8	8	10.4	12.8	15.2	20	24.8	36.8	48.8
无锡	8	8	8	8	8	9.8	11.6	13.4	17	22.4	35.9	49.4
苏州	10	10	10	10	10	12	14	17	23	29	44	59
杭州	10	10	10	10	10	12	14	16	20	24	39	54
宁波	9	9	9	9	9	10.8	12.6	14.4	18	21.6	35.1	48.6
温州	10	10	10	10	10	10	11.4	12.8	15.6	18.4	28.9	39.4
福州	8	8	8	8	8	9.5	11	13.3	17.8	22.3	33.5	44.8
厦门	8	8	8	8	8	10	12	14	18	24	39	54
合肥	6	6	6	6	6	8	10	12	16	20	30	45
南昌	7	7	7	7.95	8.9	10.8	12.7	14.6	18.4	24.1	38.4	52.6
武汉	3.5	5	5.5	7.5	8.5	9.9	11.3	12.7	15.5	18.3	25.3	32.3
长沙	3	4.5	6	7.5	9	10.8	12.6	14.4	18	21.6	35.1	48.6
成都	5	5.7	6.4	7.1	7.8	9.2	10.6	12	15.5	19.7	30.2	40.7
重庆	5	5	5	5	5	7	9	11	15	19	29	39
平均	7.6	7.8	7.9	8.2	8.4	10.0	11.8	13.7	17.6	21.9	33.8	46.6
深圳“红的、黄的”	12.5	12.5	12.5	12.5	12.5	14.9	17.3	19.7	24.5	29.3	41.3	53.3
深圳“绿的”	8	8	8	8.8	9.6	11.2	12.8	14.4	17.6	20.8	28.8	36.8

由表10可见，深圳“红黄的”的实际运费在租车里程不足10千米时远远高于样本城市，但是当租车里程达到15千米时差距已经缩小，当租车里程接近20千米时，上海、苏州、杭州、厦门等城市的实际运费已经超过深圳，南昌的实际运费也开始逼近深圳。“绿的”运价也存在类似情形，租车里程在8千米以内时实际运费略高于样本城市的平均水平，但当租车里程超过8千米时，实际运费明显低于样本城市的平均水平。事实上，正是这种运价结构在一定程度上导致“绿的”只愿提供短途客运服务，拒绝提供中长途客运服务的局面。

2. 与周边城市比较

珠三角城市出租车运价与典型运距出租车基本运费分别如表 12 和表 13 所示。

珠三角城市出租车运价一览表 表 12

城市	起步价（元/千米）	里程价（元/千米）	夜间附加（%）	返空费附加（+%或元）	候时费（元/分钟）
广州	7/2.3	2.6		50%（35 千米以上）	1/2.18
珠海	10/3	2.4	+30%	30%（20 千米以上）	
东莞	1 类车：6/2	2.4	+20%	50%（15 千米以上）	1/3
	2 类车：（7+1）/2	2.4			
中山	7/2	1 类车：2.2 2 类车：2.48	里程价 +20%	里程价调整为 2.6 元（10 千米以上）	1.5/4
佛山	7/2	2.6	+20%	里程价 +0.2 元/千米	
惠州	1 类车：6/2	2			1/4
	2 类车：8/2	2.5			1/3
汕头	1 类车：9/2.5	2.8			
	2 类车：8/2.5	2.6			
江门	6/2	2.5	加收 1 元	50%（超出蓬江和江海两区或新会区）	1/3
肇庆	5/2	2.4	里程价 +0.2 元	50%（10 千米以上）	
深圳特区	12.5/3	2.4	+30%		0.8/1

珠三角城市典型运距出租车基本运费一览表（单位：元） 表 13

里程（km）	1	1.5	2	2.5	3	4	5	6	8	10	15	20
广州	7	7	7	7.52	8.82	11.4	14	16.6	21.8	27	40	53
珠海	10	10	10	10	10	12.4	14.8	17.2	22	26.8	38.8	50.8
东莞	8	8	8	9.2	10.4	12.8	15.2	17.6	22.4	27.2	39.2	57.2
中山	7	7	7	8.24	9.48	12	14.4	16.9	21.9	26.8	45.4	64
佛山	7	7	7	8.3	9.6	12.2	14.8	17.4	22.6	27.8	40.8	53.8
惠州	6	6	6	7	8	10	12	14	18	22	32	42
汕头	8	8	8	8	9.3	11.9	14.5	17.1	22.3	27.5	40.5	53.5
江门	6	6	6	7.25	8.5	11	13.5	16	21	26	38.5	51

续上表

里程（km）	1	1.5	2	2.5	3	4	5	6	8	10	15	20
肇庆	5	5	5	6.2	7.4	9.8	12.2	14.6	19.4	24.2	42.2	60.2
平均	7.1	7.1	7.1	8.0	9.1	11.5	13.9	16.4	21.3	26.2	39.7	54
深圳“红的、黄的”	12.5	12.5	12.5	12.5	12.5	14.9	17.3	19.7	24.5	29.3	41.3	53.3
深圳“绿的”	8	8	8	8.8	9.6	11.2	12.8	14.4	17.6	20.8	28.8	36.8

由表13可见，与珠三角其他城市相比，深圳出租车运价的结构性问题显得尤为突出。租车里程不足10千米时，深圳“红黄的”的实际运费远远高于珠三角其他城市，但是当租车里程达到15千米时，差距明显缩小，而且中山、肇庆的实际运费已经超过深圳；当租车里程接近20千米时，东莞、佛山、汕头的实际运费也超过了深圳，广州的实际运费开始逼近深圳。“绿的”运价情形更为鲜明，租车里程在4千米以内时实际运费略高于珠三角其他城市的平均水平，但当租车里程超过4千米时，实际运费明显偏低，而且运距越大，差异越明显。显然，这种运价结构客观上已经成了“绿的”只愿提供短途客运服务，拒绝提供中长途客运服务的关键性原因。

总之，起步价和里程价是出租车的基本运价，总体上与当地的经济发展水平及居民的消费水平相关。经济发展水平高的城市的出租车基本运价较高，经济发展水平低一些的城市出租车基本运价也低，但也有少量例外，如青岛，其经济发展水平不低，但出租车的基本运价却很低。相比较而言，深圳“红黄的”的起步价是全国最高的，里程价也很高；“绿的”的起步价总体上还算合理，但里程价则偏低。

此外，绝大多数城市的出租车运价中设有夜间附加，一般为白天的20%～30%，而设置返空费、候时费的城市更为普遍。返空费的附加比例基本为里程价的30%～50%，起算里程一般为10～15千米。通过对比辅助运价构成，可以发现深圳是少数几个没有设置返空费的城市之一，这增加了深圳长途运价的设计难度。

四、深圳市出租车运价结构优化的思路与原则

20世纪90年代初，深圳出租车（只有“红的”与“黄的”）的主要服务对象是港澳友人和其他差旅人士。因此，当时运价体系是按照水平“低于香港，高于内地”的总体思路设计的。2002年，“绿的”投放的一个重要目标是解决特区外的出

租车需求问题。鉴于历史原因，特区内外的发展存在比较明显的二元现象，因此将“绿的”的行驶区域限定在特区外。“绿的”的运价水平依据低于特区内，与特区外社会经济发展水平、居民的收入水平、其他城市公共交通发展状况等因素相协调的原则设计。

经过这些年的发展，深圳经济特区已经发展成为一个大都市，与全国其他大城市在经济属性上没有本质上的区别。同时，随着城市化的推进，特区内外的二元结构日益消退。原先的出租车定价思路已经不能适应现实需要，必须作适应性调整。针对上面提到的出租车运价存在的主要问题，此次运价结构优化的基本思路是体现出租车市场的供求关系，在保持行业利润、企业利润及驾驶员劳动所得基本合理的前提下，通过对运价构成元素的调整消除明显不合理的运价问题，提高社会的民生福利指数，保障出租车行业的健康发展。

沿着这一思路，此次运价结构优化遵循如下原则。

1. 与城市的社会经济发展水平相适应

既要与全国同类城市相差不大，更要与周边城市协调。

（1）深圳经济与全国同类城市比较。由表 14 可见，深圳的经济发展水平在样本城市（直辖市、经济比较发达地区的省会城市、计划单列城市以及少量改革开放前沿城市）中名列前茅。宝安、龙岗两区的经济发展水平总体上比样本城市中的简单平均水平也要高很多。简单推断，深圳对出租车的需求及特征应保持在这些城市中的较高水平，宝安、龙岗两区对出租车的需求及特征也应保持在这些城市中的中上水平，出租车运价应该与之相称。

2007 年全国部分大中城市经济发展水平对照（单位：元）　　表 14

城市	本市人均生产总值❶	城市居民人均可支配收入❷	城市	本市人均生产总值	城市居民人均可支配收入
北京	24077.4	23029	杭州	38246.9	21689
上海	36206.4	23623	宁波	35446.5	22307
天津	20443.2	17856	温州	28097.3	24002
重庆	14601.6	13715	福州	31582.0	16642
沈阳	19407.0	13253	厦门	38566.9	21260
大连	29706.4	14606	合肥	17770.1	14849

❶ 资料来源：“2007 全国城市人均 GDP 排名”，http：//ccdv. people. com. cn/GB/107111/6857357. html。

❷ 资料来源：各城市统计局网站。

续上表

城市	本市人均生产总值	城市居民人均可支配收入	城市	本市人均生产总值	城市居民人均可支配收入.
济南	25191.8	16153	南昌	18387.6	14357
青岛	26961.0	18005	武汉	16205.7	13426
南京	27128.1	20317	长沙	23941.8	16350
无锡	37959.1	20898	成都	20110.9	13715
苏州	30470.2	21503			
简单平均				26690.9	18169.3
深圳				78526.0	24870.2
深圳特区外				57804.4	22365.1

（2）深圳经济与周边城市比较。由表15可见，深圳的经济发展水平在珠三角地区是最高的，明显高于珠三角地区的平均水平。宝安、龙岗两区的经济发展水平比珠三角地区的平均水平略高一些。简单推断，深圳对出租车的需求及特征应保持在珠三角地区的较高水平，宝安、龙岗两区对出租车的需求及特征也应保持在珠三角地区的中上水平，出租车运价应该与之相称。

2007年广东部分大中城市经济发展水平对照❶　　表15

城市	本市生产总值（亿元）	全市常住人口（万人）	人均生产总值（亿元）	城市居民人均可支配收入（元）
广州	7050.78	1004.58	70186.30	22469.00
珠海	886.84	145.44	60976.30	19290.00
东莞	3151.00	694.72	45356.40	27025.00
中山	1210.69	251.00	48234.70	20317.00
佛山	3588.50	592.33	60582.80	21754.00
惠州	1105.00	387.50	28516.10	17310.00
汕头	850.15	500.82	16975.20	11716.00
江门	1095.33	412.64	26544.40	15149.00

❶ 资料来源：各城市2007年国民经济和社会发展统计公报，2008年3~4月。

续上表

城市	本市生产总值（亿元）	全市常住人口（万人）	人均生产总值（亿元）	城市居民人均可支配收入（元）
肇庆	616.55	375.20	16432.60	12794.00
深圳	6765.41	861.55	78526.00	24870.21
小计1❶	26320.25	5225.78	50366.20	19269.42
宝安	1829.52	344.65	53083.40	22863.48
龙岗	1278.68	193.06	66232.30	21866.71
小计2❷	3108.20	537.71	57804.40	22365.10

2. 与其他客运方式保持合理的“比价”关系

出租车运价的水平要充分考虑与地铁、中型客车和大型客车等大众公共交通的比价关系。出租车运价水平定得过低会对其他公共交通方式形成巨大分流，不利于共享程度更高的公共交通方式的发展，而且也会降低行业的盈利能力与发展能力；出租车运价水平定得过高，则会抑制出租车运输需求，激发私家车的购买与使用欲望，给城市道路交通与环境保护带来压力。因此，只要在价格上与其他公共交通方式不构成竞争的前提下，出租车的运价水平应该尽可能定得低一些，有助于体现“公交优先、以民为本”的理念，平抑私家车的增长。一般，只要出租车运价保持在高于其他公共交通运价5~6倍的水平以上，基本上不会对它们构成冲击。目前，深圳市大众公共交通的运价率以地铁最高，每千米不足0.3元。

3. 兼顾需求的价格弹性，适当降低起步价

对于出租车运价，有的人敏感，有的人不敏感。在出租车定价时，对于价格不敏感的需求，可考虑适当偏高一些的定价策略；对于价格敏感的需求，可考虑适当偏低一些的定价策略。

现实中，短途乘客中价格敏感者比例最高，中途乘客中价格敏感者比例次之，长途乘客中价格敏感者比例最低。因此，在优化出租车运价结构时，应适当考虑降低短途运价水平，提高长途运价水平。

4. 适当缩短起步里程，细分运输市场，刺激短途运输需求

出租车的起步里程长，对应的起步价就高。这使得一些运距较短的乘客支付的

---

❶ 人均生产总值为加权平均数，城市居民人均可支配收入为简单平均数。

❷ 小计2为宝安（含光明新区）和龙岗两区。人均生产总值为加权平均数，城市居民人均可支配收入为简单平均数。

运费过高，会抑制其对出租车服务的需求，转向替代品。非法营运便是一种替代品。武汉、成都的经验是将“起步阶段”的运费精细化，使出租车服务“物有所值”，不仅挖掘了潜在的客运需求，而且有力地抑制了“蓝牌车”、摩托车和人力车的非法营运。

5. 保持出租车经营者的合理收益水平

主要包含两层意思：一是出租车企业的收益水平应该与同类行业相当，二是出租车驾驶员的劳动所得与其他驾驶员相差不大。希望通过此次运价结构优化，将出租车企业、出租车驾驶员以及出车行业的收益调整到相对合理的状态，重点是适当提高“绿的”驾驶员的劳动所得。既体现与其他行业之间的利益平衡，以避免资本的大量流入与流出给行业带来的负面影响，还可以为油价运价联动基点的确定提供基础。

6. 保持与周边城市出租车运价的合理比价关系

如果深圳的出租车运价与周边地区运价差别太大，容易出现异地出租车大量涌入深圳驻点营运或者大批深圳出租车到其他城市驻点营运的现象，不利于公平竞争，也增加了管理难度。

7. 保持“红黄的”运价与“绿的”运价之间的合理比价与协同关系

从社会经济发展与居民消费水平看，“红黄的”运价的总体水平应该略高于“绿的”。但是，“绿的”的营运成本与“红黄的”的营运成本已经十分接近，为保证“红黄的”和“绿的”经营者能够获得正常的经营收益，要求“绿的”与“红黄的”能够取得相近的营业收入，这在“绿的”运价考虑采取更低起步价与起步里程的情况下，必然要求提升长途运费，也就有可能在推荐方案中出现不同运距下“红黄的”与“绿的”实际运费水平“反转”的现象，需要充分关注两者之间的关联性。

8. 简洁明了，符合习惯

从全国范围看，出租车运价普遍采取“起步价+里程价”的形式，再在限定条件下附设夜间附加费、返空费、候时费等。同一价格元素的表现形式尽量简单、统一，尤其是基本运价。

9. 尽量保持运价及其形式的延续性

如果不是明显不合理，应尽量减少调整运价构成元素的水平，以保持相对连续性，便于人们熟悉与比较。同时，有助于减少由不可预知因素所引发的风险。

10. 增设出租车电召服务费，为该项服务的全面开展准备条件

在西方发达城市，电召出租车已经成了出租车服务的主要形式。电召出租车提供的是“门到门”的特殊服务，与巡游式出租车的“路到门”服务相比，更便捷，

计划性也更强，极有可能成为深圳出租车未来发展的一种形式。同时，它也是更为环保、有效的一种可持续运输形式，为推动这项服务的开展，有必要在基本运价的基础上设置电召服务费。

五、出租车运价结构优化方案

依据此次运价结构优化原则，所有方案均只涉及起步价、里程价和恢复返空费，暂不考虑其他运价组成元素的改变。

1. “红黄的”运价结构优化方案

依据运价结构优化原则，结合“红黄的”营运实际及供求关系，确立“红黄的”运价的基本要素如下。

(1) 适当降低运价水平。从前面的分析可见，“红黄的”企业的收益水平总体偏高，“红黄的”驾驶员的劳动所得相对合理，适当降低运价水平是此次运价结构优化的目标之一。但是，由于各“红黄的”企业的经营成本存在较大差异，从行业稳定的角度考虑，运价水平下降幅度不宜过大，需要循序渐进。

(2) 起步价。选择10元/2千米与10元/2.25千米。主要基于两点考虑，一是适当降低短途运费，改变“红黄的”在与样本城市出租车运价比较中存在的短途运费偏高现象；二是将“起步阶段”的运费适当精细化，有助于进一步降低超短途运费，刺激需求。上述两点的共同目标是通过降低出租车的短途运费，既起到抑制各种非法营运的作用，又起到激活潜在需求、扩大市场容量的作用。

(3) 里程价。选择2.4元/千米不变，主要考虑的是珠三角城市中除惠州外，出租车的里程价都为2.4~2.6元/千米水平，以2.4元/千米居多。为了保持相互之间的协调，“红黄的”的里程价应不低于这一水平，但也不希望高于这一水平。

(4) 返空费。鉴于全国绝大对数城市的出租车运价中设置返空费，附加比例多为50%，也有30%的。设置返空费起算里程最短的是5千米，最普遍的是10千米与15千米。

返空费起算里程的选择主要基于如下考虑。一是返空费的起算里程不宜太短，否则犹如直接提高里程价，不仅失去了将运价结构变得复杂的意义，而且还容易给乘客被欺骗的感觉。二是返空费的起算里程与出租车的服务空间相关，服务空间越大，返空费的起算里程也应该越大一些；反之，服务空间越小，返空费的起算里程也应该小一些。三是返空费起算里程与返空费附加比例的协调。由于返空费收入取决于返空费起算里程与返空费附加比例，因此如果选择较大的返空费起算里程，则返空费附加比例应该相应地高一些；反之，如果选择较小的返空费起算里程，则返空费附加比例应该相应地低一些。四是与出租车基本运价的协调。如果“起步阶段”运费采用相对较低的策略，里程价选择中等水平，那么返空费收入就应该高一些，要么返空费的起算里程短一点，要么返空费附加比例高一些，反之亦然。

特区内地形狭长，出租车的平均运距较长，除了比较边缘的区域外，客流分布相对均衡，跨特区的出行需求则存在较大的不均衡性。因此，返空费起算里程宜适当长一些。况且，深圳市曾经设置过返空费，起初的返空费起算里程为 15 千米，返空费附加比例为 30%，后将返空费起算里程延长到 30 千米，2000 年开始暂停收取返空费。此次返空费的设置属于恢复性质，应尽量考虑与原先的衔接。返空费的起算里程宜适当长一些，选择 15 千米、20 千米、25 千米和 30 千米拟订方案。同时，为便于乘客理解，增加运价体系的延续性，方案拟订中返空费的附加比例主要考虑为 30%。

（5）夜间补贴。与现行方案保持不变，体现连续性。

（6）等候费。与现行方案保持不变，体现连续性。

（7）电召服务费。这是一项对探索性服务的收费，目前只有上海在实践，价格为每次 4 元。为鼓励市民选用该项服务，平衡供求双方的利益，建议深圳电召服务费定为每次 2 元。

依据上述要素，组合出 20 余个“红黄的”运价结构优化方案，从中推荐出如表 16 所示的 5 个方案。

“红黄的”运价结构优化方案　　表 16

运价方案	运价方案内容				支付返空费人次比例（%）	降价人次比例（%）	运价总体升降（%）	单车月营收增减（元）
	起步价（元/千米）	千米价（元）	返空费起算里程（千米）	返空费比例（%）				
方案 1	10/2	2.4	15	30%	6.69	超 91.60	−0.84	−240
方案 2	10/2	2.4	20	30%	3.84	约 96.16	−1.74	−486
方案 3	10/2	2.4	25	30%	1.75	约 97.16	−2.31	−646
方案 4	10/2	2.4	30	30%	1.35	超 98.65	−2.62	−734
方案 5	10/2.25	2.4	20	30%	3.84	超 96.16	−3.37	−943

2. 方案比较

（1）方案一：起步价 10 元（含 2 千米），里程价每千米 2.4 元，15 千米以后部分加收 30% 的返空费。

如表 17 所示，方案一与现行的运价方案相比，运价的整体水平静态比较[1]有 0. 84% 的下降，可能会给驾驶员带来 240 元/月的静态收入减少。但对短途乘客来讲运费是下降的，即便在平均运距下运费也是下降的，总体上对超过 91. 60% 的乘客来讲运费是下降的。

红的、黄的运价结构优化方案一与现运价方案比较 表 17

运距区间 L(千米)	L<2	2≤L<2. 25	2. 25≤L<2. 5	2. 5≤L<2. 75	2. 75≤L<3	3≤L<6	L=6	6≤L<10	10≤L<12	12≤L<15	15≤L<20	20≤L<30
现方案平均运价(元)	12. 5	12. 5	12. 5	12. 5	12. 5	16. 1	19. 7	24. 5	31. 7	37. 7	47. 3	65. 3
方案一平均运价(元)	10	10. 6	11. 2	11. 8	12. 4	16	19. 6	24. 4	31. 6	37. 6	49	72. 4
升降幅度(%)	-20. 0	-15. 2	-10. 4	-5. 6	-0. 8	-0. 6	-0. 5	-0. 4	-0. 3	-0. 3	3. 6	10. 9

(2) 方案二：起步价 10 元（含 2 千米），里程价每千米 2. 4 元，20 千米以后部分加收 30% 的返空费。

如表 18 所示，方案二与现行的运价方案相比，运价的整体水平静态[1]比较有 1. 74% 的下降，可能会给驾驶员带来 486 元/月的静态收入减少。对短途乘客来讲运费是下降的，即便在平均运距下运费也是下降的，总体上对约 96. 16% 的乘客来讲运费是下降的。

红的、黄的运价结构优化方案二与现运价方案比较 表 18

运距区间 L（千米）	L<2	2≤L<2. 25	2. 25≤L<2. 5	2. 5≤L<2. 75	2. 75≤L<3	3≤L<6	L=<6	6≤L<10	10≤L<12	12≤L<15	15≤L<20	20≤L<30
现方案平均运价（元）	12. 5	12. 5	12. 5	12. 5	12. 5	16. 1	19. 7	24. 5	31. 7	37. 7	47. 3	65. 3
方案二平均运价（元）	10	10. 6	11. 2	11. 8	12. 4	16	19. 6	24. 4	31. 6	37. 6	47. 2	68. 8
升降幅度（%）	-20. 0	-15. 2	-10. 4	-5. 6	-0. 8	-0. 6	-0. 5	-0. 4	-0. 3	-0. 3	-0. 2	5. 4

[1] 假设出租车需求的数量与结构均没有变。

（3）方案三：起步价 10 元（含 2 千米），里程价每千米 2.4 元，25 千米以后部分加收 30% 的返空费。

如表 19 所示，方案三与现行的运价方案相比，运价的整体水平静态比较有 2.31% 的下降，可能会给驾驶员带来 646 元/月的静态收入减少。对短途乘客来讲运费是下降的，即便在平均运距下运费也是下降的，总体上对约 97.16% 的乘客来讲运费是下降的。

红的、黄的运价结构优化方案三与现运价方案比较　　表 19

运距区间 L（千米）	$L<2$	$2\le L<2.25$	$2.25\le L<2.5$	$2.5\le L<2.75$	$2.75\le L<3$	$3\le L<6$	$L=6$	$6\le L<10$	$10\le L<12$	$12\le L<15$	$15\le L<20$	$20\le L<30$
现方案平均运价（元）	12.5	12.5	12.5	12.5	12.5	16.1	19.7	24.5	31.7	37.7	47.3	65.3
方案三平均运价（元）	10	10.6	11.2	11.8	12.4	16	19.6	24.4	31.6	37.6	47.2	65.2
升降幅度（%）	−20.0	−15.2	−10.4	−5.6	−0.8	−0.6	−0.5	−0.4	−0.3	−0.3	−0.2	−0.2

（4）方案四：起步价 10 元（含 2 千米），里程价每千米 2.4 元，30 千米以后部分加收 30% 的返空费。

如表 20 所示，方案四与现行的运价方案相比，运价的整体水平静态比较有 2.62% 的下降，可能会给驾驶员带来 734 元/月的静态收入减少。对短途乘客来讲运费是下降的，即便在平均运距下运费也是下降的，总体上对超过 98.65% 的乘客来讲运费是下降的。

红的、黄的运价结构优化方案四与现运价方案比较　　表 20

运距区间 L（千米）	$L<2$	$2\le L<2.25$	$2.25\le L<2.5$	$2.5\le L<2.75$	$2.75\le L<3$	$3\le L<6$	$L=6$	$6\le L<10$	$10\le L<12$	$12\le L<15$	$15\le L<20$	$20\le L<30$
现方案平均运价（元）	12.5	12.5	12.5	12.5	12.5	16.1	19.7	24.5	31.7	37.7	47.3	65.3
方案四平均运价（元）	10	10.6	11.2	11.8	12.4	16	19.6	24.4	31.6	37.6	47.2	65.2
升降幅度（%）	−20.0	−15.2	−10.4	−5.6	−0.8	−0.6	−0.5	−0.4	−0.3	−0.3	−0.2	−0.2

（5）方案五：起步价 10 元（含 2.25 千米），里程价每千米 2.4 元，20 千米以后部分加收 30% 的返空费。

如表 21 所示，方案五与现行的运价方案相比，运价的整体水平静态比较有 3.37% 的下降，可能会给驾驶员带来 943 元/月的静态收入减少。对短途乘客来讲运费是下降的，即便在平均运距下运费也是下降的，总体上对超过 96.16% 的乘客来讲运费是下降的。

红的、黄的运价结构优化方案五与现运价方案比较 表 21

运距区间 L（千米）	L<2	2≤L<2.25	2.25≤L<2.5	2.5≤L<2.75	2.75≤L<3	3≤L<6	L=6	6≤L<10	10≤L<12	12≤L<15	15≤L<20	20≤L<30
现方案平均运价（元）	12.5	12.5	12.5	12.5	12.5	16.1	19.7	24.5	31.7	37.7	47.3	65.3
方案五平均运价（元）	10	10	10.6	11.2	11.8	15.4	19	23.8	31	37	46.6	68.2
升降幅度（%）	-20.0	-20.0	-15.2	-10.4	-5.6	-4.3	-3.6	-2.9	-2.2	-1.9	-1.5	4.4

需要说明的是，从静态看，运价的整体水平有所下降，驾驶员的收入会相应减少，但由于运价结构得到了优化，有助于引导需求，驾驶员的实际收入不会减少，甚至还有可能增加。

上述五个方案中，方案一、方案二、方案三和方案四的起步价与起步里程相同，均为起步价 10 元（含 2 千米），方案五的起步价为 10 元（含 2.25 千米）。相比较而言，方案五的运价水平比其余四个方案更低一些，但驾驶员的收入减少接近 1000 元。相对而言，方案一至方案四更稳妥一些。

方案一、方案二、方案三和方案四的主要区别在于返空费的起算里程，方案一最小，方案四最大，运价的整体水平方案一、方案二、方案三和方案四依次下降，驾驶员的收入呈相反方向变化，但幅度有限。相对而言，方案四更为可取。

综合考虑各方因素，倾向于选用方案四。

3. “绿的”运价结构优化方案

依据运价结构优化原则，结合“绿的”营运状况及供求关系，确立“绿的”运价的基本要素：

（1）适当提高运价水平。从前面的分析可见，“绿的”企业的收益水平基本合理，“绿的”驾驶员的劳动所得偏低，需适当提高运价水平，将出租车驾驶员的收入

调整到相对合理的范围，是此次运价结构优化的重要目标之一。据测算，目前“绿的”驾驶员的劳动所得在7000元/月水平（两班），如果在需求假设不变的情况下，新的运价方案应该能够给驾驶员带来每月1000元左右的营收增加，使“绿的”驾驶员的劳动所得接近合理水平，如果再考虑到运价结构调整对短途需求的诱发及长途供给的刺激，“绿的”驾驶员的劳动所得有望进一步提高，进入合理区间之内。

（2）起步价。选择6元/1.5千米（或7元/2千米），主要基于两点考虑，一是适当降低短途运费，改变“绿的”在与样本城市出租车运价比较中出现的短途运费偏高现象。二是将“起步阶段”的运费适当精细化，有助于进一步降低超短途运费，刺激运输需求。上述两点的共同目标是通过调整短途运费，既起到抑制各种非法营运的作用，又可激活潜在需求，扩大市场容量，推进“绿的”的投放工作。

（3）里程价。选择2.2~2.4元/千米。主要考虑的是宝安、龙岗两区的经济发展水平高于惠州，与东莞相当，出租车的运价应该与之协调。东莞出租车的里程价是2.4元/千米，深圳“红的”与“黄的”的里程价也是2.4元/千米，决定了“绿的”的里程价不能高于2.4元/千米。但又由于惠州（一类）出租车的里程价为2元/千米，属珠三角城市中最低的，且为非主力车型。综合这些因素，“绿的”的里程价取2.2~2.4元/千米比较合适。它将使“绿的”市场处于“攻守均衡”状态，既能防止侵蚀毗邻城市的出租车市场，又能有效避免被毗邻城市的出租车侵蚀。如果考虑到城市化的推进，深圳特区内外经济发展水平日益接近，有必要逐渐统一“红黄的”与“绿的”的运价构成元素。由于“绿的”的车型、行驶成本等与“红黄的”十分相近，不妨先考虑统一里程价，待时机成熟后再依次统一其他运价构成元素。因此，里程价选择2.4元/千米更为可取。

（4）返空费。设置返空费的基本理由有二：一是宝安、龙岗两区还处于城市化过程中，出租车客流的分布在空间上存在较大不平衡性，出租车服务中的返空现象比较普遍。这样，出租车在运送乘客的过程中会形成一定比例的联合产品（返空），被运送的乘客必须承担由此引起的联合成本（返空费）。二是改变“绿的”在与样本城市出租车运价比较中存在的中长途运费偏低的现象。鉴于全国绝大对数城市的返空费附加比例为50%与30%，“绿的”的返空费附加比例也宜选择在这一区间，以保持与全国及珠三角多数城市的协调。

考虑到宝安、龙岗两区的经济发展依然围绕街道中心扩散，街道与街道之间至今还没有全面融合，“绿的”的营运范围主要在一个街道内，而街道与街道之间的距离基本上在8千米左右，返空费起算里程适合选择8千米或15千米。同时，由于此次运价调整已经将原先的里程价作了较大幅度的提高，基本缓解了长途运输

"入不敷出"问题。因此，倾向于选择返空费附加比例较低的方案（取30%），但也可考虑返空费附加比例为40%与50%的方案。

（5）夜间补贴。与现行方案保持不变，体现连续性。

（6）候时费。与现行方案保持不变，体现连续性。

（7）电召服务费。每次2元。

依据上述要素，组合出近30个"绿的"运价结构优化方案，表22为从中优选出的五个方案。

"绿的"运价结构优化方案　　表22

运价方案	起步价（元/千米）	公里价（元）	返空费起算里程（千米）	返空费比例（%）	支付返空费人次比例（%）	降价人次比例（%）	运价总体升降(%)	单车月营收增减(元)
方案1	7/2	2.2	8	50%	超4.74	超55.55	3.06	690
方案2	6/1.5	2.3	8	30%	超4.74	约55.55	3.42	696
方案3	6/1.5	2.3	8	40%	超4.74	近55.55	3.85	789
方案4	6/1.5	2.4	15	30%	超0.59	超28.53	4.63	963
方案5	7/2	2.4	15	30%	超0.59	超28.53	4.85	1092

4. *方案比较*

（1）方案一：起步价7元（含2千米），里程价每千米2.2元，8千米以后部分加收50%的返空费。

如表23所示，方案一与现行的运价方案相比，运价的整体水平静态比较有3.06%的提高，可望给驾驶员带来690元/月的静态收入增加。但对短途乘客来讲运费是下降的，即便在平均运距下运费也是下降的，总体上对超过55.55%的乘客来讲运费是下降的。

绿的运价结构优化方案一与现运价方案比较　　表23

运距区间 L（千米）	$L<1$	$1\leq L<1.25$	$1.25\leq L<1.5$	$1.5\leq L<1.75$	$1.75\leq L<2$	$2\leq L<5$	$L=3.6$	$5\leq L<8$	$8\leq L<10$	$10\leq L<15$	$L>15$
现方案平均运价(元)	8	8	8	8	8	9.3	10.6	14.1	19.2	24.8	44.6
方案一平均运价(元)	7	7	7	7	7	10.3	10.5	16.9	23.5	35.1	75.8
升降幅度(%)	-12.5	-12.5	-12.5	-12.5	-12.5	-1.0	-0.4	11.2	22.4	41.3	70.1

（2）方案二：起步价6元（含1.5千米），里程价每千米2.3元，8千米以后部分加收30%的返空费。

如表24所示，方案二与现行的运价方案相比，运价的整体水平静态比较有3.42%的提高，可望给驾驶员带来696元/月的静态收入增加。但对短途乘客来讲运费是下降的，即便在平均运距下运费也是下降的，总体上对约55.55%的乘客来讲运费是下降的。

绿的运价结构优化方案二与现运价方案比较　　表24

运距区间 L（千米）	L<1	1≤L<1.25	1.25≤L<1.5	1.5≤L<1.75	1.75≤L<2	2≤L<5	L=3.6	5≤L<8	8≤L<10	10≤L<15	L>15
现方案平均运价(元)	8	8	8	8	8	9.3	10.6	14.1	19.2	24.8	44.6
方案二平均运价(元)	6	6	6	6.3	6.9	10.6	10.8	17.5	23.9	34.4	71.3
升降幅度(%)	-25	-25	-25	-21.4	-14.2	1.9	2.6	15.1	24.7	38.7	60.1

（3）方案三：起步价6元（含1.5千米），里程价每千米2.3元，8千米以后部分加收40%的返空费。

如表25所示，方案三与现行的运价方案相比，运价的整体水平静态比较有3.85%的提高，可望给驾驶员带来789元/月的静态收入增加。但对短途乘客来讲运费是下降的，即便在平均运距下运费也是下降的，总体上对近55.55%的乘客来讲运费是下降的。

绿的运价结构优化方案三与现运价方案比较　　表25

运距区间	L<1	1≤L<1.25	1.25≤L<1.5	1.5≤L<1.75	1.75≤L<2	2≤L<5	L=3.6	5≤L<8	8≤L<10	10≤L<15	L>15
现方案平均运价(元)	8	8	8	8	8	9.3	10.6	14.1	19.2	24.8	44.6
方案三平均运价(元)	6	6	6	6.30	6.90	10.6	10.8	17.5	24.2	35.4	75.2
升降幅度(%)	-25	-25	-25	-21.25	-13.75	1.9	2.6	15.1	25.9	42.9	68.8

（4）方案四：起步价6元（含1.5千米），里程价每千米2.4元，15千米以后

部分加收30%的返空费。

如表26所示，方案四与现行的运价方案相比，运价的整体水平静态比较有4.64%的提高，可望给驾驶员带来963元/月的静态收入增加。但对短途乘客来讲运费是下降的，即便在平均运距下运费也是下降的，总体上对超过28.53%的乘客来讲运费是下降的。

绿的运价结构优化备选方案四与现运价方案比较　　表26

运距区间	$L<1$	$1\leq L<1.25$	$1.25\leq L<1.5$	$1.5\leq L<1.75$	$1.75\leq L<2$	$2\leq L<5$	$L=3.6$	$5\leq L<8$	$8\leq L<10$	$10\leq L<15$	$L>15$
现方案平均运价(元)	8	8	8	8	8	9.3	10.6	14.1	19.2	24.8	44.6
方案四平均运价(元)	6	6	6	6.30	6.9	10.8	11.0	18.0	24.0	34.2	69.1
升降幅度(%)	-25	-25	-25	-21.25	-13.75	3.85	4.5	18.4	25.0	30.6	55.2

(5) 方案五：起步价7元（含2千米），里程价每千米2.4元，15千米以后部分加收30%的返空费。

如表27所示，方案五与现行的运价方案相比，运价的整体水平静态比较有4.85%的提高，可望给驾驶员带来1092元/月的静态收入增加。但对短途乘客来讲运费是下降的，即便在平均运距下运费也是下降的，总体上对超过28.53%的乘客来讲运费是下降的。

绿的运价结构优化方案五与现运价方案比较　　表27

运距区间	$L<1$	$1\leq L<1.25$	$1.25\leq L<1.5$	$1.5\leq L<1.75$	$1.75\leq L<2$	$2\leq L<5$	$L=3.6$	$5\leq L<8$	$8\leq L<10$	$10\leq L<15$	$L>15$
现方案平均运价(元)	8	8	8	8	8	9.3	10.6	14.1	19.2	24.8	44.6
方案五平均运价(元)	7	7	7	7	7	10.6	10.8	17.8	23.8	32.2	68.9
升降幅度(%)	-12.5	-12.5	-12.5	-12.5	-12.5	1.92	2.7	17.1	24.0	29.8	54.7

需要说明的是，从静态看，运价的整体水平有所提高，驾驶员的收入也会相应增加，但由于运价结构得到了优化，有助于引导需求，驾驶员增加的实际收入肯定

会更高一些。

上述五个方案中，方案一和方案五的起步价与起步里程相同，均为起步价 7 元（含 2 千米），方案二、方案三和方案四的起步价与起步里程相同，均为起步价 6 元（含 1.5 千米）。相比较而言，后者比前者更有助于细分需求，使乘客的付费更加“物有所值”，乘客更能得到实惠，有利于刺激短途客运需求，抑制非法营运。

在方案一与方案五的区别主要在于方案一的里程价低一些，返空费附加比例高一些，方案五反之。引起的主要差异是中途运费方案一比方案五低，长途运费方案一比方案五高。结合各类运距下的需求价格弹性，方案一对本地居民相对有利一些，民生的福利指数会相对高一些，但是驾驶员收入的增幅较小，不及方案二。相对而言，方案五比方案一更妥帖一些。

方案二、方案三和方案四的区别在于方案二与方案三的里程价低一些，返空费起算里程短一些，中途运费方案四比方案三与方案二低，长途运费方案三比方案二与方案四高。方案四与方案三和方案二相比，驾驶员的收入增加多一些，但影响不大。结合各类运距下的需求价格弹性，方案四比方案二与方案三更可取一些。

结合运价功能，综合考虑各方面的因素，方案四较可取。

六、出租车运价结构优化影响分析

主要从乘客、出租车驾驶员、出租车企业、出租车行业、其他公共交通、非法营运等六个方面分析出租车运价结构，如表 28 所示。

运价结构优化对相关各方的影响汇总表　　表 28

影响对象	“红黄的”方案	“绿的”方案
乘客	绝大多数乘客受益，极少数超长途乘客利益受损，但影响轻微	超短途乘客受益，中长途乘客利益受损，但属于回归合理
驾驶员	收益可能受到影响，但幅度不大，且设有保底方案，实质性影响会很小，甚至还有可能出现正面影响	收益会明显提高，是此次运价结构优化最直接的受益者
出租车企业	可能会因驾驶员月缴定额小幅下调而使企业利益受损，但概率不大，且在多数企业允许压缩的利润空间之内	影响基本上都是正面的
出租车行业	使价格能更好地反映出租车市场的供求关系，有助于行业健康发展	
其他公共交通	由于出租车与其他公共交通保持着良好的比价关系，因此对其他公共交通几乎没有影响	

续上表

影响对象	"红黄的"方案	"绿的"方案
非法营运	对非法营运有一定的抑制作用，但效果不会太明显	对摩托车、电动车、人力车等非法营运形式有一定抑制作用，但极有可能使"蓝牌车"和套牌出租车等非法营运形式变得更加猖獗
CPI	对CPI的影响微乎其微	

1. 对乘客的影响

由方案可见，此次运价结构优化将使"绿的"运价的整体水平提高3.06%～4.85%，但是具体到不同的乘客情形有所不同。对于运距小于2千米的乘客，运费减少。但是，随着运距延长，乘客的运费水平开始提升，大多在接近平均运距时与现行运费水平持平；在平均运距处，乘客的运费水平将有2.6%、2.7%或3.85%的上升，也有可能是0.4%的下降（方案一）；当运距超过返空费起算里程后，乘客的运费水平有较大幅度提高。在假设客运需求总量及结构不变的前提下，对约28.53%或55.55%乘客来讲运费是下降的，相应的对71.47%或44.45%乘客来讲运费会有所提高。

使"红黄的"运价的整体水平下降1.74%～3.37%，具体到不同的乘客情形也有所不同。对于运距小于2.5千米的乘客，运费降幅明显，达到12.5%～25%。随着运距延长，乘客的运费水平开始接近，但在平均运距处，所有乘客的运费水平是下降的，普遍在运距超过返空费起算里程后追平现行运费水平，当运距超过返空费起算里程后，乘客的运费水平将高出现行运费水平，而且随着运距的进一步延长，运费的增幅加大。在假设客运需求总量及结构不变的前提下，对约96.16%及以上乘客来讲运费是下降的，对不足3.84%的乘客来讲运费会有所提高，但提高幅度较大。

2. 对驾驶员的影响

由方案可见，在假设客运需求总量及结构不变的前提下，"绿的"驾驶员的静态收入增加700～1100元/（月·车），如果考虑到可预期的短途与长途客运需求的增量，驾驶员的收入增加将更为可观，有望进入合理的收入区间。在假设客运需求总量及结构不变的前提下，"红黄的"驾驶员的静态收入会有所下降，降幅为400～900元/（月·车），但驾驶员的收入依然能维持在基本合理区间内，如果考虑对短途客运需求的刺激[1]，驾驶员的收入降幅将小于此，甚至还有可能会有所增加。

3. 对出租车企业的影响

由方案可见，此次运价结构优化有助于提高“绿的”的营业收入，“红黄的”的静态营业收入会有小幅下降，动态收入的降幅会有所缩小，甚至可能有所上升，加上企业利益有“反应缓慢”的租金阻隔，对出租车企业的利益基本没有直接影响。倒是由于运价更趋合理，出租车驾驶员可以更加安心地工作，出租车企业的管理压力会有所减轻。

4. 对出租车行业的影响

由方案可见，此次运价结构优化的主要目标是体现出租车市场的供求关系，解决明显不合理的运价问题，以保障出租车行业的健康发展。因此，无论是“绿的”运价方案，还是“红黄的”运价方案都有降低短途运费，刺激短途运输需求的功效，有助于提高出租车的实载率。同时，提高了长途运费，有助于城市交通的可持续发展。尽管这类需求缺乏价格弹性，但多少会对乘客转向共享程度更高的公共交通产生正面影响。此外，由于运价趋于合理，营运中拒载、议价等违章行为将大大减少，营运秩序有望明显好转。

5. 对其他公共交通的影响

由方案可见，此次运价结构优化没有明显调低“红黄的”运价的整体水平，倒是“绿的”运价的整体水平有了比较大的提高，总体上拉开了与其他公共交通的比价关系，基本不会对它们产生负面影响。只是由于普遍降低了出租车服务的起步价与起步里程，可能会分流少量短途合伙出行的客流，但由于出租车的市场份额不足其他公共交通的1/6，且总体上与其他公共交通保持着比较大的比价关系，因此所产生的影响将十分有限。

6. 对非法营运的影响

由方案可见，此次运价结构优化普遍降低了出租车的起步价与起步里程，大大压缩了摩托车、电动车、人力车等非法营运的利润空间，相信对此会起到一定的抑制作用。同时，由于“绿的”运价水平整体提高，“蓝牌车”和套牌出租车非法盈利的空间增大，非法营运的动力将更为强劲，极有可能变得猖獗。

[1] 这一点可由武汉市于2009年12月1日调高2.67千米以内短途出租车运价后，相应客流锐减得到佐证。（冯劲松，等. 武汉出租车起步价调至6元　首日短途乘客减2成［N］. 长江日报，2009-12-2.）

七、出租车运价油价联动方案

1. 实施油价运价联动的主要原因

（1）国家政策要求。受国际经济及原油价格强烈波动的影响，“费改税”之前的几年内，我国的成品油价格频繁调整，而且以上涨为主。为化解油价上涨对出租车行业的影响，国家有关部门多次发文强调各地应尽快建立油价运价联动机制。“费改税”后，成品油价格与原油价格的联系更加直接，建立油价运价联动的紧迫性更强。

（2）真实反映供求关系，平抑出租车经营的收益波动。燃油费是出租车营运成本的主要组成部分，约占目前出租车运营成本的50%左右。如果出租车运价体系中，不能对油价变动作出快捷反应，将无法适应实践的需要。油价运价联动机制的建立，能比较直接地将出租车运价与对运营成本影响最敏感的油价水平挂钩，有利于出租车行业形成以市场机制为基础的平稳、健康发展格局。

（3）形成由多方合理分担、分享油价波动结果的抗风险机制。建设部等部委下发的《关于进一步加强出租小汽车行业管理切实减轻出租小汽车司机负担的通知》（建城［2006］116号）明确指出，“对于成品油价格上涨导致出租小汽车增加的营运成本，主要通过依法调整运价和计价结构、收取燃油附加费、减少收费、降低企业承包费等措施，由政府、企业、驾驶员和消费者合理分担”，形成化解油价风险的长效机制。实行油价运价联动是建立这一机制的重要手段，符合企业、驾驶员与乘客的共同利益。当然，在油价下降时，也应体现政府、企业、驾驶员和消费者合理分享的对等原则。

2. 国内有关城市建立油价运价联动机制的做法与经验

据了解，目前我国绝大多数中心城市均对油价波动（上涨）采取了一些办法，主要采取每车次增收0.5～1元不等的燃油附加费，或调整运价，建立油价运价联动机制。其中实行油价运价联动的代表性城市及具体做法如下：

（1）北京。2006年4月26日，北京市就提高出租车运价召开听证会。从5月20日开始，正式实施油价运价联动机制。当油价涨至5.20元/升时，企业发放燃油补助，与驾驶员共同承担油价上涨的费用；当油价涨至5.50元/升时，向运距超过基价里程的乘客加收每次0.5元的燃油附加费；当油价涨至5.80元/升时，向乘客加收每次1元的燃油附加费；当油价涨至6.10元/升时，提高基本运价，同时取消燃油附加费和燃油补助。

（2）上海。2006年4月17日，上海市物价局就建立出租车油价运价联动机制

举行听证会。上海油价运价联动机制主要通过以下两个公式分别对起步价和里程价进行调节：

$$车次运价调整额=\frac{（报告期平均油价-基期平均油价）\times 油耗量}{车次}$$

$$每公里单价调整额=\frac{（报告期平均油价-基期平均油价）\times 油耗量}{行驶里程\times 载客率\times 超起租公里系数}\times （1-营运附加收入系数）$$

（3）广州。根据广东省物价局关于清理出租小汽车收费项目有关通知精神，广州市从2005年11月15日起，乘客乘坐出租车每次另付1元的燃油附加费。

2007年4月30日，深圳市也举行了出租车油价运价联动机制听证会，形成“红黄的”、“绿的”的油价运价联动方案。尽管因多种因素影响一直没有真正实施。但是，当时确定的油价运价联动方案总体上是科学的，只是由于“费改税”的影响，燃油费在运营成本中的比重发生了一些变化，需要重新确定油价运价联动的启动基点及联动区间。

3. 油价运价联动原则

根据国务院、国家有关部委及广东省下发的文件精神，参照国内其他城市的做法，确定建立油价运价联动机制原则如下：

（1）以此次运价结构优化方案所采信的油价为油价运价联动的启动基点。由于此次运价结构优化方案的重要目标是在监审成本的基础上达到出租车企业、驾驶员、乘客之间利益的基本均衡。油价取值直接关系出租车企业、驾驶员的收益水平，以成本监审报告采用的油价（93号汽油市场牌价5.21元/升）为基点，恰好体现各方利益的均衡。

（2）大小适宜的联动区间。区间太小，对出租车经营者的收入波动影响较小，但可能导致联动频繁，甚至疲于联动，大大增加政府的工作强度。区间太大，联动的频率降低，虽然有助于减少政府的工作强度，但对出租车经营者的收入波动影响较大，在油价上升期，出租车经营者要承受重大的成本压力；在油价下降期，出租车经营者则可以获得偏高的收益，不利于稳定行业心态。结合国内其他城市的经验，以燃油附加费一次增减0.5元、1元、2元为联动单元。

（3）以燃油附加费为油价运价联动的主要杠杆。当燃油价格上升时，为化解因油价上升形成的成本压力，需要调整运价水平。调整运价水平的元素很多，但是最基本也是最直接的是调整基本运价，即起步价与里程价。这也是目前国内城市最常用的做法。增加、减少或取消燃油附加费可以采用价外执行的办法，不必频繁动用大量人力、物力和时间调整计价器[1]。此外，在几轮燃油附加费增加之后，出租车需求结构、营运成本、运价元素均有可能已经发生了比较大的变化，很难预先作出比较准确的判断，更可取的做法是重新制订运价。

（4）油价运价联动启动时机的选择取决于政府、企业、驾驶员和消费者多方分担与分享的安排。油价运价联动启动意味着油价变动引起的营运成本变化将由乘客部分分担。在倡导由政府、企业、驾驶员和消费者合理分担的理念下，如果油价上升，应该在政府财力受限、企业与驾驶员消化不及的前提下，再考虑油价运价联动，将余下的困难转给乘客。反之，如果油价下降，利益分享的次序应该与之相逆。

（5）同涨同落。运价油价联动机制的出发点主要在于消化因油价上涨所增加的出租车营运成本。但是，当油价回落时，已上涨的运价幅度也应按油价回落程度相应回落。如果油价回落到油价运价联动的启动基点之下，应考虑对乘客实行等额折扣运价。

根据国家已明确的国内燃油价格与国际市场日益接轨的精神，建立同涨同落的油价运价联动机制是必然的选择。

（6）确保行业稳定。将驾驶员的收入波动控制在可承受范围内，将出租车企业的压力控制在可消化范畴内，维持出租车行业的健康发展。

4. 油价运价联动区间确定

根据对出租车营运状况的调查[2]，“红黄的”的日行驶里程为414.22千米，日载客次数为39.7次；“绿的”的日行驶里程为453.64千米，日载客次数为58.68次。

此外，依据深圳市物价局价格认证中心提供的《关于深圳市红（黄）色出租小汽车营运成本监审报告》和《关于深圳市绿色出租小汽车营运成本监审报告》数据测算，“红黄的”每天平均耗油45.8升，“绿的”每天平均耗油44.4升。根据收支相等的原理，确定油价运价联动区间，详见表29和表30。

燃油附加费增减单元与驾驶员收入变动表 表29

出租车类型	乘客类别	燃油附加费对应的驾驶员月收入变动幅度		
		0.5元	1元	2元
红黄的	所有乘客	596	1191	2382
	运距大于2千米的乘客	487	974	1947
	运距大于2.5千米的乘客	436	873	1745

❶ 据估计，全市出租车调整计价器的周期在1~2个月。
❷ 调查对象2008年1~10月的平均数。

续上表

出租车类型	乘客类别	燃油附加费对应的驾驶员月收入变动幅度		
		0.5元	1元	2元
绿的	所有乘客	880	1760	3521
	运距大于1.5千米的乘客	743	1487	2973
	运距大于2千米的乘客	629	1258	2516

由于油价运价联动的启动基点位于联动区间中间，当油价高于启动基点时，驾驶员的收益减少；当油价低于启动基点时，驾驶员的收益增加。驾驶员收益增减的最大幅度为燃油附加费增减1个单位所对应的收入变化的1/2。由表29可见，对于“红黄的”，如果燃油附加费增减单位为0.5元，两班驾驶员的收入差额不足600元，其1/2不足300元，影响很小，不妨考虑大一些的燃油附加费增减单位，如1元或2元。对于“绿的”，如果燃油附加费增减单位为2元，两班驾驶员的收入差额可能会超过3500元，其1/2超过1700元，影响很大，不妨考虑小一些的燃油附加费增减单位，如0.5元或1元。

油价运价联动区间对应的油价变动表　　表30

出租车类型	乘客类别	燃油附加费对应的油价变动幅度		
		0.5元	1元	2元
红黄的	所有乘客	0.43	0.87	1.73
	运距大于2千米的乘客	0.35	0.71	1.42
	运距大于2.5千米的乘客	0.32	0.64	1.27
绿的	所有乘客	0.66	1.32	2.64
	运距大于1.5千米的乘客	0.56	1.12	2.23
	运距大于2千米的乘客	0.47	0.94	1.89

5. 油价运价联动方式

由于对全市出租车计价器的调整周期需1~2月，而且为调整计价器需要支付较高费用。考虑到油价运价联动的操作性及运价的相对稳定性，油价运价联动宜采用按征收对象分多步加收燃油附加费的做法，每次增减1元的燃油附加费，表外加价，不调整计价器。直到认为有必要重新调整基本运价为止。当执行新的运价方案时，取消既有的燃油附加费及燃油补助。

(1) 方式一，对所有乘客分多步加收燃油附加费，每次加收 1 个燃油附加费增减单位。

(2) 方式二，先对所有乘客加收燃油附加费，每次加收 1 个燃油附加费增减单位；然后对运距大于起步里程的乘客加收燃油附加费，每次加收 1 个燃油附加费增减单位；再先对所有乘客分加收燃油附加费，每次加收 1 个燃油附加费增减单位，分多步交替进行。

方式一操作简单，但多次加收燃油附加费后会加剧短途乘客的运费负担；方式二有助于合理分摊短、中、长途乘客的运费负担，但收取时可能会引起驾驶员与乘客之间关于运距是否超过起步里程的争议，不利于实际操作。

6. 油价运价联动具体方案一

(1)“红黄的”油价运价联动方案（对应方式一）。每车次向所有乘客加收 1 元燃油附加费，可以消化油价变动 0.87 元/升引起的驾驶员收益变化。因此，当油价进入 5.65 ~6.52 元/升区间时，每车次向乘客加收 1 元燃油附加费，当油价进入 3.91 ~4.78 元/升区间时，由驾驶员按载客次数每车次 1 元的标准缴纳公共交通基金，或者向乘客提供每车次 1 元的运费折扣。

当油价进入 6.52 ~7.39 元/升区间时，按每车次再向乘客加收 1 元燃油附加费，当油价进入 3.03 ~3.90 元/升区间时，由驾驶员按载客次数每车次 1 元的标准缴纳公共交通基金，或者向乘客再提供每车 1 元的运费折扣。以此类推，直到认为有必要重新调整基本运价为止。

(2) “红黄的”油价运价联动方案（对应方式二）。首先，当油价进入 5.65 ~ 6.52 元/升区间时，每车次向乘客加收 1 元燃油附加费，当油价进入 3.91 ~4.78 元/升区间时，由驾驶员按载客次数每车次 1 元的标准缴纳公共交通基金，或者向乘客提供每车次 1 元的运费折扣。

其次，向运距大于起步里程的乘客收取每车次 1 元的燃油附加费，可以消化油价变动 0.71（或 0.64）元/升引起的驾驶员收益变化。因此，当油价进入 6.53 ~7.24（或 7.17）元/升区间时，按每车次向运距大于起步里程的乘客加收 1 元燃油附加费，当油价进入 3.19（或 3.26） ~3.90 元/升区间时，由驾驶员按运距大于起步里程的运次每车次 1 元的标准缴纳公共交通基金，或者向运距大于起步里程的乘客提供每车次 1 元的运费折扣。以此类推，直到认为有必要重新调整基本运价为止。

如果燃油附加费增减单位为 2 元，可以此类推。

(3)“绿的”油价运价联动方案（对应方式一）。每车次向所有乘客加收 0.5 元燃油附加费，可以消化油价变动 0.66 元/升引起的驾驶员收益变化。因此，当油价进

入5.54～6.20元/升区间时，每车次加收0.5元燃油附加费，当油价进入4.22～4.88元/升区间时，由驾驶员按每车次0.5元的标准缴纳公共交通基金，或者向乘客提供每车次0.5元的运费折扣。

当油价进入6.21～6.87元/升区间时，每车次再向乘客加收0.5元燃油附加费，当油价进入3.55～4.21元/升区间时，由驾驶员再按每车次0.5元的标准缴纳公共交通基金，或者再向乘客提供每车次0.5元的运费折扣。以此类推，直到认为有必要重新调整基本运价为止。

(4)“绿的”油价运价联动方案（对应方式二）。首先，当油价进入5.54～6.20元/升区间时，每车次加收0.5元燃油附加费，当油价进入4.22～4.88元/升区间时，由驾驶员按每车次0.5元的标准缴纳公共交通基金，或者向乘客提供每车次0.5元的运费折扣。

其次，向运距大于起步里程的乘客每车次加收0.5元燃油附加费，可以消化油价变动0.56（或0.47）元/升引起的收益变化。因此，当油价进入6.21～6.77（或6.68）元/升区间时，按每车次向运距大于起步里程的乘客加收0.5元燃油附加费，当油价进入3.65（或3.74）～4.21元/升区间时，由驾驶员按运距大于起步里程的运次每车次0.5元的标准缴纳公共交通基金，或者向运距大于起步里程的乘客提供每车次0.5元的运费折扣。以此类推，直到认为有必要重新调整基本运价为止。

如果燃油附加费增减单位为1元，可以此类推。

7. 油价运价联动具体方案二

(1)“红黄的”油价运价联动方案（对应方式一）。实践中，由于受找零、乘客不了解或不接受等因素影响，在收取燃油附加费时会遇到一些困难，通常只能收到70%左右乘客的燃油附加费。因此，需要对燃油附加费按7折计。这样，如果每车次向所有乘客加收1元燃油附加费，可以消化油价变动0.61元/升（即0.87元/升的70%）引起的驾驶员收益变化。因此，当油价进入5.51～6.12元/升区间时，按每车次向乘客加收1元燃油附加费，当油价进入4.30～4.91元/升区间时，由驾驶员按载客次数每车次1元的标准缴纳公共交通基金，或者向乘客提供每车次1元的运费折扣。

当油价进入6.13～6.74元/升区间时，按每车次再向乘客加收1元燃油附加费，当油价进入3.68～4.29元/升区间时，由驾驶员再按载客次数每车次1元的标准缴纳公共交通基金，或者向乘客再提供每车1元的运费折扣。以此类推，直到认为有必要重新调整基本运价为止。

(2)“红黄的”油价运价联动方案（对应方式二）。首先，每车次向所有乘客加收 1 元燃油附加费，可以消化油价变动 0.61 元/升（即 0.87 元/升的 70%）引起的驾驶员收益变化。因此，当油价进入 5.51 ~ 6.12 元/升区间时，按每车次向乘客加收 1 元燃油附加费，当油价进入 4.30 ~ 4.91 元/升区间时，由驾驶员按载客次数每车次 1 元的标准缴纳公共交通基金，或者向乘客提供每车次 1 元的运费折扣。

其次，向运距大于起步里程的乘客每车次加收 1 元燃油附加费，可以消化油价变动 0.50 元/升（即 0.71 元的 70%）或 0.45 元/升（即 0.64 元的 70%）引起的驾驶员收益变化。因此，当油价进入 6.13 ~ 7.02（或 6.97）元/升区间时，按每车次向运距大于起步里程的乘客加收 1 元燃油附加费，当油价进入 3.40（或 3.45）~ 4.29 元/升区间时，由驾驶员按运距大于起步里程的运次每车次 1 元的标准缴纳公共交通基金，或者向运距大于起步里程的乘客提供每车次 1 元的运费折扣。以此类推，直到认为有必要重新调整基本运价为止。

如果燃油附加费增减单位为 2 元，可以此类推。

（3）“绿的”油价运价联动方案（对应方式一）。每车次向所有乘客加收 0.5 元燃油附加费，可以消化油价变动 0.46 元/升（即 0.66 元/升的 70%）引起的驾驶员收益变化。因此，当油价进入 5.44 ~ 5.90 元/升区间时，每车次向乘客加收 0.5 元燃油附加费，当油价进入 4.52 ~ 4.98 元/升区间时，由驾驶员按每车次 0.5 元的标准缴纳公共交通基金，或者向乘客提供每车次 0.5 元的运费折扣。

当油价进入 5.91 ~ 6.38 元/升区间时，每车次加收 0.5 元燃油附加费，当油价进入 4.05 ~ 4.51 元/升区间时，由驾驶员再按每车次 0.5 元的标准缴纳公共交通基金，或者向乘客提供每车次 0.5 元的运费折扣。以此类推，直到认为有必要重新调整基本运价为止。

（4）“绿的”油价运价联动方案（对应方式二）。首先，当油价进入 5.44 ~ 5.90 元/升区间时，每车次加收 0.5 元燃油附加费，当油价进入 4.52 ~ 4.98 元/升区间时，由驾驶员按每车次 0.5 元的标准缴纳公共交通基金，或者向乘客提供每车次 0.5 元的运费折扣。

其次，向运距大于起步里程的乘客每车次加收 1 元燃油附加费，可以消化油价变动 0.39 元/升（即 0.56 元的 70%）或 0.33 元/升（即 0.47 元的 70%）元/升引起的驾驶员收益变化。因此，当油价进入 5.91 ~ 6.60（或 6.54）元/升区间时，每车次再向乘客加收 0.5 元燃油附加费，当油价进入 3.82（或 3.88）~ 4.51 元/升区间时，由驾驶员再按每车次 0.5 元的标准缴纳公共交通基金，或者再向乘客提供每车次 0.5 元的运费折扣。以此类推，直到认为有必要重新调整基本运价为止。

如果燃油附加费增减单位为 1 元，可以此类推。

8. 配套措施

（1）为避免油价运价联动过于频繁，需要设置观察期，原则上连续三个月油价进入高一级或者低一级油价运价联动区间时，才考虑启动油价运价联动机制。

（2）每次油价运价联动的幅度和具体实施时间由价格主管部门根据本联动机制方案确定。

（3）每次启动油价运价联动机制前，价格主管部门在深圳市主要媒体上提前一周公布实施时间与实施方式。

（4）出租车企业和驾驶员应严格执行价格主管部门公布实施的运价调整措施，并及时向乘客做好宣传解释工作。

八、相关建议

（1）加强宣传，让出租车市场的各方尽可能全面了解运价结构优化的意图、目标、方案制订原则及方案本身，以避免由于误解引发公众不必要的猜疑。

（2）做好媒体工作，积极配合媒体对油价运价联动方案予以客观报道，避免将此作为炒作题材。

（3）对非法营运进行联合整治，形成高压态势，严厉打击非法营运的嚣张气焰。

（4）设置 3 个月的观察期，认真做好数据收集与统计工作，客观真实地反映运价调整后的出租车营运状况。

（5）针对新运价方案实施后出租车营业额与预期出现较大差距的情形，制订应急预案。

（6）建立以政府回购“高价营运牌照”为核心的出租车企业退出（悔过）机制，平抑出租车营运牌照成本的巨大差异。

（7）将综合改革出租车行业的体制与机制提到议事日程，积极创新出租车营运牌照的发放制度，探索出租车营运牌照的投放规则，完善出租车行业的进入、考核、监管与退出制度等。

九、“红黄的”与“绿的”备选方案

“红黄的”与“绿的”备选方案如表 31 和表 32 所示。

红黄的运价备选方案　　表31

运价方案名称	运价方案内容				运价总体升降（%）	月营收增减（元）
	起步价(元)	公里价(元)	返空费起算里程(公里)	返空费比例		
备选方案1	10/2	2.4	10	50%	3.58	1001
备选方案2	10/2	2.4	10	30%	0.84	236
备选方案3	10/2.5	2.4	10	50%	-0.95	-266
备选方案4	10/2.5	2.4	10	30%	-3.68	-1031
备选方案5	10/2	2.4	15	50%	0.77	217
备选方案6	10/2	2.4	15	30%	-0.84	-240
备选方案7	10/2.5	2.4	15	50%	-3.75	-1050
备选方案8	10/2.5	2.4	15	30%	-5.36	-1502
备选方案9	10/2	2.4	20	50%	-0.72	-202
备选方案10	10/2	2.4	20	30%	-1.74	-497
备选方案11	10/2.25	2.4	20	30%	-4.06	-1160
备选方案12	10/2.5	2.4	20	50%	-5.25	-1469
备选方案13	10/2.5	2.4	20	30%	-6.26	-1753
备选方案14	10/2	2.4	25	30%	-2.31	-659
备选方案15	10/2	2.4	30	50%	-2.20	-615
备选方案16	10/2	2.4	30	30%	-2.62	-749
备选方案17	10/2.5	2.6	10	50%	3.36	941
备选方案18	10/2.5	2.6	10	30%	0.40	112
备选方案19	10/2.5	2.6	15	50%	0.32	91
备选方案20	10/2.5	2.6	15	30%	-1.42	-398
备选方案21	10/2.5	2.6	20	30%	-2.61	-730

绿的运价备选方案　　表32

运价方案名称	运价方案内容				运价总体升降(%)	月营收增减(元)
	起步价(元)	公里价(元)	返空费起算里程(公里)	返空费比例		
备选方案1	7/2	2.2	8	30%	2.27	511
备选方案2	7/2	2.2	8	50%	3.06	715
备选方案3	7/2	2.4	8	30%	5.77	1299
备选方案4	7/2	2.4	8	50%	6.64	1494
备选方案5	6/1.5	2.2	8	30%	0.99	222
备选方案6	6/1.5	2.2	8	50%	1.78	400
备选方案7	6/1.5	2.3	8	30%	3.42	801
备选方案8	6/1.5	2.3	8	40%	3.85	898
备选方案9	6/1.5	2.4	8	30%	5.20	1170
备选方案10	6/1.5	2.4	8	50%	6.07	1365
备选方案11	7/2	2.2	10	30%	1.85	416
备选方案12	7/2	2.2	10	50%	2.37	532
备选方案13	7/2	2.4	10	30%	5.32	1196
备选方案14	7/2	2.4	10	50%	5.88	1322
备选方案15	6/1.5	2.2	10	30%	0.57	127
备选方案16	6/1.5	2.2	10	50%	1.08	243
备选方案17	6/1.5	2.4	10	30%	4.74	1067
备选方案18	6/1.5	2.4	10	50%	5.30	1193
备选方案19	7/2	2.2	15	30%	1.43	321
备选方案20	7/2	2.2	15	50%	1.66	373
备选方案21	7/2	2.4	15	30%	4.85	1113
备选方案22	7/2	2.4	15	50%	5.11	1149
备选方案23	6/1.5	2.2	15	30%	0.14	32
备选方案24	6/1.5	2.2	15	50%	0.37	84
备选方案25	6/1.5	2.4	15	30%	4.63	1081
备选方案26	6/1.5	2.4	15	50%	4.53	1019

深圳大学中国交通经济研究所

2009年5月16日

后　记

本书系广东省高校人文社会科学“十五”规划课题“我国的出租车市场体系及其管理研究”（04GH79012）的研究成果，也包含了北京交通大学基础产业研究中心课题“城市出租小汽车发展模式创新”的研究成果。

本书的研究积累得益于深圳市交通运输委员会的信任，笔者有幸长期参与相关课题研究及政策咨询。感谢黄敏副主任、陈惠港副主任、高旭敏处长（博士）、赵一平处长（博士）、庄仕成局长、罗小虎书记、龚翔副处长、袁虎勇副处长（博士）、曾浩科长等耕耘在深圳交通战线的领导和朋友们。

本书的出版得到了深圳大学学术著作出版基金的资助，得到了人民交通出版社王振军副社长的鼎力支持，得到了中交投资有限公司杨真主任的大力协助。在此深表谢意。

还要感谢书中所引文献的作者，他们的研究成果为本书提供了坚实的基础。

更要感谢我的妻子徐艳丽和女儿韩雪，她们给我提供了强有力的后勤保障，营造了和谐温馨的家庭氛围。正是她们的理解、支持与关心，才使我得以全身心投入工作和研究，顺利完成了此书的编写工作。

最后，谨以此书献给在出租车行业建功立业的同仁们。

韩彪于深圳大学中国交通经济研究所

2009 年 10 月 30 日

参考文献

[1] 曹成伍，虞淑娟．出租汽车监管的历史、现状与理念思考［J］．城市交通，2006（4）．
[2] 韩彪．交通经济论——城市交通理论、政策与实践［M］．北京：经济管理出版社，2000：82.
[3] 韩彪，等．深圳市出租小汽车需求规模探索［J］．特区经济，2005（1）．
[4] 陈明艺．国外出租车市场规制研究综述及其启示［J］．外国经济与管理，2006（8）．
[5] 李文瑞．牌照一个54.25万，总额狂飞越10亿［J］．运输经理世界，2007（12）．
[6] 卢波．北京出租车公司权势膨胀史［J］．瞭望东方周刊，2009（1）．
[7] 李建平．昆明出租车牌照身价突破40万［N］．春城晚报，2007-1-26.
[8] 王克勤．温州出租车业个体化改革调查［N］．中国经济时报，2003-3-26.
[9] 陈丽，叶军．我国出租车行业的民营化改革［J］．北京汽车，2005（6）．
[10] 王波．纽约——立法确定出租车数量［J］．新华每日电讯，2004（11）．
[11] 周家高．英国出租车的经营和管理［J］．城市公用事业，2002，16（5）．
[12] 黄敏，等．法国、瑞士等国出租汽车服务管理一瞥［J］．交通与运输，2004（2）．
[13] 史克栋．意大利街头打不着出租［N］．环球时报，2002-1-21.
[14] 出租车公司取消VS保留——温州、上海、北京、香港出租车管理模式分析［N］．南方都市报，2009-5-29.
[15] 王军．出租车行业不需任何准入管制［N］．新闻周刊，2004-10-4.
[16] 李志勇．出租车司机是怎样一步步失去话语权的［J］．中国改革，2006（7）．
[17] 蒋洪，陈明艺．我国出租车行业价格管制的必要性及模式选择［J］．中国物价，2005（4）．
[18] 程赐胜，刘中，马振东．城市出租车管理模式的改革建议［J］．综合运输，2005（3）．
[19] 荣朝和．西方运输经济学［M］．北京：经济科学出版社，2008.
[20] 王俊．城市出租车市场规制研究［D］．东南大学，2005.
[21] 王敏，等．法国、瑞士等国出租汽车服务管理一瞥［J］．交通与运输，2004（2）．
[22] Office of Fair Trading. The regulation of licensed taxi and PHV services in the UK［EB/OL］. www. Oft. Gov. uk., 2003.
[23] 陆建，王炜．城市出租车拥有量确定方法［J］．交通运输工程学报，2004（1）．
[24] 李讴．成都市出租汽车服务质量分析及改进［D］．电子科技大学，2004.

[25] 唐兵．成都市出租汽车服务公司以质量为核心的顾客满意策略研究［D］．西南财经大学，2005.
[26] 帅晓姗．契约视角的出租车产业组织研究［D］．北京交通大学，2008.
[27] 凌学岭．油价上涨对上海出租车的影响［J］．上海企业，2008（5）．
[28] 王智斌．出租车数量管制模式之探讨［J］．行政法学研究，2005（3）．
[29] 孙光．基于自由选择权的出租车市场经营模式研究［D］．北京交通大学，2007.
[30] 张冬生．出租车行业现状及价格情况调查与分析［J］．价格理论与实践，2005（6）．
[31] 杜峻晓，李忠峰．银川出租车集体罢运前后［N］．市场报，2004-8-6.
[32]“土政策”带病降生，安徽淮北强制更新出租车骑虎难下［N］．现代快报，2006-12-26.
[33] 杜雅文．深圳听证出租车调价　代表称体制改革才是根本［N］．南方都市报，2004-9-17.
[34] 中国内地第26号富豪深圳政华老总戴罪入狱17年［N］．广州日报，2003-5-9.
[35] 网友评选出深圳2007年度八大忽悠百姓事件［N］．南方都市报，2007-11-29.
[36] 六大措施根治出租车行业顽疾［N］．深圳特区报，2005-9-12.
[37] 方常君．出租车业酿退出机制［N］．南方都市报，2005-11-15.
[38] 社论：深圳的士，消除垄断比价格听证更重要［N］．南方都市报，2007-4-26.
[39]“全国最高”还要涨价？深圳出租车迷局难清［N］．南方都市报，2007-4-25.
[40] 程军祥．一部车月入过万　深圳出租车不是暴利行业？［N］．深圳商报，2004-9-15.
[41] 市价四五十万成96万，出租车经营权拍卖不断上升［N］．南方日报，2005-8-16.
[42] 季杰，肖晗．听证代表舌战八大焦点［N］．深圳商报，2007-5-1.
[43] 深圳出租车4年内翻番　起步价或有下调空间［N］．晶报，2007-10-31.
[44] 深圳9月整顿出租车业　企业渐成风险承担主角［N］．第一财经日报，2005-8-23.
[45] 深圳“的哥”9月纪事［N］．经济观察报，2005-10-12.
[46] 打表仅9元却要40元！绿的叫价如抢钱［N］．南方都市报，2008-1-29.
[47] 交通部门欲建出租车行业和谐之道［N］．经济参考报，2005-11-8.
[48] 南京出租车司机猝死凸显生存困境［N］．现代快报，2007-5-3.
[49] 崔木杨．北京出租车司机接连猝死［N］．新京报，2006-6-10.
[50] 佘慧萍．攸县的哥：日子还得往下过［N］．南方日报，2005-6-22.
[51] 油价狂涨“的哥”的日子越来越难熬［N］．中国经济时报，2005-8-1.
[52] 谢莹，元鸣．深出租车或降价25%　车费高企十年调价惠及港人［N］．香港商报，2004-9-3.
[53] 民间论坛解析出租车涨价［N］．京华时报，2006-4-25.
[54] 深圳一出租车公司的哥罢工　讨要“茶水费”［N］．南方都市报，2007-11-20.
[55] 百余出租车停运　司机齐讨“茶水费”［N］．南方都市报，2008-1-29.
[56] 红的司机停工讨“茶水费”［N］．南方都市报，2008-2-13.
[57] 的哥停工讨要“茶水费”［N］．南方都市报，2008-2-15.
[58] 一“水”未平一“水”又起［N］．南方都市报，2008-2-19.

[59] 交通局将严查出租车行业乱收费［N］．南方都市报，2008-2-23.

[60] 杨涛．深圳的哥聚讨“茶水费”主管威胁“全开除”［N］．南方都市报，2008-2-26.

[61] 的士实载率比京沪低　出租车公司质疑“运力不足”［N］．南方日报，2005-6-8.

[62] 姚坤．油价风险分摊机制不能忽略出租车份钱［N］．上海证券报，2007-11-15.

[63] 纪亮．北京出租车管理的模式之困［J］．法人，2006（6）．

[64] 丁宇，任科社．基于和谐理念的出租车客运系统发展研究［J］．交通科技与经济，2006（3）．

[65] 郑弋．南京举行出租车扩容听证会［N］．江苏法制报，2005-12-28.

[66] 罗序文．有多少车轮在空转［N］．湖北日报，2005-9-9.

[67] 韩彪．对深圳出租车市场 10 个热点问题的解释［N］．深圳大学学报（人文社科版），2010（2）．

[68] 杨洪年．调整城市运输结构，发展轨道交通系统［J］．科技导报，1998（8）．

[69] 马克思，恩格斯．马克思恩格斯全集第 23 卷［M］．中共中央马克思恩格斯列宁斯大林著作编译局，译．北京：人民出版社，1972：829.

[70] 杨涛．力求彻底杜绝“茶水费”［N］．南方都市报，2008-2-25.

[71] 韩彪．论私家车的可持续发展之路［J］．数量经济技术经济研究，2003（5）．

[72] 出租车再扩容箭在弦上——苏州市区“打车难”将得到缓解［N］．江南时报，2008-2-22.

[73] 朱蕾．广州交通部门证实出租车实载率逼近 7 成临界线［N］．信息时报，2007-4-25.